Gianluca Miele

Le Modifiche al Rito degli Esorcismi nel XX Secolo

Gianluca Miele

Le Modifiche al Rito degli Esorcismi nel XX Secolo

Dal "De Exorcizandis Obsessis à Dæmonio" al "De Exorcismis et Supplicationibus Quibusdam" + Rito Tradotto in Italiano

Edizioni Sant'Antonio

Imprint

Cover image: www.ingimage.com

Publisher:
Edizioni Accademiche Italiane
is a trademark of
International Book Market Service Ltd., member of OmniScriptum Publishing Group
17 Meldrum Street, Beau Bassin 71504, Mauritius

Printed at: see last page
ISBN: 978-613-8-39190-6

… # RINGRAZIAMENTI

Questo libro è dedicato alla Memoria di mia Madre Francesca Alessi in Miele.
È anche dedicato alle mie nipotine Francesca e Rachele e a mio Figlio Pietro Giovanni.

Un caro ringraziamento ad Anna Galluzzi, che mi è stata di grande aiuto nell'enorme lavoro di trascrizione dei Sacramentali dall'originale cartaceo al formato elettronico.

Un sentito ringraziamento a coloro che, a vario titolo, mi hanno aiutato nel reperimento dei Rituali: alle mie 'Guide Spirituali' Don Paolo Arzani e Fra Valentino Benedetto Ghiglia ofm per il loro sostegno umano e spirituale in questi anni.
A Monsignor Giancarlo Corti, al diacono Roberto Massimo.
Alla dott.ssa Silvia Mori della Biblioteca del Capitolo Fiorentino.
A don Alessio Bartolini amico e collega di studi nonché traduttore impareggiabile.
A suor Lea Montuschi osb.vall e a Padre Alessandro Paradisi osb.vall del Santuario della Madonna delle Grazie di Montenero (LI).
A tutto il personale della Biblioteca FTIC, in particolar modo a Silvia Delfitto, a Claudia Guasti e a Sara Ricci.
A don Cristian Meriggi parroco di San Donato a Livizzano e Santa Maria a Pulica ed esorcista della Diocesi di Firenze per il preziosissimo tempo dedicatomi e per gli ottimi consigli che mi ha fornito.
A don Roberto Gulino, prezioso amico e dispensatore unico di consigli.

La mia grata riconoscenza va anche:
al Prof. Alberto Ara, al Prof. don Stefano Grossi, alla Prof.ssa Serena Noceti, al Prof. Mons. Gilberto Aranci, a tutti i docenti dell'ex I.S.S.R. "Beato Ippolito Galantini" di Firenze, a tutti i docenti della Facoltà Teologica dell'Italia Centrale.
Ai miei colleghi di studi: Filippa Iaci, Maurizio Ragalmuto Coffa, Marco Paneti, Marco Luigi Pucci, Enza Vullo, Martina Novelli, Franco Cavaliere, Benedetta Torrini, Giulia Meoni, Andrea Vannicola e in generale tutti i miei compagni di corso con i quali ho speso lunghe ore a studiare, discutere e parlare.

A tutti gli amici per l'aiuto, il sostegno, la preghiera, la sopportazione nei momenti più bui. Non potendovi citare tutti mi limito a: Dott.ssa Maria A. Saccà, Dott. Giuseppe Guerrasio, Francesco Batistini, Francesco Travisi, Tommaso Pecchioli, Giovanni Baldazzi, Maria Serena Vavolo, Maria Cristina Caputi, al compianto Bruno Baroni e a tutti gli altri.

Un ringraziamento particolare e doveroso al Professor Silvio Calzolari, guida e maestro, senza il quale questa pubblicazione non sarebbe potuta esistere.

Infine ringrazio la mia Famiglia: mio padre Vincenzo senza il cui supporto materiale non avrei potuto fare questi studi, mio fratello Andrea-Valentino con mia cognata Juljana, ma soprattutto ringrazio mia Madre: indubbiamente la persona che più di tutte mi manca, ogni giorno di più.

Indice

Abbreviazioni e Sigle

AIE = Associazione Internazionale degli Esorcisti
CCC = Catechismo della Chiesa Cattolica
CEI = Conferenza Episcopale Italiana
CIC = Codex Iuris Canonici/Codex Juris Canonici
DEOaD = De Exorcizandis Obsessis a Dæmonio
DESQ = De Exorcismis et Supplicationibus Quibusdam
RR = Rituale Romanum

PREFAZIONE
di Don Stefano Stimamiglio

Quando nella primavera del 2016 il dott. Gianluca Miele mi fece pervenire la sua tesi di laurea in Scienze Religiose sul tema del rito dell'esorcismo per farla leggere a don Gabriele Amorth, non ero molto convinto che il famoso esorcista, nonché mio compianto confratello, pur non avendo ancora cominciato quella parabola di peggioramento delle sue condizioni di salute che lo avrebbe portato rapidamente a raggiungere il premio eterno il 16 settembre di quello stesso anno, l'avrebbe letta. Troppi impegni, infatti, costellavano la quotidianità di don Gabriele: la Messa quotidiana, la preghiera con i confratelli dell'infermeria dove ha vissuto gli ultimi anni della sua vita, il rosario, gli esorcismi che praticava ancora con regolarità, le tantissime lettere a cui rispondere. Invece, con mia sorpresa, dopo avergli spiegato chi era il giovane autore della tesi e cosa chiedeva, accettò di leggerla e valutarla.

Ascrivo questa sua inattesa disponibilità all'amore di don Gabriele per i giovani. Avevo assaggiato la sua spiccata dimensione alla paternità quando nei primi anni 2000 io stesso, studente di teologia alla Gregoriana di Roma, lo avvicinavo spesso per avere con lui un dialogo spirituale sulla specifica vocazione al sacerdozio nella Società San Paolo, la Congregazione che nella persona del suo beato Fondatore, don Giacomo Alberione, aveva accolto lui nell'immediato Dopoguerra e me molti anni dopo. Don Gabriele ascoltava i miei dubbi e le mie fatiche con pazienza e misericordia, spiegandomi i meccanismi che presiedono alla vita spirituale, le astuzie del demonio nel trarre in inganno i figli di Dio e la fiducia che dobbiamo riporre senza tregua in Gesù, Figlio benedetto del Padre. Sempre con garbo, sapendo che Dio alla fine "la vince", basta solo dargli fiducia. «Abbi fede, fratello mio», mi ripeteva alla fine di ogni incontro.

Anche nel corso degli esorcismi a cui ho partecipato personalmente come ausiliario registravo quella medesima attitudine, sia con i giovani sacerdoti che erano stati avviati al ministero dell'esorcismo dai loro vescovi che, soprattutto, con le giovani – non di rado giovanissime, e davvero tante! – vittime del Demonio, che affidavano a quell'anziano prete l'unica speranza di guarigione dal loro terribile male, tanto oscuro quanto invalidante.

Qualche settimana dopo avergli consegnato la tesi, mi chiamò al telefono in ufficio, invitandomi a ritirarla e a riconsegnarla all'autore, cosa che feci immediatamente. Mi spiegò alcuni passaggi che avrebbe cambiato e alcune precisazioni che avrebbe introdotto, dando un senso a quei segni appuntati a penna sulla carta. Compresi che l'aveva davvero letta tutta e apprezzata. «È fatta bene», disse in modo asciutto, «è raro vedere lavori così precisi su questo tema». Poi fatta da un giovane… Riconsegnai, quindi, il lavoro al dott. Miele, spiegandogli a voce il senso delle note a mano.

Don Gabriele non faceva sconti a nessuno in materia di teologia e di pratica dell'esorcismo. Rimangono negli annali, ad esempio, le aspre critiche che mosse riguardo ad alcuni aspetti del nuovo Rituale pubblicato nel 2001. Il fatto che apprezzò senza sostanziali critiche il lavoro di Gianluca Miele mi sorprese un poco.

Per questo motivo sono felice che quello stesso lavoro diventi ora un libro. Auspico che esso possa portare ai lettori quelle conoscenze teoriche di base necessarie per comprendere sempre meglio il senso e la funzione del rito dell'esorcismo nella Chiesa cattolica. Ogni contributo in questo senso – tanto più questo libro – non potrà che far piacere a don Gabriele, che, sono sicuro, dal Cielo prega e intercede per tutti i sofferenti delle malattie spirituali, per i sacerdoti che praticano su licenza del loro vescovo gli esorcismi sugli ossessi e, ultimo ma non ultimo, su chi, come l'autore di questo libro, illumina la pratica con una sana scienza.

Don Stefano Stimamiglio

Segretario generale della Società San Paolo

INTRODUZIONE

di SILVIO CALZOLARI

L'esorcismo (dall'antico greco: "exorkismos", termine dai più significati legati ai concetti di "giuramento" e di "scongiuro") è una forma di rito apotropaico e purificatore con il quale, utilizzando scongiuri in nome di un dio o di una entità superiore, si allontano gli spiriti maligni e le influenze negative e si scacciano i demoni che si ritiene si siano insediati in persone, animali o cose, impedendo o turbando le normali condizioni di vita o attività. Per gran parte dell'opinione pubblica occidentale, l'esorcismo è una pratica alimentata dalla tradizione cristiana, anche se, in realtà, rituali simili erano (e sono ancora) ampiamente diffusi in molte religioni, etniche e antiche, legate ai culti di possessione con trance rituale e allo sciamanesimo. Talvolta, in questi contesti, l'esorcismo è assimilato ai riti di guarigione che alcuni individui (sciamani o "medicine men"), ritenuti dotati di particolari carismi, celebrano nel tentativo di far recuperare la salute fisica e spirituale a chi l'ha perduta. In questo caso, attraverso uno stato di alterazione di coscienza autoindotta l'adepto si estranea dal mondo circostante per entrare in contatto con le anime degli antenati, con le divinità o con gli spiriti della natura che lo guidano nell'azione terapeutica. Questa "trance da possessione indotta" è caratterizzata dal fatto che lo sciamano si fa impossessare il corpo da un'entità, considerata esterna, che si pensa possa comunicare con gli uomini. Generalmente gli antropologi e gli storici delle religioni parlano di possessione volontaria e involontaria. La prima, definita "positiva", avviene quando gli adepti invitano gli spiriti sovrannaturali a possederli (vivendo e controllando attivamente il processo trasformativo); l'altra, considerata invece "negativa" o demoniaca, si ha quando il processo trasformativo è involontario e puramente passivo. In questo secondo caso s'immagina che i "demoni" utilizzino a scopi malvagi il corpo dell'inconsapevole posseduto e ne comandino gli atti. A prescindere dalle classificazioni è interessante notare che gli stati modificati di coscienza s'inquadrino sempre nel contesto della società e della cultura che li ospita, e che si modellino su di essa.

Nella cultura giudaico-cristiana la possessione è stata considerata negativa, demoniaca, e la sua terapia ha sempre implicato l'espulsione dell'invasore alieno tramite l'esorcismo. Però, col tempo, specialmente nel nostro moderno Occidente, le cose sono cambiate. Con lo sviluppo delle ricerche della psicanalisi e delle scienze della mente gli stati modificati di coscienza relativi alla possessione sono stati, il più delle volte, attribuiti a cause psicologiche e psicopatologiche. Così, anche i comportamenti tradizionalmente assimilabili alla possessione demoniaca sono stati visti come forme di schizofrenia, di follia, come elementi di destabilizzazione della società. Ancora oggi, a chi ne va soggetto, vengono indicate cure in ambito psichiatrico. Ma quando la psicanalisi, con le sue interpretazioni dell'inconscio, e la psichiatria tendono ad escludere ogni forma di malattia mentale, riemergono paure e credenze ancestrali e si torna ancora una volta a chiamare in causa satana e la stregoneria. E spesso, in ambiti religiosi, si cerca di trovare una qualche soluzione ricorrendo all'esorcismo. D'altra parte l'esorcismo nel Cristianesimo, fin dai primi secoli, è stato un rito liturgico usato proprio per scacciare i demoni. È un rito che non aveva e che non avrebbe ragione di essere praticato, se non esistesse, nella teologia cristiana, la credenza della realtà del demonio, e se non fosse ben radicata nella fede del Cristo la certezza di poter sottrarre i posseduti al suo dominio. Il "Catechismo della Chiesa Cattolica", promulgato nel 1992 da Giovanni Paolo II (1920-2005), al Numero 1673 non esita ad affermare:

"Quando la Chiesa domanda pubblicamente e con autorità, in nome di Gesù Cristo, che una persona o un oggetto sia protetto contro l'influenza del maligno e sottratto al suo dominio, si parla di esorcismo. Gesù l'ha praticato; è da Lui che la Chiesa deriva il suo potere e il compito di esorcizzare (Cfr. Mc 1,25ss; Mc 3,15; Mc 6,7.13; Mc 16,17). In una forma semplice, l'esorcismo è praticato durante la celebrazione del Battesimo. L'esorcismo solenne, chiamato 'grande esorcismo', può essere praticato solo da un presbitero e con il permesso del Vescovo. In ciò bisogna procedere con prudenza, osservando rigorosamente le norme stabilite dalla Chiesa. L'esorcismo mira a scacciare i demoni o a liberare dall'influenza demoniaca, e ciò mediante l'autorità spirituale che Gesù ha affidato alla sua Chiesa. Molto diverso è il caso di malattie, soprattutto psichiche, la cui cura rientra nel campo della scienza medica. È importante, quindi, accertarsi, prima di celebrare l'esorcismo, che si tratti di una presenza del maligno e non di una malattia" (Cf. Codice di Diritto Canonico, 1172).

Che dire? Il "Catechismo della Chiesa Cattolica" non solleva dubbi; il maligno per i cattolici è un'entità reale, anche se la sua presenza va "accertata" prima di celebrare qualsiasi rituale di liberazione.
Ma come e con quali strumenti si può accertare la presenza del Maligno? È questo il punto sul quale la Chiesa da molto tempo si sta interrogando. Perché, se da una parte continua a sentirsi vincolata al compito di scacciare i demoni, è altresì vero che è ben consapevole che non ci sono più criteri univoci per decidere se determinati sintomi patologici siano da ricondurre a vere e proprie influenze demoniache. Allo stesso modo, alla luce delle recenti scoperte della psicanalisi e della psichiatria non è facile stabilire, quando qualcuno afferma di sentirsi dominato dalle potenze del male, se sia effettivamente posseduto dal demonio. Sarà influenza demoniaca o isteria? Così, l'esorcismo è diventato un tema delicato per la Chiesa Cattolica; per questo i sacerdoti lo guardano con sospetto e non ne parlano volentieri.
Ne parla invece, e con grande cognizione di causa, Gianluca Miele, in questo suo bel libro sul Rito dell'Esorcismo e sulle modifiche che ha subito nel corso dei secoli. Conosco Gianluca da molti anni, ha seguito alcuni dei miei corsi, a Firenze, presso l'Istituto Superiore di Scienze Religiose della Toscana; è stato un ottimo studente, uno dei migliori, e il libro che qui presenta è la rielaborazione della sua Tesi di laurea in "Scienze Religiose", frutto di lunghi studi e di faticose ricerche in biblioteche di Università, Conventi, Seminari e fondi privati[1]. Il suo elaborato di Tesi fu inviato in lettura, per il tramite di don Stefano Stimamiglio, Segretario Generale della Congregazione dei Paolini, al compianto padre Gabriele Amorth (1925-2016), uno dei più grandi esorcisti del XX secolo, purtroppo recentemente scomparso. Don Gabriele giudicò ottimo il lavoro e scrisse a mano qualche appunto per correggere e rafforzare quanto Gianluca Miele era andato scrivendo (gli appunti manoscritti sono riportati in appendice a questo libro). Padre Amorth si disse anche disposto a incontrare il mio giovane studente, era curioso di sapere le motivazioni che l'avevano spinto a scegliere una Tesi con un argomento così particolare. Avevamo fissato la data dell'incontro presso la Società San Paolo di Roma, quando le condizioni del padre peggiorarono e il nostro appuntamento fu annullato.

Ma lasciamo da parte i ricordi e veniamo a parlare del libro. Il saggio di Gianluca Miele inizia con una breve ma precisa analisi del fondamento biblico ed evange-

[1] Tesi sostenuta presso l'Istituto Superiore di Scienze Religiose "Beato Ippolito Galantini" - Firenze, nell'anno accademico 2013/2014. Relatore: Prof. Alberto Ara; Contro-Relatore: Prof. Silvio Calzolari.

lico dell'esorcismo cristiano. Nel Giudaismo antico, come nelle culture del vicino Oriente, l'esorcismo era una pratica largamente attestata; basti pensare all'esorcismo descritto nel libro di "Tobia" (6,1-19; 8,2-9) o a quello praticato da Abramo contro uno spirito penetrato nel corpo del Faraone ("Apocrifo della Genesi" di Qumran (1QGen 20,28); cfr. Luigi Moraldi, "I Manoscritti di Qumran", UTET/IED, Torino, 1971, pag. 624).

Anche nel Nuovo Testamento lo scontro ontologico con il diavolo è un tema ricorrente, e Gesù Cristo stesso, fra i tanti miracoli, appare talvolta nel ruolo di esorcista. L'apostolo Matteo ne parla almeno cinque volte (ai cap.: 8,28-32; 9,32-34; 10,1.8; 12,22-30; 17,14-21); Marco (come abbiamo visto citato anche nel moderno "Catechismo della Chiesa Cattolica") circa otto volte (1,23-27.34; 5,1-13; 6,7.13; 7,25-30; 9,16-29.38-40; 16,9.15-17). Luca affronta l'argomento sette volte (4,33-36.41; 6,18; 8,26-33; 9,1.38-42; 10,17-20; 11,14-26; 13,10-13.16), mentre Giovanni non ne fa alcun riferimento. Nei Vangeli il diavolo manifesta il suo potere con la possessione e con varie forme di malattia e d'infermità; l'azione taumaturgica di Gesù si esplica invece in una forma particolare di salvezza, in cui corpo e anima non sono separati, dove la salute del primo è indissolubilmente legata alla liberazione del male dell'altra. È il concetto del "Cristo medico" così ben esposto da Sant'Agostino ("De Doctrina Cristiana", 1,14; si veda: Rudolph Arbesmann, "The Concept of Christus Medicus in St. Augustin", in: "Traditio", Cambridge University Press, Cambridge, 1954, vol.10, pp.1-28).

Gianluca Miele, nei primi capitoli del suo libro, in maniera sintetica ma chiara, ci offre una panoramica della storia del ministero dell'esorcista attraverso i secoli. Ci ricorda che durante il primo Cristianesimo ogni credente, carismatico e dotato di salda e robusta fede, sull'esempio dei discepoli di Gesù, potesse compiere gli esorcismi. All'inizio apparentemente non vi fu alcun rito, né alcuna ordinazione da parte di autorità ecclesiastiche, perché il carisma procedette direttamente dalla missione apostolica e dalla potenza efficace della fede. A testimonianza della sua affermazione Gianluca Miele ricorda, tra gli altri, Giustino Martire (100-165ca.): "Ci sono nel mondo intero e nella vostra città molti posseduti da demoni, che né suppliche, incantesimi o magie né qualsiasi altra pratica hanno potuto guarire, mentre molti di noi cristiani, scongiurandoli nel nome di Cristo crocifisso sotto Ponzio Pilato, ne hanno guariti e ne guariscono un gran numero, ancora oggi, perché riescono a dominare e a cacciare dagli uomini i demoni che li possiedono" (Giustino, "Apologia" II, 6,6). In seguito le cose iniziarono a cambiare. In un frammento di una lettera scritta da Cipriano di Cartagine (210-258), l'ufficio di esorcista venne citato per la prima volta come un ordine conferito tramite l'imposizione delle mani ("Epistola" 16; cfr.: Andrea Nicolotti, "Esorcismo cristiano e possessione diabolica tra il II e il III secolo", Brepols, Turnhout, 2011, pp. 62-63). E proprio in quel periodo, (250 d.C. circa) a Roma, l'esorcismo fu inserito come parte fondamentale del rito del Battesimo (cfr.: Andrea Nicolotti, "Esorcismo cristiano e possessione diabolica tra il II e il III secolo", op. cit. pag.19). Verso la metà del III secolo, sembra che Papa Cornelio (180ca.-253) abbia istituito un primo gruppo di esorcisti scelti tra coloro che, nel clero di Roma, si fossero distinti per il loro carisma (Eusebio di Cesarea, "Historia ecclesiastica", 6,43). Fin dai primi secoli l'esorcismo si collegò strettamente anche al culto dei santi: Sant'Antonio Abate (251-356) e San Martino di Tours (316ca.-397), praticarono esorcismi; San Benedetto da Norcia (480ca.-547) fu addirittura considerato il patrono degli esorcisti. Nel 416 dopo Cristo Papa Innocenzo I (378-417) in una lettera a Decenzio, Vescovo di Gubbio, pose le basi per la successiva regolamentazione dell'esorcistato ("Epistolarium", ep.25,6,9). In quella missiva il Pontefice cercò di limitare l'uso dell'esorcismo, fuori dal Battesimo, affermando che fosse da considerarsi lecito solo il rituale autorizzato dal Vescovo. Nel 475, come si evince dagli "Statuti Ecclesiae Antiqua", l'esorcistato acquistò una ritualità precisa tanto da essere inserito tra gli Ordini minori, e le sue funzioni passarono del tutto al clero. Come tale rimase fino al 1972 quando gli Ordini minori furono soppressi. A partire dai secoli VII e VIII sono documentate numerose formule di esorcismo ecclesiastico di cui si fece largo uso durante tutto il Medioevo e nella prima età moderna. Di questi rituali, Gianluca Miele, con puntualità e acume, passa a presentarci il "Sacramentarium Gelasianum Vetus" (V-VI sec. d.C.), i formulari di Alcuino (732-804) che entrarono nel "Missale Gallicanum vetus" (VII-VIII sec.), il "Liber Sacramentorum Gellonensis" (VIII sec.), il "Sacramentale Gregorianum" (IX-X sec.) ed il "Pontificale Romano-Germanicum" (950 d.C.). Il nostro autore accenna anche al "Malleus Maleficarum" (1487), privo di ogni ufficialità ma molto adoperato nella caccia a streghe e maghi, e al "Liber Sacerdotalis" (1523) del domenicano Alberto da Castello (o Castellani; nato a Venezia e vissuto nella prima metà del 1500).

In tutti quei secoli ci fu una grande produzione di testi liturgici o paraliturgici e i rituali esorcistici furono celebrati sulla base dei vari formulari che ogni presbitero adattava alle sue personali esperienze. Ma sulla Chiesa soffiò ben presto il vento della

Riforma e l'esorcismo in molte Chiese del centro e del nord Europa fu, a poco a poco, abbandonato, anche se ve ne è cenno nel "Libretto sul Battesimo" (1526) di Martin Lutero (1483-1546) e nel "Book of Common Prayer" (1549). Va comunque ricordato che anche alcune Chiese riformate riconobbero la possessione e ricorsero all'esorcismo, anche se praticato con modalità diverse e meno formali di quelle del Cattolicesimo. Inoltre in alcune di queste realtà ecclesiali l'esorcismo non fu una pratica esclusiva del clero. Nel mondo ortodosso, invece, l'esorcismo rimase una preghiera sacerdotale, che il liturgista rivolgeva a Dio perché i demoni si allontanassero dagli uomini. Anche nel mondo ortodosso furono redatti dei veri e propri formulari di esorcismo, alcuni furono attribuiti a San Basilio (330-379), altri a San Giovanni Crisostomo (344/354ca.-407).

Ma torniamo all'excursus storico così come tracciato da Gianluca Miele. Il "Concilio di Trento" (1545-1563) sancì una volta per tutte che l'esorcistato era un "Ordine minore" e per porre ordine all'anarchia liturgica imperante in quel campo, il Cardinal Giulio Antonio Santori (1532-1602), su mandato di Papa Gregorio XIII (1502-1585), dal "Liber Sacerdotalis" di Alberto da Castello ricavò il "Rituale Sacramentorum Romanum", che fu stampato tra il 1584 ed il 1602, ma che non fu mai promulgato a causa della morte del Papa. Pochi anni dopo, tutti i testi canonici e liturgici relativi all'esorcismo vennero nuovamente recepiti ed unificati nel "Rituale Romanum", edito nel 1614 sotto il Pontificato di Paolo V (1550-1621). L'esorcismo vero e proprio, non prescritto ma caldamente raccomandato, fu trattato nel capitolo "De exorcizandis obsessis a daemonio". Con il "Rituale Romanum" la Chiesa cattolica, per controbattere l'opposizione della Riforma, decise, finalmente, di portare ordine e uniformità alla cerimonia dell'esorcismo; inoltre ne consigliò l'uso solo nei casi ritenuti certi di possessione demoniaca. L'attenzione doveva infatti essere massima, perché troppi abusi si erano verificati. Lo stesso Paolo V firmò alcuni avvertimenti: "Prima di tutto l'esorcista non deve credere troppo facilmente che si trovi di fronte ad un caso di possessione. Bisogna perciò che egli conosca i segni che permettono di distinguere questo caso da una semplice bile nera (N.d.A.: melanconia) o da una qualsiasi malattia. Tali segni sono i seguenti. Parlare una lingua sconosciuta o comprenderla, rivelare delle cose distanti o occulte, esercitare dei poteri che vanno al di là dell'età o della condizione di colui che li manifesta... Quanti più segni si riscontrano in uno stesso individuo, maggiore sarà la certezza nel loro significato". Poco dopo la promulgazione di quel rituale, la Curia romana lo rese obbligatorio per tutte le funzioni parrocchiali.

Gianluca Miele, nel capitolo iniziale, non tralascia di accennare al lungo e complesso lavoro di elaborazione del nuovo rituale; l'argomento è estremamente interessante e credo meriti di essere ulteriormente approfondito alla luce di nuovi eventuali studi su altri rituali contenuti in antiche opere sull'esorcismo. Ne voglio ricordare solo una: Il "Thesaurus exorcismorum" ("Tesoro degli esorcisti") pubblicato nel 1608 dallo stampatore di Colonia Lazarus Zetner. Quel prezioso e raro volume raccolse le principali opere degli esorcisti francescani; fra queste merita una particolare menzione la "Fuga Satanae" (1597) di Pietro Antonio Stampa, frutto di oltre vent'anni di ricerche nel campo dell'esorcismo. Lo Stampa, nel suo rituale incluse un'originalissima sezione dedicata all'"uso della stola e di come deve essere legata al collo del paziente" ("Usus stolae de modo ligandi stolam ad collum patientis"), a creare un legame invisibile tra il sacerdote ed il posseduto (cfr.: Armando Maggi, "Satan's Rhetoric: A Study of Renaissance Demonology", University of Chicago Press, Chicago, 2001). Qualche anno dopo, qualcosa di simile fu inserito anche nel "Rituale Romanum", quando l'esorcista, ponendo la propria mano sul capo della persona da liberare dal Maligno e un capo della stola sul suo collo, doveva pronunciare con voce forte e decisa una frase attribuita a Sant'Antonio da Padova: "Ecce Crucem Domini! Fugite partes adversae! Vicit Leo de tribu Juda, radix David, Alleluja!" (cioè: "Ecco la Croce del Signore! Fuggite forze nemiche! Ha vinto il Leone di Giuda, la radice di David, Alleluja!"). La stessa frase, che in realtà era (ed è) un vero e proprio piccolo esorcismo, per ordine di Papa Sisto V (1521- 1590), venne scolpita anche alla base dell'obelisco di Piazza San Pietro a Roma, che fu lì trasportato durante il suo pontificato (1585-1590).

Nel suo saggio Gianluca Miele, con rigore scientifico, analizza come nel corso dei secoli il "Rituale Romanum" fu aggiornato, emendato e corretto sia per eliminare gli errori di natura grammaticale, con i refusi e le parole in disuso, che per assecondare le necessità pastorali e teologiche dei vari periodi storici. Si ebbero ben sei revisioni ufficiali in ben tre secoli e mezzo: ma le modifiche apportate furono tutte marginali; il "De exorcizandis obsessis a daemonio" rimase invariato sia nel contenuto che nella forma.

Alla fine del XIX secolo, crebbe in Europa la paura per il diavolo, connessa al diffondersi dei vari secolarismi di Stato e di pratiche esoteriche e spiritiche. Uno dei più fieri oppositori all'avanzare di queste tendenze fu Papa Leone XIII (1810-1903), eletto nel 1878. Forse più di ogni altro Pontefice Leone XIII s'interessò agli esorcismi. Nel 1886 inserì un'invocazione a San Michele tra le preghiere aggiuntive dopo la Messa, e nel 1890, redasse il suo "Exorcismus in Satanam et angelos apostaticos" ("Esorcismo contro Satana e gli angeli ribelli"), che fu approvato con un decreto dalla Sacra Congregazione dei Riti il 18 maggio 1890 ("Acta Sanctae Sedis", 23, 1890, pp.743-7). Si tenga presente che dell'esorcismo di Leone XIII esistono due versioni: quella originale del 1890, e una seconda, più breve, approvata il 7 gennaio del 1902.

Nel 1917, la pubblicazione del "Codex Iuris Canonici" apportò numerose novità nel mondo della Chiesa, e, nel 1925, Papa Pio XI (1857-1939) promulgò una nuova edizione del "Rituale Romanum" che corresse tutti i passi non conformi al nuovo Codice. Infine, nel 1952, prima del Concilio Vaticano II (1962-1965), si ebbe l'ultima "editio" del "Rituale Romanum". In quell'edizione anche l'esorcismo di Papa Leone XIII, sino ad allora stampato solo come appendice, fu pubblicato nel corpo del Titulus relativo al rito degli esorcismi.

Ma il rinnovamento liturgico preparatosi tra le due guerre mondiali portò, con il Concilio Vaticano II, radicali e profonde trasformazioni anche nell'esorcismo. Il confronto con le scienze umane e le dottrine psicologiche fece intraprendere all'antico rituale un complesso e difficile processo di adattamento alle mutate condizioni socio-culturali: l'esorcismo compiuto nel contesto della preparazione al Battesimo si trasformò in una preghiera di liberazione, mentre nell'iniziazione degli adulti si cercò di mettere in primo piano il rafforzamento della vita spirituale rispetto alla vittoria sul potere di Satana. Anzi, qualcuno cominciò addirittura a dubitare dell'esistenza di un principio ontologico del male. I modernisti tentarono di lasciarsi alle spalle l'odore di zolfo; forse satana era solo una metafora e la possessione solo uno stato di malattia mentale da evitare. Iniziò così l'epoca del dubbio foriera di tanti ripensamenti dottrinali e liturgici. Ma procediamo per gradi nella nostra esposizione. Negli anni Sessanta e nei primi anni Settanta, secondo Francis Young, la pratica esorcistica toccò il suo punto più basso: "... I riti divennero forse più rari di quanto non fossero mai stati dal XVIII secolo in poi. Sono stati condotti pochi studi specifici sul declino dell'esorcismo, ad eccezione di una ricerca svolta nel 1973 da Bernard Chaput nella regione orientale del Québec: egli riscontrò come, fra 111 parroci che avevano risposto al suo sondaggio, nessuno praticasse l'esorcismo; ne dedusse quindi che <la credenza nella possessione demoniaca fosse sul punto di scomparire> perché satana stesso era sparito dalla fede cattolica" (Francis Young, "Possessione, Esorcismo ed esorcisti nella storia della Chiesa cattolica", Carocci editore, Roma, 2018, pag.194). Voglio anche ricordare che nel 1969 il gesuita svizzero Herbert Haag pubblicò "Abschied vom Teufel" (ossia la: "Liquidazione del diavolo", Benziger, Einsiedeln,1969; trad. Italiana: "La liquidazione del diavolo?", Queriniana, Brescia, 1970), una negazione autorevole della fede del diavolo come entità spirituale reale. Quest'opera, come sottolinea sempre Francis Young "restituiva il clima ideologico prevalente nell'età postconciliare: la fede letterale nel demonio era un relitto del passato che la Chiesa aveva superato. Nel mondo di lingua inglese, l'opposizione alla reiterata pratica dell'esorcismo fu guidata da due gesuiti americani, Henry Ansgar e Juan B. Cortés. Entrambi condividevano l'idea che i teologi avessero sistematicamente frainteso il Nuovo Testamento, dove si distingue fra "spiriti immondi" e satana, la cui funzione è sottoporre a prove e tentazioni. Gli "spiriti immondi" non sono necessariamente sotto il dominio di Satana ed è meglio intenderli come "spiriti parassiti", ovvero come personificazioni di malattie fisiche e mentali, più che come personalità spirituali malvage. La mitologia cristiana forniva il collegamento fra gli "spiriti immondi" e gli angeli caduti, che non era esplicata in nessuna parte della Bibbia; ne derivava che, di conseguenza, nessuno poteva essere posseduto dal diavolo o da un angelo decaduto" (Francis Young, "Possessione...", op. cit. pp. 194-195). Negli anni del dubbio furono proprio i gesuiti americani e tedeschi a condurre con forza l'attacco all'esorcismo, ma fu sempre un gesuita tedesco, Adolf Rodewyk (1894-1989), a prenderne la difesa. Esorcista a Treviri, durante la Seconda guerra mondiale, il Rodewyk scrisse un libro "Possessione diabolica alla luce del Rituale Romanum" ("Daemonische Bessenheit in der Sicht des Rituale Romanum", Pattloch Aschaffenburg, 1963) che trovò largo consenso e che fu in seguito avvallato anche da padre Amorth (Gabriele Amorth, "Un esorcista racconta", Dehoniane, Roma, 2000, pag. 48). Il libro del Rodewyk suscitò dibattiti e controversie. Lo stesso Karl Rahner (1904-1984), celebre per l'approccio revisionista della Teologia, a conoscenza delle tesi del Rodewyk, si disse disposto ad ammettere che la possessione vera e propria esistesse e che "potesse essere teoricamente distinta dalla malattia mentale grazie alle manifestazioni preternaturali" (Francis Young, "Possessione...", op. cit. pag. 195). Nell'udienza generale del 15 dicembre del 1972, forse proprio in risposta ai negazionisti, Papa Paolo VI (1897-1978), lo stesso che soppresse gli "Ordini minori", reiterò l'insegnamento tradizionale della Chiesa sul diavolo: "il male non è soltanto una deficienza, ma un'efficienza, un essere vivo, spirituale, pervertito e pervertitore. Terribile realtà. Misteriosa e paurosa" (cfr. "Civiltà Cattolica", 123, 3, 1972, pag.581). In quell'occasione, il Papa, pur sottolineando la possibile influenza del diavolo su individui e società, evitò accuratamente di parlare di esorcismi e di possessione. In ogni modo, il discorso servì a sottolineare come l'approccio metaforico alla realtà di Satana per un cristiano potesse risultare fuorviante. D'altra parte come sarebbe stato possibile per un Papa negare la verità dei Vangeli sulla presenza nel mondo del Maligno? Proprio in quegli anni avvenne poi un fatto del tutto nuovo e inaspettato. In Germania scoppiò il caso di Anneliese Michel (1952-1976), una giovane bavarese morta (probabilmente per denutrizione) dopo mesi di esorcismi. Tutti gli esorcisti ecclesiastici implicati furono imputati in un processo penale, e i resoconti dei rituali (comprese alcune registrazioni) furono resi pubblici. Il caso giudiziario, in cui Rodewyk rischiò l'incriminazione anche se fu solo chiamato a testimoniare, divenne uno degli argomenti più seguiti dai media di tutto il mondo. L'Esorcismo uscì dalle sacrestie e dalle semplici dispute fra teologi e approdò sui quotidiani e nei dibattiti televisivi. Dibattiti alimentati anche dalle vicende del romanzo "L'esorcista" di William Peter Blatty, pubblicato nel 1971, e dall'omonimo film di William Friedkin (1973). Entrambi riscossero un grandissimo successo e anche tra i non cattolici si cominciò a considerare reale la possibilità dell'esistenza della possessione demoniaca. L'interesse suscitato dal romanzo e dal film comportò ovunque la nomina di nuovi esorcisti diocesani, mentre, sull'onda lunga del processo di Anneliese Michel, la Conferenza episcopale tedesca, nel 1979, istituì un'apposita commissione di indagine sull'esorcismo. I documenti finali della commissione furono poi inviati a Roma, alla Sacra Congregazione dei Riti, e furono motivo d'ispirazione per la successiva riforma del rituale di esorcismo (M. Kunzler, "The Church's Liturgy", LIT Verlag, Munster, 2001, pag. 317; trad. italiana di L. Asciutto, "La Liturgia della Chiesa", Jaca Book, Milano, 2003). Nel gennaio del 1983, probabilmente per rispondere a coloro che negavano la realtà del demonio, nel nuovo Codice di Diritto Canonico riveduto e corretto, a sorpresa, si ribadì che la Chiesa considerava ancora utili gli esorcismi. Nel nuovo Codice i canoni del 1917 risultarono semplificati, ma non alterati o distorti in modo sostanziale; l'esorcismo fu trattato al canone 1172: "Nessuno può proferire legittimamente esorcismi sugli ossessi, se non ha ottenuto dall'Ordinario del luogo peculiare ed espressa licenza. L'Ordinario del luogo conceda tale licenza solo al sacerdote che sia ornato di pietà, di scienza, di prudenza e d'integrità di vita" ("Codex Iuris Canonici" can. 1172, Libreria Editrice Vaticana, Città del Vaticano, 1983). L'esorcismo rientrò nella categoria dei "Sacramentali", cioè di quei riti che, pur non possedendo una diretta efficacia salvifica (specifica dei "Sacramenti") furono istituiti dalla Chiesa per apportare nella vita dei fedeli benefici spirituali.

Nel 1990 fu poi pubblicato il già ricordato "Un esorcista racconta" di Gabriele Amorth, libro che in Italia raggiunse le dodici edizioni prima di essere tradotto in inglese col titolo di "An Exorcist Tells His Story", che in breve divenne un successo mondiale. Dopo quella pubblicazione, il 4 settembre del 1991, padre Renè Chenesseau e padre Gabriele Amorth fondarono l'"Associazione Internazionale degli Esorcisti" (AIE), per riflettere sul ministero a loro conferito e per fornire una formazione permanente agli esorcisti. Nel 1998, a seguito della riforma liturgica introdotta dal Concilio Vaticano II, Giovanni Paolo II, promulgò il "De Exorcismi et Supplicationibus Quibusdam", che come giustamente afferma Gianluca Miele, nella pratica rivoluzionò completamente il rituale dell'esorcismo. La prima edizione del testo latino del nuovo rituale apparve il 26 gennaio del 1999, e andò a sostituire, dopo 385 anni, il rito del 1614. La traduzione italiana venne approvata dall'Episcopato il 25 novembre del 2001. Gianluca Miele descrive dettagliatamente come si evolse il nuovo rito esorcistico e di come si discosti in modo significativo da quello precedente, in quanto, fra l'altro, include un rinnovo delle promesse battesimali che può consistere nella recitazione del Credo niceno o in un modello più formale del tipo domande-risposte. I redattori del rito del 1999 vollero probabilmente ravvivare il legame tra il Battesimo e l'esorcismo anche se, il rito esorcistico per gli indemoniati non può essere fatto in alcun modo derivare da quello del Battesimo (cfr. Francis Young, "Possessione...", op. cit. cap. I e pag. 214).

Nel secondo capitolo della sua trattazione, Gianluca Miele ha operato una vera e propria sinossi fra le varie versioni dei rituali d'esorcismo e ne ha evidenziato le modifiche più significative. Lascio al lettore la curiosità di scoprirle. Con il nostro autore, in estrema sintesi, possiamo senz'altro affermare che, benché il rito del 1999 conservi la struttura e le componenti principali di quello del 1614, presenta molte omissioni inspiegabili come quelle relative alle formule esorcistiche imperative che erano il cuore stesso del rituale fin dall'antichità. Il fatto che solo una (la n.84) delle formule alternative di esorcismo contenute nel "De Exorcismi et Supplicationibus Quibusdam", conservi gli scongiuri, fa pensare (a ragione) che i redattori del nuovo rituale avessero qualche pregiudizio nei confronti di quest'ultimi.

Partendo da queste stesse considerazioni, nel 2000 padre Amorth scatenò una polemica affermando, in un'intervista concessa a un giornale italiano (S. M. Paci, "Il fumo di Satana nella casa del Signore. Intervista con padre Gabriele Amorth", in: "Trenta Giorni", 6, 2001), che il nuovo rito d'esorcismo sarebbe stato inefficace proprio per la mancanza degli scongiuri imperativi. Inoltre padre Amorth fece notare come nel "Rituale Romanum" esistessero precise indicazioni su come affrontare i malefici, mentre il nuovo rito vietava espressamente di praticare esorcismi proprio in caso ne fossero stati riscontrati: "I malefici, affermò padre Amorth, sono di gran lunga la causa più frequente della possessione e dei mali procurati dal demonio. Sono non meno del 90%. Non intervenire sui malefici è come dire agli esorcisti di non operare più". Le critiche di padre Amorth furono accolte e riproposte anche da un Vescovo esorcista, Mons. Andrea Gemma (1957-2019), in un suo famoso libro: "Io, Vescovo esorcista" (Mondadori, Milano, 2002). E José Antonio Fortea, nel suo "Manuale dell'Esorcista" del 2008 insistette sul fatto che: "Se un esorcismo non contempla scongiuri, non è un esorcismo vero e proprio. Il tratto caratteristico e specifico dell'esorcismo è lo scongiuro" (José Antonio Fortea, "Summa daemoniaca. Tratado de demonologia y manual de exorcistas", Palmyra, Madrid, 2008, pag.164; trad. italiana di I. Rosiello, Tre editori, Roma, 2008).

Va comunque detto, che la Santa Sede, alla pubblicazione del nuovo rituale, prevedendo le critiche, fece subito seguire una notificazione che prevedeva la possibilità per gli esorcisti di continuare ad usare il vecchio rituale del 1952, se autorizzati dal loro Vescovo ("Notificatio de ritu Exorcismi", 27 gennaio 1999, in: "Notitiae", 35, 1999, pag. 156). La concessione aprì di fatto alla coesistenza di due rituali, entrambi legittimi, anche se il mantenimento del vecchio rito sembrò sconfessare quello nuovo. Infatti, don Manlio Sodi, liturgista dell'Università Pontificia Salesiana, fece notare che la "Notificatio" smentisse, di fatto, la validità del nuovo rito, quasi che quest'ultimo non avesse la stessa efficacia del precedente (Manlio Sodi, "Tra maleficio, patologie e possessione demoniaca", Edizioni Messaggero, Padova, 2003). Col passare del tempo il problema della sopravvivenza del vecchio rito divenne un vero e proprio caso politico; gli esorcisti che continuarono a usarlo furono visti come immersi in un progetto di recupero di elementi e concezioni appartenenti a un modello di Chiesa tridentina, precedente al Concilio Vaticano II, in contrasto con le aperture della Chiesa e gli aspetti del pluralismo culturale contemporaneo. Che dire? Forse è vero. Comunque sia è però certo che la pratica dell'esorcismo liturgico ha conosciuto agli inizi del nuovo millennio, in Europa e nell'Occidente, una rinascita impressionante. Lo stesso Papa Francesco, dai cattolici conservatori ritenuto liberale e modernista, il 13 giugno del 2014 ha emesso un decreto che riconosce giuridicamente l'"Associazione Internazionale degli Esorcisti" (AIE) di padre Amorth, che conta circa duecentocinquanta membri in ben trenta nazioni. Da questo nuovo interesse per l'esorcismo nasce l'importanza del libro di Gianluca Miele. Il suo è uno studio essenziale ma sicuramente interessante; mediando il rigore dello storico con la curiosità di chi non si pone pregiudizi, Gianluca Miele, con coraggio e determinazione, cerca di approfondire un argomento, quello dei rituali esorcistici, spesso citati a sproposito, talvolta mitizzati o sviliti, ma raramente considerati nella vastità delle loro varianti e implicazioni che restano ancora in larga parte poco analizzate. Ancora oggi non è facile parlare dei rituali d'esorcismo perché, come il nostro autore afferma alla fine del primo capitolo del libro: "Quello degli esorcismi cristiani è un argomento che parte da luoghi lontani e profondi e che è destinato ad essere ancora discusso e dibattuto sia a livello pastorale che a livello propriamente liturgico e dogmatico". Per concludere, si può ben dire che questo libro di Gianluca Miele sia un'opera considerevole che stimolerà la conoscenza e consentirà agli studiosi di avere a disposizione un prezioso strumento di documentazione.

Silvio Calzolari
Storico delle Religioni e Orientalista

Introduzione

Il rito degli esorcismi è da sempre oggetto di curiosità e interesse. Film, racconti e romanzi si sono sprecati sul tema, spesso dandone una visione totalmente distorta e assurda, lontanissima dalla realtà. Spesso se ne parla come di un rito segreto e nascosto, qualcosa di proibito, una sorta di parente oscuro della Chiesa cattolica o addirittura di una pratica superstiziosa che poco avrebbe a che fare con la fede religiosa in Cristo Gesù.

Ecco perché abbiamo scelto di analizzare questa particolare preghiera, che fa parte dei Sacramentali della Chiesa cattolica, e perché ci siamo focalizzati sul secolo appena trascorso.

La scelta di questo secolo non è stata affatto casuale: infatti è il secolo nel quale si hanno le principali modifiche al rito tridentino contenuto nel *Rituale Romanum*, erede ed organizzatore della precedente Tradizione esorcistica della Chiesa, oltre che l'avvento del discusso nuovo rito, la Cenerentola dei rituali[2], il *De Exorcismis et Supplicationibus Quibusdam.*

Analizzando le varie edizioni del *Rituale Romanum* si nota come questo sacramentale abbia attraversato svariati secoli senza venire praticamente modificato dalla sua stesura fino al XX secolo.

In questo secolo il Rito subisce modifiche e aggiunte fino alla promulgazione di un Rito sostitutivo che ha generato non poche polemiche fra gli "addetti ai lavori".

Per arrivare a parlare del Rito è necessario partire con un breve *excursus* storico sul ministero esorcistico nel mondo Cristiano cattolico di rito romano mostrando da un lato il fondamento biblico e cristologico del ministero, dall'altro la continua Tradizione della Chiesa nell'esercizio di questo. La breve disamina storica servirà a mostrare che l'esorcismo è una pratica comune a tutti i popoli pre-cristiani, compreso

---

[2] Cf. G. AMORTH, *Un Esorcista Racconta*, Trebaseleghe (PD) 2010[22], 199. Questa definizione è data da Padre Gabriele Amorth prima che il rituale arrivasse alla sua promulgazione. Questo rito infatti è l'ultimo dei libri appartenenti al *Rituale Romanum* ad essere stato rielaborato secondo le norme del Concilio Vaticano II. Perciò gli è stato dato questo simpatico soprannome ripreso anche da altri studiosi fra cui citiamo: M. HAUKE, «The Theological Battle over the Rite of Exorcism, "Cinderella" of the New Rituale Romanum», in *Antiphon* 10 (2006) 32-69.

il Popolo di Israele, ma con Gesù questa pratica assume un carattere e una potenza totalmente nuove. Vedremo come il ministero esorcistico sia andato via via istituzionalizzandosi nel corso dei secoli, perdendo parte della sua natura carismatica per arrivare alla forma attuale ben delimitata da norme canoniche e prassi liturgiche. Se da un lato si perde la spontaneità del carisma resta però sempre costante l'azione liberatrice del Rito. All'interno del Cristianesimo l'esorcismo non è mai stato percepito come un rituale magico, ma si presenta e si è sempre presentato nelle varie epoche come una preghiera nel nome di Gesù volta a scacciare con autorità le influenze o presenze demoniache da luoghi, cose, animali e/o persone. Esso si colloca pienamente nel mandato cristico alla Chiesa e non è un rito folkloristico o superstizioso col quale manipolare le menti dei semplici.

Una volta affrontato il percorso storico affronteremo direttamente i testi dei rituali. Per ragioni di aderenza al testo abbiamo preferito lavorare direttamente sui testi originali in latino[3], oltre che per avere una più precisa idea della reale struttura del rito. Reperire i vari rituali non è stato semplice. Infatti, se il rito originale del 1614 era disponibile in edizione anastatica nella Biblioteca della Facoltà Teologica dell'Italia Centrale di Firenze dove abbiamo studiato, per gli altri riti non è stato così facile[4]. Alcuni li abbiamo reperiti nella Biblioteca dei Frati Minori della Parrocchia di San Francesco in Piazza Savonarola a Firenze[5], altri nella Biblioteca del Capitolo Metropolitano fiorentino[6], mentre il *Rituale* edito da San Pio X nel 1913 lo abbiamo trovato solo nel Santuario della Madonna di Montenero (Livorno) ed il *Rituale Romanum* del 1952, in una ristampa del 1955, addirittura da una collezione privata nella provincia di Prato. Il testo del nuovo rituale invece è stato regolarmente acquistato presso una libreria cattolica fiorentina in edizione 2013.

Ci ha colpito molto il fatto che il *Rituale* di San Pio X sia stato impossibile da reperire a Firenze: le maggiori biblioteche ecclesiastiche infatti non ne avevano alcuna copia disponibile. Non così invece per i rituali ottocenteschi e per gli altri rituali del novecento che erano di più facile reperibilità.

---

[3] Questo nonostante la nostra non totale padronanza di questa lingua.

[4] Se si esclude il *Rituale Romanum* del 1884 di cui ho trovato una ristampa del 1898 sempre nella Biblioteca della Facoltà Teologica.

[5] Il *Rituale Romanum* del 1752 (ristampa del 1834) e quello del 1872 (ristampa del 1880)

[6] Il *Rituale Romanum* del 1925 (ristampa del 1934) più varie copie degli altri rituali antichi per confrontarle con quelli già recuperati.

Poi passiamo ad analizzare in sinossi i *Rituali* del 1614, 1913, 1925 e 1952[7]. Se gli ultimi tre rituali per il momento non hanno bisogno di ulteriore introduzione, dobbiamo dire che ci pareva impensabile analizzare questi testi senza esaminare con la necessaria dovizia di particolari anche il testo originale da cui essi hanno origine. Questa analisi ci ha portato a verificare come, eccetto che per poche sfumature, il Rito si è conservato per un lasso di tempo di oltre tre secoli sostanzialmente invariato. Purtroppo nella tabella contenente la sinossi ci è stato impossibile inserire il nuovo rituale viste le numerose differenze che lo contraddistinguono, sia di volume che strutturali. Pertanto il rito post-conciliare è stato esaminato in una tabella a parte in cui è stato lasciato uno spazio per confrontare eventuali passi simili o identici tra il rito antico ed il rito nuovo.

Avremmo potuto inserire in questa tabella un confronto fra la versione originale del nuovo rito e quella emendata, ma *de facto* si tratta dello stesso rito, edito sotto lo stesso pontificato che non presenta reali variazioni testuali, ma perlopiù correzioni di errori grammaticali e di punteggiatura. Pertanto abbiamo deciso di bypassare l'analisi del testo non emendato per lavorare sulla versione definitiva di questo. La versione italiana di questo rito non ci è stato possibile trovarla, se non in versione *online* e in appendice ad altri volumi sul tema, ma vista la scelta di lavorare esclusivamente sugli originali in latino per il rito tridentino abbiamo deciso di mantenere lo stesso criterio anche per il rito novello onde non creare confusione e anche per facilitare la nostra ricerca di eventuali tracce del vecchio rito nel nuovo.

L'ultima parte di questo libro si occupa invece di esaminare da un punto di vista dogmatico le differenze testuali rilevate nei vari testi per comprendere cosa abbia potuto scatenare il numero enorme di polemiche che il *De Exorcismis et Supplicationibus Quibusdam* ha scatenato fra alcuni dei più eminenti esorcisti del mondo, i quali lo accusano di essere uno strumento inefficace nella loro prassi ministeriale. Critiche talmente rilevanti da far accompagnare il nuovo rito, che essi avevano già esaminato in forma di "*Rituale ad interim*"[8], con una nota dell'allora Prefetto per la Congregazione per il Culto Divino card. Medina Estévez nella quale si dice che su richiesta è 'volentieri' concessa la dispensa per continuare a usare il vecchio rituale.

[7] Nelle edizioni a noi pervenute.
[8] Testo che purtroppo non ci è stato possibile consultare né reperire.

In questo modo è possibile affrontare in modo sistematico ed efficace una tematica che è assai vasta che è parte di un discorso di grande attualità pastorale e teologica, ne è riprova la relativamente recente pubblicazione della Commissione Episcopale Toscana inerente queste tematiche[9].

Questo libro è la versione, debitamente editata, della mia tesi triennale in Scienze Religiose discussa nel 2014.

[9] CONFERENZA EPISCOPALE TOSCANA, *Esorcismi e Preghiere di Guarigione. Indicazioni pastorali e norme dei Vescovi della Toscana -2014- con la Nota Pastorale della Conferenza Episcopale Toscana «A proposito di magia e demonologia» -1994-*, Firenze 2014.

CAPITOLO PRIMO

Breve storia del Sacramentale dell'Esorcismo

Da sempre, fin dai primordi – quando la religiosità era vissuta secondo differenti culture di tipo sciamanico –, l'uomo si trova a fronteggiare situazioni e casi in cui la conoscenza e la tecnica umana si rivelano inefficaci (per esempio malattie gravi) e talvolta anche di fronte a manifestazioni che hanno, o sembrano avere del soprannaturale, fenomeni che in alcuni casi restano inspiegabili anche per le conoscenze attuali, nonostante vari tentativi di razionalizzarli. Non solo questi fenomeni destano il "terrore sacro" nell'uomo, ma più in generale, da sempre, l'essere umano si trova a confrontarsi, con angoscia e preoccupazione, col problema del male che lo porta a cercare costantemente una sua identificazione che viene variamente compresa nei contesti storico-culturali più disparati[10]. Bisogna sottolineare come in tutte le civiltà e culture, di ogni tempo e regione, il male è inteso come una forza che crea scompiglio e disordine. Per la tradizione metafisica il male non è altro che il disordine, il caos, rispetto all'ordine armonico delle cose. In questa concezione ricade anche il significato del "diavolo", come: "ciò che separa" (dal greco *dià-bàllo*), o satana (dall'ebraico: *satan*) di analogo significato. Tutte le tradizioni metafisiche, religiose, o magico-

---

[10] Cf. S. CALZOLARI, «Prefazione. Satana, Demoni e Dintorni» in D. MONTI (Edd.), *L'abisso del sé. Satanismo e sette sataniche*, Milano 2011, VII-XII. In questo testo si fa una breve disamina storica sull'evoluzione della concezione di Satana nel mondo semitico (giudeo e islamico) e in quello cristiano, utile anche a comprendere come cambi il modo di rapportarsi alle forze demoniache in rapporto alla comprensione che si ha di esse. Interessante anche l'approfondimento che si fa di questo tema nella seconda parte del saggio: M. FIORI, «2.1 Satanismo: origine del termine; 2.2 Satana come avversario del Progetto di Dio riguardo al genere umano: 2.3 Satana come avversario di Cristo e dei cristiani; 2.4 Satana secondo il Catechismo della Chiesa Cattolica» in D. MONTI (Edd.), *L'abisso del sé, op. cit.*, 177-200, dove si analizzano i passi veterotestamentari, neotestamentari, nonché la posizione del Catechismo della Chiesa Cattolica (d'ora in poi 'CCC') a riguardo, analisi che a nostro parere permettono di inquadrare meglio la problematica esorcistica e la sua effettiva necessità nella vita della Chiesa e che possono essere un interessante approfondimento per il lettore più esigente.

sciamaniche hanno rilevato che l'armonia può essere ripristinata (la legge sul caos e l'ordine sul disordine, quindi anche il bene sul male) mediante l'uso di rituali, benedizioni, scongiuri o esorcismi. Il Sacramentale dell'Esorcismo quindi non è una pratica che nasce con la Chiesa di Cristo o con la Sua opera missionaria: esso è presente e noto in popoli più antichi degli Ebrei, fra cui gli Assiri, i Babilonesi e gli Egizi[11].

Di fronte a fenomeni la cui natura esula dallo scibile umano, situazioni in cui la reazione più facile è lo stupore, nelle sue varie forme finanche al terrore, l'uomo è costretto ad appellarsi al trascendente (che viene variamente compreso a seconda dei contesti socio-culturali) per comprendere, combattere e sopravvivere a queste evenienze affascinanti e terribili. Si hanno così nel corso dei secoli della storia dei soggetti speciali che combattono questi mali misteriosi in favore della razza umana – sciamani, stregoni, individui oscuri con conoscenze arcane e così via[12] – e che altrettanto misteriosamente talvolta riescono ad averne ragione. Queste figure ancestrali e non istituzionalizzate vengono via via sostituite da sacerdoti (o comunque figure più legate a culti organizzati) i quali attraverso particolari formule e/o riti tentano di risolvere queste situazioni in maniera più organica ed ordinata.

Questo dato è assai importante al fine di sottolineare come i fenomeni di possessione non siano un'invenzione della Chiesa, ma un dato sociale oggettivo, e che non può essere semplicemente ricondotto a suggestioni culturali o sociali dal momento che è largamente diffuso per tutto il mondo ed ha superato l'erosione del tempo. La Chiesa cristiana primitiva s'inserisce poi in una cultura religiosa particolare, quella giudaica[13]; ma, pur innestandosi in questa specifica tradizione esorcistica, lo fa in maniera nuova: in effetti l'esorcismo cristiano si differenzia fin dal principio da quello israelitico.

---

[11] Cf. I. DÖLGER, «Gli Esorcismi», in M. RIGHETTI (ed.), *Manuale di Storia Liturgica*, IV, Milano 1953, 405; A. NICOLOTTI, *Esorcismo cristiano e possessione diabolica tra II e III secolo*, Turnhout 2011, 103-124.

[12] Cf. B. BERNARDI, *Le religioni africane*, in G. FILORAMO (ed.), *Storia delle religioni V. Religioni dell'America precolombiana e dei popoli indigeni*, Roma-Bari 1997, 135-138; I. FROC (ed.), *Esorcisti e mistero del male. Vere e false possessioni diaboliche, malefici, sortilegi, complessi e paure*, Cinisello Balsamo (Mi) 2000, 43-48. Cf. anche il più dettagliato B. CHICHLO, s.v. *Sciamanismo*, in P. POUPARD (ed.), *Grande dizionario delle Religioni*, Casale Monferrato (Al) 2000, 1936-1938.

[13] Cf. p. es. *Mt* 12,27: «E se io scaccio i demòni in nome di Beelzebùl, i vostri figli in nome di chi li scacciano? Per questo loro stessi saranno i vostri giudici»; *Lc* 11,19: «Ma se io scaccio i demòni in nome di Beelzebùl, i vostri discepoli in nome di chi li scacciano? Perciò essi stessi saranno i vostri giudici». In questi due passi gli evangelisti mostrano apertamente che l'azione di Gesù, pur con le sue diversità, si colloca entro una prassi comune almeno nella regione. Ciò che stupisce i presenti, infatti, non è l'azione di liberazione ma l'autorità efficace con la quale questa avviene. Quel che Gesù compie liberando l'ossesso è quindi qualcosa che s'inserisce pacificamente nella tradizione ebraica («I vostri figli in nome di chi li scacciano?»), ma allo stesso tempo lo fa con una potenza ed una forza nuove.

1. Una nota terminologica preliminare

Prima di procedere riteniamo che sia opportuno analizzare da un punto di vista grammaticale e semantico il lemma 'Esorcismo'.

Questo lemma deriva dal latino *exorcismus* che a sua volta proviene dal greco antico *exorkismós* sostantivo dal doppio significato: "far giurare" e in senso cristiano "esorcizzare" la cui radice sarebbe da trovarsi nel sostantivo *órkos* la cui radice non è chiara, ma è comunque legata al concetto di giuramento e/o scongiuro[14]. Effettivamente le preci esorcistiche hanno la dinamica dello scongiuro, esse sono ordini in nome di Gesù rivolte all'entità demoniaca per farla allontanare da una persona, un animale, un oggetto o da un luogo. In pratica ci si appella a una forza superiore – Dio, Gesù, un grande Santo, ecc. – al fine di allontanare o neutralizzare una potenza o entità nociva. Com'è chiaro da questa prassi si tratta di una preghiera e non di una formula magica, è il riferirsi alla forza superiore che permette l'opera di liberazione. Da questo si può anche capire come mai per molti autori che incontreremo nelle prossime pagine, sia la fede a fare da discriminante al funzionamento o meno dell'esorcismo. Da queste brevi spiegazioni risulta anche chiaro come la formula esorcistica debba necessariamente avere un carattere imperativo piuttosto che invocativo, nello scongiuro si comanda all'entità nociva di allontanarsi e lo si fa in forza dell'autorità cui ci si appella, mentre nella invocazione si ha più che altro una forma alta e nobile di preghiera, ma non esprime la dinamica dello scongiuro e quindi dell'esorcismo.

2. Fondamento biblico dell'esorcismo cristiano

La pratica esorcistica si ritrova in diversi passi dell'Antico Testamento. Certo la più nota è la narrazione di Davide che calma lo spirito sovraumano che s'impossessa di Re Saul. Ma l'azione di Davide è puramente carismatica, non legata a una ritualità particolare[15]. Se manca la parte rituale dell'esorcismo, non manca invece

---

[14] A. NICOLOTTI, *Esorcismo cristiano e possessione diabolica tra II e III secolo*, Turnhout 2011, 33-38. L'autore analizza i vari contesti in cui viene usato il lemma *órkos* e alcuni suoi derivati, arrivando ad analizzare un passo degli *Atti degli Apostoli* e brevemente le attestazioni del lemma in autori latini.

[15] Cf. 1*Sam* 16,11-23: Questo lungo brano vetero-testamentario presenta la figura di Davide, parla della sua consacrazione mediante unzione e dell'uso della Cetra per allontanare uno spirito sovrumano da Re Saul. Il testo fa notare che Re Saul ha perso la grazia di Dio ed è tormentato da uno spirito cattivo, Davide – scelto

la parte elettiva che conferisce il carisma necessario a compiere determinate azioni: Davide, infatti, agisce soltanto dopo l'unzione regale che Samuele pone su di lui. Particolarmente ampia e dettagliata è la descrizione dell'esorcismo contenuta nel libro di *Tobia* (6,1-19), a nostro parere un passo fondante della prassi esorcistica cristiana. Vista l'importanza riteniamo utile riportarlo tutto intero nelle sue tre parti: un antefatto, il racconto della preparazione dell'esorcismo e infine l'esorcismo vero e proprio.

L'antefatto (*Tb* 3,17) è interessante perché narra l'invio dell'arcangelo Raffaele, che rappresenta l'aiuto divino, e dall'altro fa il nome del demone che insidia Sara:

> «E fu mandato Raffaele a guarire i due: a togliere le macchie bianche dagli occhi di Tobi, perché con gli occhi vedesse la luce di Dio; a dare Sara, figlia di Raguele, in sposa a Tobia, figlio di Tobi, ed a liberarla dal cattivo demonio Asmodeo. Di diritto, infatti, spettava a Tobia di sposarla, prima che a tutti gli altri pretendenti. Proprio allora Tobi rientrava dal cortile in casa e Sara, figlia di Raguele, stava scendendo dalla camera».

L'invio dell'arcangelo Raffaele è un dettaglio, a nostro avviso, fondamentale per scongiurare ogni possibile accostamento tra esorcismo e pratica magica: quest'ultima infatti ritiene di poter 'gestire' le situazioni attraverso formule di per sé efficaci, l'esorcista invece sa che ogni efficacia deriva solo ed esclusivamente dalla potenza divina, l'aiuto della quale è chiesto appunto attraverso preghiere ritualizzate. L'importanza di conoscere il nome del demone, invece, riguarda l'accadimento vero e proprio dell'esorcismo, ossia il cacciare l'entità maligna dalla persona che ha invaso. È estremamente interessante notare che la richiesta del nome del demone figura anche nei Rituali contemporanei.

Il corpo centrale del racconto (Tb 6,1-19) spiega la parte che precede il rito stesso, ossia la preparazione degli elementi a esso funzionali, il loro significato e come questi debbano essere utilizzati. Ma è interessante anche perché mostra il tipo di disturbi che affliggono la ragazza e chi le si avvicina:

> «Il giovane partì insieme con l'angelo e anche il cane li seguì e s'avviò con loro. Camminarono insieme finché li sorprese la prima sera; allora si fermarono a passare la notte sul fiume Tigri. Il giovane scese nel fiume per lavarsi i piedi, quand'ecco un grosso pesce balzò dall'acqua e tentò di divorare il piede del ragazzo, che si mise a gridare. Ma l'angelo gli disse: "Afferra il pesce e non lasciarlo fuggire". Il ragazzo riuscì ad afferrare il pesce e a tirarlo a riva. Gli disse allora l'angelo: "Aprilo e togline il fiele, il cuore e il fegato; mettili in disparte e getta via invece gli intestini. Il fiele, il cuore e il fegato possono essere utili medi-

---

da Dio per mezzo del Profeta Samuele e da questi consacrato con l'unzione – ha su di sé lo Spirito di Dio e riesce con la sua abilità musicale a scacciare, temporaneamente, lo spirito tormentatore dal Re di Israele.

camenti". Il ragazzo squartò il pesce, ne tolse il fiele, il cuore e il fegato; arrostì una porzione del pesce e la mangiò; l'altra parte la mise in serbo dopo averla salata. Poi tutti e due insiemi ripresero il viaggio, finché non furono vicini alla Media. Allora il ragazzo rivolse all'angelo questa domanda: "Azaria, fratello, che rimedio può esserci nel cuore, nel fegato e nel fiele del pesce?". Gli rispose: "Quanto al cuore e al fegato, ne puoi fare suffumigi in presenza di una persona, uomo o donna, invasata dal demonio o da uno spirito cattivo e cesserà in essa ogni vessazione e non ne resterà più traccia alcuna Il fiele invece serve per spalmarlo sugli occhi di uno affetto da albugine; si soffia su quelle macchie e gli occhi guariscono". Erano entrati nella Media e già erano vicini a Ecbàtana, quando Raffaele disse al ragazzo: "Fratello Tobia!". Gli rispose: "Eccomi". Riprese: "Questa notte dobbiamo alloggiare presso Raguele, che è tuo parente. Egli ha una figlia chiamata Sara e all'infuori di Sara nessun altro figlio o figlia. Tu, come il parente più stretto, hai diritto di sposarla più di qualunque altro uomo e di avere in eredità i beni di suo padre. È una ragazza seria, coraggiosa, molto graziosa e suo padre è una brava persona". E aggiunse: "Tu hai il diritto di sposarla. Ascoltami, fratello; io parlerò della fanciulla al padre questa sera, perché la serbi come tua fidanzata. Quando torneremo da Rage, faremo il matrimonio. So che Raguele non potrà rifiutarla a te o prometterla ad altri; egli incorrerebbe nella morte secondo la prescrizione della legge di Mosè, poiché egli sa che prima di ogni altro spetta a te avere sua figlia. Ascoltami, dunque, fratello. Questa sera parleremo della fanciulla e ne domanderemo la mano. Al nostro ritorno da Rage la prenderemo e la condurremo con noi a casa tua". Allora Tobia rispose a Raffaele: "Fratello Azaria, ho sentito dire che essa è già stata data in moglie a sette uomini ed essi sono morti nella stanza nuziale la notte stessa in cui dovevano unirsi a lei. Ho sentito inoltre dire che un demonio le uccide i mariti. Per questo ho paura: il demonio è geloso di lei, a lei non fa del male, ma se qualcuno le si vuole accostare, egli lo uccide. Io sono l'unico figlio di mio padre. Ho paura di morire e di condurre così alla tomba la vita di mio padre e di mia madre per l'angoscia della mia perdita. Non hanno un altro figlio che li possa seppellire". Ma quello gli disse: "Hai forse dimenticato i moniti di tuo padre, che ti ha raccomandato di prendere in moglie una donna del tuo casato? Ascoltami, dunque, o fratello: non preoccuparti di questo demonio e sposala. Sono certo che questa sera ti verrà data in moglie. Quando però entri nella camera nuziale, prendi il cuore e il fegato del pesce e mettine un poco sulla brace degli incensi. L'odore si spanderà, il demonio lo dovrà annusare e fuggirà e non comparirà più intorno a lei. Poi, prima di unirti con essa, alzatevi tutti e due a pregare. Supplicate il Signore del cielo perché venga su di voi la sua grazia e la sua salvezza. Non temere: essa ti è stata destinata fin dall'eternità. Sarai tu a salvarla. Ti seguirà e penso che da lei avrai figli che saranno per te come fratelli. Non stare in pensiero". Quando Tobia sentì le parole di Raffaele e seppe che Sara era sua consanguinea della stirpe della famiglia di suo padre, l'amò al punto da non saper più distogliere il cuore da lei».

Il passo ci sembra abbastanza chiaro, ma è interessante notare che il pesce, in greco *ichthys*, fu usato dai primi cristiani come segno identificativo di appartenenza, in quanto acronimo di "Gesù Cristo Figlio di Dio e nostro Salvatore" (*Iesous Christos Theou Yiou Soter*): il racconto di *Tobia* sembrerebbe così prefigurare la sconfitta del demonio ad opera del pesce-Cristo. Ma non abbiamo trovato traccia di questa interpretazione nei pochissimi brani patristici che riportano il racconto di *Tobia*.

L'epilogo (Tb 8,1-8) narra l'esecuzione del rito e ne attesta l'efficacia:

> «Quando ebbero finito di mangiare e di bere, decisero di andare a dormire. Accompagnarono il giovane e lo introdussero nella camera da letto. Tobia allora si ricordò delle parole di Raffaele: prese dal suo sacco il fegato e il cuore del pesce e li pose sulla brace dell'incenso. L'odore del pesce respinse il demonio, che fuggì verso le regioni dell'alto Egitto. Raffaele vi si recò all'istante e in quel luogo lo incatenò e lo mise in ceppi. Gli altri intanto erano usciti e avevano chiuso la porta della camera. Tobia si alzò dal letto e disse a Sara: "Sorella, alzati! Preghiamo e domandiamo al Signore che ci dia grazia e salvezza". Essa si alzò e si misero a pregare e a chiedere che venisse su di loro la salvezza, dicendo: "Benedetto sei tu, Dio dei nostri padri, e benedetto per tutte le generazioni è il tuo nome! Ti benedicano i cieli e tutte le creature per tutti i secoli! Tu hai creato Adamo e hai creato Eva sua moglie, perché gli fosse di aiuto e di sostegno. Da loro due nacque tutto il genere umano. Tu hai detto: non è cosa buona che l'uomo resti solo; facciamogli un aiuto simile a lui. Ora non per lussuria io prendo questa mia parente, ma con rettitudine d'intenzione. Dègnati di aver misericordia di me e di lei e di farci giungere insieme alla vecchiaia". E dissero insieme: "Amen, amen!"»

Anche quest'ultima parte è molto chiara, però è necessario rilevare che Tobia si limita a gettare le parti del pesce sul fuoco e che il demone è cacciato dall'odore che se ne sprigiona, la liberazione definitiva è opera esclusiva dell'arcangelo Raffaele.

Nella narrazione di *Tobia* sono contenuti diversi elementi che ritorneranno nell'esorcismo cristiano: l'ispirazione divina (qui, il consiglio dell'angelo); un catalizzatore per compiere la liberazione (alcune parti specifiche di un pesce); l'offerta di questa 'oblazione' su braci d'incenso (una ritualità sacrificale); l'oblazione compiuta per mezzo del profumo, offerta che solitamente è gradita a Dio (cf. *Es* 29,18); la fuga del demone. A nostro parere qui siamo di fronte ad una manifestazione del sacro (inteso come bene o buono) che scaccia il profano (inteso come male o maligno); a questo riguardo ci pare significativa la preghiera di supplica per essere rivestiti della grazia santificante di Dio ("Supplicate il Signore del cielo perché venga su di voi la sua grazia e la sua salvezza"); infine l'orazione post-liberazione. In *Tobia* si ha quindi un esorcismo dalla ritualità sacrificale. Quanto all'azione divina, è evidente sin dall'arrivo dell'angelo, ma anche dalla comparsa improvvisa del pesce che attacca il giovane: un evento negativo si trasforma così in evento salvifico se usato secondo la

Sapienza divina (che viene impartita dall'angelo). È evidente che non è la magia rituale a compiere la liberazione, a effettuare il miracolo, ma la fede in Dio di Tobia, che si affida a Lui. Al contempo è evidente però il sostrato pagano di questa ritualità: ad esempio l'uso del profumo, che sarà rimproverato agli esorcisti ebrei da San Giustino Martire[16].

La Chiesa cristiana utilizza la pratica esorcistica fin dal suo nascere, sia per obbedienza diretta a un comando del Cristo, sia perché era un compito connaturale al ministero religioso del tempo. Leggiamo, infatti, in *Mc* 6,7:

> «Allora chiamò i Dodici, ed incominciò a mandarli a due a due e diede loro potere sugli spiriti immondi».

È Gesù stesso, come riporta l'Evangelista, a dare questo mandato ai suoi discepoli (Mt 10,1):

> «Chiamati a sé i dodici discepoli, diede loro il potere di scacciare gli spiriti immondi e di guarire ogni sorta di malattie e d'infermità»[17],

passo questo nel quale si dice espressamente che questo ministero è un dono specifico che il Cristo affida direttamente ai suoi discepoli. Dalla lettura di questi brani si può quindi asserire che la pratica esorcistica trova solido fondamento nella Sacra Scrittura e che rientra a pieno titolo nel ministero e nei carismi che la Chiesa può donare ai suoi ministri per mandato divino. Manca invece una descrizione rituale che possa in qualche modo essere paragonata a quella letta in Tobia. L'esorcismo tipico del Nuovo Testamento può essere considerato il racconto dell'indemoniato di Cafarnao (Mc 1,21-27):

> «Entrato proprio di sabato nella sinagoga, Gesù si mise ad insegnare. Ed erano stupiti del suo insegnamento, perché insegnava loro come uno che ha autorità e non come gli scribi. Allora un uomo che era nella sinagoga, posseduto da uno spirito immondo, si mise a gridare: "Che c'entri con noi, Gesù Nazareno? Sei venuto a rovinarci! Io so chi tu sei: il santo di Dio". E Gesù lo sgridò: "Taci! Esci da quell'uomo". E lo spirito immondo, straziandolo e gridando forte, uscì da lui. Tutti furono presi da timore, tanto che si chiedevano a vicenda:

---

[16] Cf. nota 27 a pag. 38 del presente libro.

[17] Cf. anche i paralleli *Mc* 3,15: «E anche per mandarli a predicare e perché avessero il potere di scacciare i demòni»; *Lc* 9,1: «Egli allora chiamò a sé i Dodici e diede loro potere e autorità su tutti i demòni e di curare le malattie»; *Lc* 10,18-20: «Egli disse: "Io vedevo satana cadere dal cielo come la folgore. Ecco, io vi ho dato il potere di camminare sopra i serpenti e gli scorpioni e sopra ogni potenza del nemico; nulla vi potrà danneggiare. Non rallegratevi però perché i demòni si sottomettono a voi; rallegratevi piuttosto che i vostri nomi sono scritti nei cieli"».

"Che è mai questo? Una dottrina nuova insegnata con autorità. Comanda persino agli spiriti immondi e gli obbediscono!"».

Cristo comanda, il demonio obbedisce e fugge: questo è tutto, ciò avviene praticamente in ogni esorcismo praticato da Gesù. La differenza dal racconto di Tobia è davvero sostanziale. Giova rilevare che nel resto del Nuovo Testamento vi è solo un racconto dove si descrive l'azione di esorcismo compiuta da un discepolo di Gesù e la praxis esorcistica è la medesima: è il famoso caso della Pythonissa, ovvero una donna posseduta da uno spirito "di divinazione" (python in greco) che l'Apostolo Paolo scaccia mediante un comando nel nome di Gesù (At 16,16-18):

«Mentre andavamo alla preghiera, venne verso di noi una giovane schiava, che aveva uno spirito di divinazione e procurava molto guadagno ai suoi padroni facendo l'indovina. Essa seguiva Paolo e noi gridando: "Questi uomini sono servi del Dio Altissimo e vi annunziano la via della salvezza". Questo fece per molti giorni finché Paolo, mal sopportando la cosa, si volse e disse allo spirito: "In nome di Gesù Cristo ti ordino di partire da lei". E lo spirito partì all'istante».

Nonostante l'apparenza piana, in realtà il testo presenta delle peculiarità che lo rendono di non facile interpretazione; dobbiamo però segnalare che queste non sono assolutamente rilevanti nel nostro percorso[18], dal momento che ciò che ci interessa è solo l'azione esorcistica compiuta da Paolo. Questa si compone di un semplice comando nel nome di Gesù: non ci sono elementi rituali né catalizzatori, soltanto una formula imperativa atta a scacciare il demone, che ha immediata efficacia[19].

---

[18] Per maggiori dettagli su questo argomento rimando a M. SIMONETTI (Ed.), *La Maga di Endor*, Firenze 1989. Inoltre è interessante notare che la *Pythoníssa* viene citata nel III Esorcismo del rito antico (n.m.40).

[19] Poiché, a differenza dei precedenti, il Rituale postconciliare distinguerà tra formule deprecative e formule imperative all'interno dell'esorcismo, è bene iniziare a porre qualche distinzione. A questo riguardo cf. M. HAUKE, «The Theological Battle over the Rite of Exorcism, "Cinderella" of the New Rituale Romanum», *Antiphon* 10 (2006) 32-69. L'autore evidenzia la differenza fra formula imperativa e formula deprecativa (57-63), ed afferma (58): «Toghether with Emil Lengeling (*Exorzismen und antidämonische Texte in der römischen Liturgie mit Ausname des "Großen Exorzismus"*), a member of the [above-]mentioned German commission, they claim: "The term 'exorcism' can be used in a correct terminological sense only for an order given to the Devil". If this thesis is true, then a supplicating exorcism (*exorcismus deprecativus*) is no exorcism in the proper sense of the word, but only a prayer called such because of some similarity» (rif. bibliografico inserito da noi in accordo alla nota al testo dell'originale; gli altri corsivi sono presenti nel testo); poco dopo scrive (60): «Developing the language of St Thomas, we could distinguish, nevertheless, between a "supplicating exorcism," directed not to the demon but to God, who is asked to expel the demon, and an "imperative exorcism," directed to the demon or demons in the name of God. This distinction, it seems, is of modern origin». In 57-63 Hauke compie anche una breve disamina storica sul significato del termine "esorcismo" e la sua interpretazione nel corso dei secoli. Dai risultati di questa l'autore si chiede se la formula deprecativa possa essere considerata un esorcismo vero e proprio; la sua conclusione, anche se non definitiva, propende però per il 'no' (63): «Finally, the definition of "exorcism" in the new rite cites a description from The Catechism of the Catholic Church. In this definition there is no indication as to the linguistic form: "When the Church publicly and with authority demands, in the name of Christ, that some person or thing be protected from the influence of the Evil One and liberated from his dominion, this is called exorcism"». Noi

Questo è l'unico caso in cui è descritto un esorcismo effettuato da un discepolo (unico caso in cui si descrive l'azione, non certo l'unico caso in cui un discepolo effettua tale azione ai danni del maligno[20]), mentre nel Nuovo Testamento si riportano spesso altre azioni degli apostoli nel dettaglio, per esempio: Pietro resuscita Tabità (At 9,36-41), oppure l'episodio in cui sfugge dal carcere perché l'angelo gli apre le porte (At 12,1-18), ma non ci sono ulteriori narrazioni che diano i dettagli di un esorcismo compiuto dagli Apostoli o dagli altri discepoli. Che però questi li facessero è sicuro, come ad esempio si racconta nel libro degli Atti (19,11-17):

> «Dio intanto operava prodigi non comuni per opera di Paolo, al punto che si mettevano sopra i malati fazzoletti o grembiuli che erano stati a contatto con lui e le malattie cessavano e gli spiriti cattivi fuggivano. Alcuni esorcisti ambulanti giudei si provarono a invocare anch'essi il nome del Signore Gesù sopra quanti avevano spiriti cattivi, dicendo: "Vi scongiuro per quel Gesù che Paolo predica". Facevano questo sette figli di un certo Sceva, un sommo sacerdote giudeo. Ma lo spirito cattivo rispose loro: "Conosco Gesù e so chi è Paolo, ma voi chi siete?". E l'uomo che aveva lo spirito cattivo, slanciatosi su di loro, li afferrò e li trattò con tale violenza che essi fuggirono da quella casa nudi e coperti di ferite. Il fatto fu risaputo da tutti i Giudei e dai Greci che abitavano a Efeso e tutti furono presi da timore e si magnificava il nome del Signore Gesù».

Qui non solo si evidenzia come il dono di Paolo sia "non comune" per potenza, ma anche come il suo potere sia tale da non renderlo noto solo fra i giudei, perché anche lo spirito cattivo lo conosce e lo teme, mentre non ha alcun riguardo per quei giovani che tentano di sfruttarne il carisma. In realtà, lo scacciare i demoni non è una questione occasionale ma parte integrante del mandato divino degli Apostoli, come si evince con chiarezza dal racconto di *Matteo* dove si descrive la missione dei Dodici (10,8):

> «Guarite gli infermi, risuscitate i morti, sanate i lebbrosi, cacciate i demòni. Gratuitamente avete ricevuto, gratuitamente date»[21].

---

condividiamo la sua opinione, ma affronteremo la questione con maggiori dettagli nella parte finale di questo libro.

[20] Questa precisazione è frutto delle correzioni ricevute dal grande e compianto esorcista Padre Gabriele Amorth, il quale - probabilmente fraintendendo il nostro testo – sottolineava che nel NT si trovano anche altri esorcismi fatti dagli apostoli, ma questi vengono solo nominati. Lui c'indicò, su un bigliettino apposto al testo, il brano di *Atti* 8,7 in cui l'Apostolo Filippo scaccia, in modo imprecisato, molti demoni in Samaria, anche in questo passo non si specifica come, ma solo che anche lui scacciava i demoni secondo il comando ricevuto dal Risorto. (Si vedano le Figure 1 e 2 in Appendice al presente volume).

[21] Cf. anche *Mc* 3,13-15: «Salì poi sul monte, chiamò a sé quelli che egli volle ed essi andarono da lui. Ne costituì Dodici che stessero con lui e anche per mandarli a predicare e perché avessero il potere di scacciare i demòni»; *Mc* 6,7-13: «(Gesù) chiamò i Dodici, ed incominciò a mandarli a due a due e diede loro potere sugli spiriti immondi. E ordinò loro che, oltre al bastone, non prendessero nulla per il viaggio: né pane, né bisaccia, né denaro nella borsa; ma, calzati solo i sandali, non indossassero due tuniche. E diceva loro: "Entrati

Più interessante è però quel che ancora *Matteo* scrive poco dopo (17,14-21):

> «Si avvicinò a Gesù un uomo che, gettatosi in ginocchio, gli disse: "Signore, abbi pietà di mio figlio. Egli è epilettico e soffre molto; cade spesso nel fuoco e spesso anche nell'acqua; l'ho già portato dai tuoi discepoli, ma non hanno potuto guarirlo". E Gesù rispose: "O generazione incredula e perversa! Fino a quando starò con voi? Fino a quando dovrò sopportarvi? Portatemelo qui". E Gesù gli parlò minacciosamente, e il demonio uscì da lui e da quel momento il ragazzo fu guarito. Allora i discepoli, accostatisi a Gesù in disparte, gli chiesero: "Perché noi non abbiamo potuto scacciarlo?" Ed egli rispose: "Per la vostra poca fede. In verità vi dico: se avrete fede pari a un granellino di senapa, potrete dire a questo monte: spostati da qui a là, ed esso si sposterà, e niente vi sarà impossibile. Questa razza di demòni non si scaccia se non con la preghiera e il digiuno"».

Questo brano evidenzia un'ulteriore novità rispetto alla narrazione di *Tobia*: oltre a non presentare alcuna ritualità, qui è detto che l'efficacia dell'esorcismo dipende dalla fede di chi lo compie e dalla qualità della sua personale vita spirituale (la preghiera ed il digiuno). Quindi l'efficacia di un esorcismo cristiano non dipende dall'esecuzione corretta di una serie di riti accompagnati da precise formule, come nella magia, bensì dalla grazia che il Signore si degna di concedere su richiesta di un uomo di fede che vive secondo i precetti del Vangelo. Di conseguenza, l'efficacia di un esorcismo non è affatto scontata: non solo la fede dell'esorcista potrebbe non essere sufficiente di fronte a quel certo demone, come quella dei discepoli in *Matteo*[22], ma potrebbe anche darsi che il Signore ritenga comunque non opportuno concedere tale dono di grazia[23].

---

in una casa, rimanetevi fino a che ve ne andiate da quel luogo. Se in qualche luogo non vi riceveranno e non vi ascolteranno, andandovene, scuotete la polvere di sotto ai vostri piedi, a testimonianza per loro". E partiti, predicavano che la gente si convertisse, scacciavano molti demòni, ungevano di olio molti infermi e li guarivano». È interessante notare che cacciare i demoni non è proprio solo degli Apostoli ma di tutti i discepoli: cf. p.es. *Mc* 16,15-18: «Gesù disse loro: "Andate in tutto il mondo e predicate il vangelo ad ogni creatura. Chi crederà e sarà battezzato sarà salvo, ma chi non crederà sarà condannato. E questi saranno i segni che accompagneranno quelli che credono: nel mio nome scacceranno i demòni, parleranno lingue nuove, prenderanno in mano i serpenti e, se berranno qualche veleno, non recherà loro danno, imporranno le mani ai malati e questi guariranno"».

[22] In effetti un esorcismo raramente si esaurisce in pochi incontri: di norma è invece un cammino lungo e doloroso, poiché si tratta di una vera e propria lotta tra spiriti. Inoltre, come la fede non è presente in misura uguale negli uomini, così è della forza dei demoni; e talvolta il demone può essere più forte della fede dell'esorcista: in questo caso un nuovo esorcista potrebbe riuscire laddove altri hanno fallito.

[23] Si ricorderà in questo senso la testimonianza di Paolo (2*Cor* 12,7-9): «Perché non montassi in superbia per la grandezza delle rivelazioni mi è stata messa una spina nella carne, un inviato di satana incaricato di schiaffeggiarmi perché io non vada in superbia. A causa di questo per ben tre volte ho pregato il Signore che l'allontanasse da me. Ed egli mi ha detto: "Ti basta la mia grazia; la mia potenza infatti si manifesta pienamente nella debolezza"». Il Signore non allontana questo 'inviato di satana' nonostante la fede e la santità di vita di Paolo: questo prova che neanche la presenza di queste due condizioni garantisce l'accoglimento della preghiera e quindi l'efficacia dell'esorcismo.

Per completezza e trasparenza aggiungiamo un passo che a nostro parere crea qualche problema sulla questione della fede dell'operante nella cacciata di un demone, ma che conferma l'enorme potere dell'uso del Nome di Gesù, attestato poi da molti Padri della Chiesa come si vedrà più avanti, si trova in *Matteo* (7,21-23):

> «Non chiunque mi dice: Signore, Signore, entrerà nel regno dei cieli, ma colui che fa la volontà del Padre mio che è nei cieli. Molti mi diranno in quel giorno: Signore, Signore, non abbiamo noi profetato nel tuo nome e cacciato demòni nel tuo nome e compiuto molti miracoli nel tuo nome? Io però dichiarerò loro: Non vi ho mai conosciuti; allontanatevi da me, voi operatori di iniquità».

Se anche "gli operatori di iniquità" hanno il potere di scacciare i demoni, allora, di per sé, dovrebbe essere riconsiderato l'effettivo valore della fede del soggetto operante nell'ipotesi che tutt'al più conterebbe solamente l'intenzione.

Anche se ci può sembrare paradossale non è l'unico caso in cui la fede può essere sostituita dall'intenzione, per esempio prendiamo il caso limite di un moribondo che chieda di essere battezzato, ma di fronte a sé ha soltato un laico ateo. In questo caso, secondo la teologia cattolica, il Battesimo sarebbe valido anche qualora fosse somministrato dal laico ateo che si rendesse disponibile e lo facesse con intenzione retta (ovvero secondo le intenzioni della Chiesa) anche se completamente priva di fede.

Quindi a nostro parere si potrebbe evincere, per quello che concerne un esorcismo, che l'intenzione in ciò che si fa unita alla convinzione sull'efficacia di questo Nome potrebbe sortire effetti incredibili per grazia. Bisogna però tener conto di un'altra possibile interpretazione, la fuga dell'entità maligna non necessariamente coincide con l'avvenuta liberazione, è lecito ipotizzare che tali 'operatori' e il demone stiano, per così dire, dalla stessa parte. Perciò si deve supporre che, almeno in qualche caso, il demone finga di essere stato scacciato, magari per accreditare l'operatore agli occhi degli eventuali testimoni. In effetti, i Rituali mettono in guardia l'esorcista da trabocchetti di questo genere: spesso, infatti, il demone cessa ogni manifestazione esteriore della sua presenza e finge di essere uscito per far interrompere le preghiere esorcistiche, salvo poi rivelare la sua presenza in seguito. Quindi il passo di *Matteo* potrebbe non essere riferito a liberazioni vere e proprie ma piuttosto a 'camuffamenti' temporanei. A supporto di questa tesi citiamo un altro brano del *Vangelo di Matteo* in cui troviamo (*Mt* 12,43-45):

> «Quando lo spirito immondo esce da un uomo, se ne va per luoghi aridi cercando sollievo, ma non ne trova. Allora dice: Ritornerò alla mia abitazione, da cui sono uscito. E

tornato la trova vuota, spazzata e adorna. Allora va, si prende sette altri spiriti peggiori ed entra a prendervi dimora; e la nuova condizione di quell'uomo diventa peggiore della prima.».

Questo brano da adito all'ipotesi di una falsa liberazione volta a un peggioramento della condizione dell'ossesso. Per contro però in *Marco* si legge (9,38-40):

> «Giovanni gli disse: "Maestro, abbiamo visto uno che scacciava i demòni nel tuo nome e glielo abbiamo vietato, perché non era dei nostri". Ma Gesù disse: "Non glielo proibite, perché non c'è nessuno che faccia un miracolo nel mio nome e subito dopo possa parlare male di me. Chi non è contro di noi è per noi"».

Qui la cacciata dei demoni sembra essere reale, anche se compiuta da chi non appartiene alla cerchia dei discepoli. Naturalmente si potrebbe osservare che non appartenere alla cerchia dei discepoli non significhi automaticamente anche essere un 'operatore di iniquità', e quindi che non vi è necessariamente una contraddizione tra questo passo di *Marco* e quello di *Matteo*. È vero, ma qui si è riportato il passo sia per far notare come la relazione tra la fede personale dell'esorcista e l'efficacia dell'esorcismo non è così lineare come abbiamo visto nel precedente passo, ma che altri brani lascerebbero supporre; sia perché resta sempre vero che lo Spirito soffia dove vuole[24].

Va detto che questo problema viene affrontato anche dai primi autori cristiani, come vedremo in seguito, perché crea effettivamente qualche difficoltà.

In definitiva, l'esorcismo cristiano, così come presentato nel Nuovo Testamento, risulta assai meno legato alla ritualità di quello ebraico dell'Antico Testamento; concepisce l'esorcismo come una supplica a Dio, il solo che può liberare dal demonio; lega l'efficacia dell'esorcismo alla fede personale dell'esorcista ed alla santità della sua vita, oltre che al volere divino. Su questa base però s'innestano sviluppi ulteriori.

---

[24] Cf. *Gv* 3,8: «Il vento soffia dove vuole e ne senti la voce, ma non sai di dove viene e dove va: così è di chiunque è nato dallo Spirito». I doni ed i carismi che Dio dona non seguono le logiche né le strutture dell'uomo, la sua Provvidenza supera a dismisura ogni nostro tentativo di incasellarla o controllarla. Vedremo più avanti come l'azione della Chiesa Occidentale sia diventata via via sempre più coercitiva nei confronti di questo carisma, anche se, per evitare abusi del Nome di Gesù.

3. La sistemazione patristica

La Chiesa, fin dai suoi primordi, nello svolgere il delicato ministero di cacciare i demoni si è preoccupata innanzitutto di discernere se e quando l'esorcismo fosse necessario. La cautela nell'amministrare questo sacramentale è stata da sempre un elemento che ha caratterizzato l'azione ecclesiale. Essa ha, fin dal principio, cercato di capire se il fenomeno fosse realmente soprannaturale, prima di sottoporre il postulante alle formule e ai riti di liberazione. Non era consuetudine, infatti, dare per scontata l'origine demoniaca di ogni fenomeno o sensazione negativa o distruttiva, come si legge nel Crisostomo (349-407):

> «Poiché dici [o Stagirio] di soffrire assai anche per un'altra ragione, in quanto spesso il demone, sostieni, ti ha spinto a voler distruggere te stesso in mare o da un precipizio o a terminare la vita attuale in un qualsiasi altro modo; voglio discutere un po' con te anche su questi pensieri. Non si tratta infatti di un consiglio solo del demone, ma anche della tua depressione, anzi più di questa che di quello e forse solo di questa, il che si evince dal fatto che molti di quelli che non sono tormentati dal demone, solo per il trovarsi in una condizione di afflizione, desiderano per sé cose simili. Scaccia dunque e allontana la depressione dal tuo animo e il demone non ce la farà né a persuaderti in quei disegni, né prima di tutto a suggerirteli»[25].

È chiaro dal testo che fin dai primordi del cristianesimo furono note alcune patologie che non vennero minimamente confuse con manifestazioni soprannaturali o demoniache. La letteratura cristiana, specialmente nei primi tre secoli, infatti, richiamò con frequenza il ministero esorcistico e lo fece sempre con un'idea ben precisa della sua funzione e natura. Specialmente nella letteratura patristica si attesta come la Chiesa usi con frequenza gli esorcismi, essi sono considerati prassi normale, addirittura non si esita ad utilizzarli come testimonianze autorevoli della potenza efficace della fede, anche col fine di convertire i pagani. Ecco ad esempio cosa scrive Cipriano di Cartagine (200-258):

> «Oh! se tu volessi vederli e ascoltarli, quando li esorcizziamo, quando li tormentiamo con sferze spirituali e li cacciamo via dai corpi dei posseduti con le torture delle parole, quando urlando e gemendo sperimentano mediante una voce umana le sferzate e i colpi inflitti dall'autorità divina e confessano che giungerà presto il giudizio futuro! Vieni: e riconosci che è vero ciò che diciamo: e poiché affermi di adorare gli dèi, credi almeno in quelli che

[25] GIOVANNI CRISOSTOMO, *Ad Stagirium a daemone vexatum*, II, 1 (PG 47, 447; trad. it. L. Coco, CTP 163, Roma 2002, 86). Il traduttore rileva che ha reso con 'depressione' il greco *atymía*, reso in latino con *tristitia*, *mereor* o anche *anxietas*.

adori. Oppure se tu vorrai credere anche a te, di te stesso parlerà colui che ora ha occupato la tua anima, che ora ha offuscato la tua mente con la notte della ignoranza. Vedrai che pregano noi, quelli che tu preghi, che temono noi, quelli che tu adori: vedrai che sono in mano nostra incatenati e che tremano come nostri prigionieri quelli che tu ammiri e veneri come tuoi padroni. Certamente almeno così potrai riconoscere codesti tuoi errori, dal momento che ti renderai conto e sentirai che i tuoi dèi, subito, su sollecitazione delle nostre domande, rivelano che cosa siano in realtà e che non possono nascondere la loro falsità e il loro inganno, anche in vostra presenza»[26].

Nel brano senza mezze misure si dice che i demoni che opprimono molte persone siano gli stessi che i pagani venerano come dèi e quindi che il loro culto sia illogico dal momento che questi vengono sottomessi da semplici uomini grazie alla potenza ed alla grazia del Dio Cristiano.

Nella letteratura patristica e apologetica è molto frequente il riferimento alla orto-prassi esorcistica ed alla differenza tra l'opera di un cristiano che compie tali gesti in nome del Salvatore e quella di uno stregone o sacerdote pagano che ne compie di similari. È tipico della letteratura patristica sottolineare con forza la miglior efficacia dell'azione cristiana; ecco ad esempio quel che scrive Giustino Martire (100-168 ca.):

> «Ci sono nel mondo intero e nella vostra città molti posseduti da demoni, che né suppliche, incantesimi o magie né qualsiasi altra pratica hanno potuto guarire, mentre molti di noi cristiani, esortando (tali spiriti) nel nome di Gesù Cristo che fu crocifisso sotto Ponzio Pilato, li hanno guariti e li guariscono ancor oggi, annientando e scacciando questi demoni che esercitano il loro potere sugli uomini»[27].

---

[26] CIPRIANO, *Ad Demetrianum*, 15 (CCsl 3A; trad. it. A. CERRETINI, CTP 175, Roma 2004, 96-97). Il passo evidenzia l'efficacia dell'esorcismo cristiano e definisce gli dèi pagani come demoni. La sicurezza nell'efficacia di quest'azione arriva al punto da considerarla testimonianza efficace per la conversione di un pagano. Cf. anche DÖLGER, *Gli Esorcismi, op. cit.*, 406.

[27] GIUSTINO, *Apologia II*, 6, 6 (Wartelle, 205); cf. anche GIUSTINO, *Dialogus cum Triphone iudaeo*, 85, 2-3 (P. BOBICHON, *Justin Martyr Dialogue avec Tryphon*, I, Fribourg 2003, 416-417; trad. it. G. VISONÀ, *Giustino. Dialogo con Trifone*, Milano 1988, 271s): «Ogni demonio è esorcizzato, vinto e sottomesso nel nome di colui che è il Figlio di Dio e primogenito di ogni creatura, nato per mezzo di una vergine e divenuto uomo soggetto a patire, crocifisso sotto Ponzio Pilato dal vostro popolo, morto e risorto dai morti e salito al cielo. Se fate l'esorcismo nel nome di uno dei vostri re o giusti o profeti o patriarchi, nessun demonio verrà sottomesso, mentre se uno di voi esorcizza nel nome del Dio di Abramo, di Isacco e di Giacobbe, il demonio viene ugualmente sottomesso. Certo però – dicevo – che i vostri esorcisti, come quelli pagani, applicano le tecniche esorcistiche e fanno ricorso ad aromi ed incantesimi». In questi passi Giustino parla dell'efficacia degli esorcismi giudaici, anche se minore rispetto a quelli dei cristiani, ma ne biasima la ritualità (*téchnē*) poiché è simile a quella utilizzata dai pagani, utilizzante aromi e legamenti. Introduce anche una differenza sostanziale fra l'esorcismo cristiano, basato sulla semplice invocazione del Nome di Gesù, e quello di pagani ed ebrei, che invece si basa su molti artifici. Per i dettagli cf. NICOLOTTI, *Esorcismo, op. cit.*, 49.

Ci sembra che il testo sia esplicito nel sottolineare come l'azione per mezzo di Gesù Cristo sia efficace anche laddove i tentativi esorcistici di altra natura si sono rivelati inefficaci.

Questi richiami si consolidano fino a definire e distinguere alcune figure interne alla Chiesa che vengono elette al fine di, con retta fede, operare in questo campo. Tale elezione ha soprattutto lo scopo di distinguere la retta prassi cristiana dalla pratica operata da altri che si improvvisano esorcisti, magari utilizzando nei loro scongiuri i nomi della tradizione giudeo-cristiana senza essere né ebrei né cristiani. Di questi ultimi si dice addirittura che:

> «Tutti questi e coloro che sono simili non debbono essere istruiti, né debbono essere battezzati»[28].

Si ha quindi una posizione nettissima contro chi osi usare i santi Nomi senza il giusto riguardo.

Si può affermare che verso la metà del III sec. d.C. l'esorcismo battesimale fosse un rito specifico e distinto dal battesimo d'acqua e che fosse altresì diffuso in maniera uniforme nella cattolicità. Nel medesimo periodo, nell'Occidente latino e in Cappadocia, è provata la presenza di gruppi di esorcisti che operavano in conformità al loro ministero; questi gruppi si consolidarono ben presto in un vero e proprio ordine minore con l'incarico di trattare i catecumeni e gli energumeni[29]. Nel 416 d.C. Papa Innocenzo impose una specifica delega episcopale per poter esercitare il ministero esorcistico ed essere quindi parte di questo ordine minore[30]. Nel 475 d.C. circa gli Statuta Ecclesiæ antiqua stabilirono una ritualità precisa per l'inserimento nell'ordine minore, il vescovo consegnava al neo-eletto esorcista un libro di formule specifiche mediante questo invito:

> «Prendi ed impara, e ricevi la potestà di imporre le mani sull'energumeno, sia battezzato sia catecumeno»[31].

Tale formula venne poi recepita dal Pontificale Romanum e restò in vigore fino al 1972, quando l'esorcistato fu soppresso insieme a tutti gli ordini minori.

---

[28] *Canones Hippolyti*, cit. in DÖLGER, *Gli Esorcismi, op. cit.*, 406.
[29] Cf. NICOLOTTI, *Esorcismo, op. cit.*, 627.
[30] Cf. INNOCENZO I, *Epistularium*, ep.25, 6 (PL 20, 558): «A loro (gli ossessi) non debbono essere imposte le mani, se il vescovo non ha dato l'autorità di farlo. Per operare ciò, il vescovo deve ordinare che ad essi siano imposte le mani o da un presbitero o da uno degli altri chierici». Cf. anche DÖLGER, *Gli Esorcismi, op. cit.*, 407. Padre Gabriele Amorth relativamente a questo momento storico inserisce un foglietto con una piccola precisazione (Si vedano le Figure 3 e 4 in Appendice al presente volume)
[31] *Statuta Ecclesiæ antiqua*, cit. in NICOLOTTI, *Esorcismo, op. cit.*, 627.

La menzione di questo formulario che viene detto: libellum in quo scripti sunt exorcismi permette di supporre che il rituale per gli esorcismi fosse basato su un testo eucologico codificato che sarebbe potuto essere non dissimile dal rito che è arrivato ai giorni nostri. Purtroppo essendo andato perduto[32], questa rimane una supposizione che si basa sul fatto che molte formule hanno attraversato un intero millennio, come vedremo in maniera più chiara nelle prossime pagine.

Ben presto però l'esorcistato divenne una semplice tappa del percorso verso l'ordinazione diaconale, e per accedervi non fu più richiesta alcuna predisposizione, anzianità o esperienza. Perciò questo ordine minore andò via via perdendo importanza in favore degli ordini sacri maggiori, fino ad arrivare alla prassi odierna che lo vede competenza esclusiva e distinta di alcuni presbiteri specificatamente autorizzati dal vescovo[33]. Di seguito tratteggeremo per sommi capi questa evoluzione.

3.1.Chi fa l'esorcismo

Come abbiamo visto, fu nella fase iniziale del Cristianesimo che il ministro deputato all'esorcismo venne via via definendosi. S'iniziò dal semplice fedele battezzato che invocava con fede il nome di Gesù[34], passando poi per figure semi-specializzate che in breve furono inserite nell'ordine minore dell'esorcistato sotto la nomina del vescovo (cf. la sopracitata lettera di Innocenzo I) per arrivare alla nomina episcopale di una figura obbligatoriamente presbiterale.

Le ragioni della prima delimitazione, a nostro parere[35], si trovano nella spinta apologetica e propagandista: da un lato si rese necessario distinguere l'esorcismo cristiano dai riti di altre correnti religiose ed eliminare abusi impropri nell'uso del nome di Gesù al fine di dimostrare la superiorità cristiana rispetto alle altre religioni (cf. i testi di Giustino), dall'altro lato, e correlato a quest'ultimo punto, tale spinta fu motivata dalla ricerca di riconoscimento presso le istituzioni e la nobiltà romana, che guardava con sospetto a questa nuova corrente religiosa di origine palestinese.

[32] O almeno non ci è stato possibile trovare rimandi a esso in nessuno degli autori controllati.

[33] Cf. NICOLOTTI, *Esorcismo, op. cit.*, 627-628; DÖLGER, *Gli Esorcismi, op. cit.*, 406-407.

[34] Cf. ORIGENE, *Contra Celsum*, I, 25 (trad. it. A. COLONNA, *Contro Celso di Origene*, Torino 1971, 69): «Il nome del nostro Gesù è pure collegato con la stessa filosofia dei nomi, poiché il suo nome – ciò che a tutti è chiaro – ha manifestamente scacciato i demoni dalle anime e dai corpi, dando forza a quegli uomini, da cui li aveva scacciati».

[35] A nostro parere, ma non solo: cf. l'ampia esposizione di NICOLOTTI, *Esorcismo, op. cit.*, 51-54.

L'istituzionalizzazione della Chiesa e dei suoi ministeri contribuì a dare un'immagine di Chiesa precisa, ben delineata e ordinata, capace di combattere le accuse di ateismo mosse alle comunità cristiane ma anche di essere un'alternativa concreta e seria all'idolatria pagana. D'altro canto però questa spinta istituzionalizzante fu anche la causa dell'inserimento di questo *ordo minore* nella gerarchia dei ministeri ordinati, inserimento che portò ad una seconda delimitazione in seguito alla quale, in Occidente, il laicato scomparve nell'esercizio di questa funzione in favore di una totale clericalizzazione del ministero esorcistico.

3.2. La ritualità

Fra il II e il V sec. d.C. si ebbe quindi un reale consolidamento della ministerialità di questa azione ecclesiale: questo portò evidenti ricadute anche sulla ritualità.

Dal punto di vista della prassi l'esorcismo cristiano si caratterizzò fin dal principio come invocazione cristocentrica: sia la tradizione patristica sia la letteratura dei primi secoli riportano l'importanza dell'invocazione del nome di Cristo, basandosi da un lato sul testo biblico (numerosi riferimenti neo-testamentari, soprattutto in *Matteo*, *Marco* e *Atti*), dall'altro sull'accezione semitica nell'uso di un nome, che non è affatto una mera citazione di autorevolezza ma è un effettivo rivestire di pregnanza e di significato, nonché di potenza, l'azione rituale che si sta compiendo. A tale invocazione veniva e viene tuttora unito un comando o uno scongiuro nei confronti del demone[36].

Tra i vari gesti adoperati fin dall'antichità cristiana troviamo citati l'imposizione delle mani (Ambrogio)[37], il segno di croce (Lattanzio)[38], le insufflazioni (Tertulliano)[39], le unzioni con olio (Macario e Teodosio)[40] e il digiuno[41]. Tutti que-

---

[36] Cf. DÖLGER, *Gli Esorcismi, op. cit.*, 407-408. Come vedremo nella sinossi dei Rituali (capitolo secondo), questa è la dinamica portante dell'esorcismo: s'invoca il nome di Cristo perché Egli scacci il demone, si ammonisce il demone ad andarsene in nome di, ossia in virtù della potenza di, Cristo.

[37] Cf. PAOLINO DI MILANO, *Vita Ambrosii*, 28 (PL 14, 39).

[38] Cf. LATTANZIO, *Institutiones Divinae*, IV, 27 (SC 377, 223-225).

[39] Cf. TERTULLIANO, *Apologeticum*, 23, 15-16 (CCsl 1, 132-133; trad. it. Rusca, 206-207): «Ma tutto questo nostro dominio e potere su di loro deriva dal fatto che nominiamo Cristo e ricordiamo loro quei fatti che essi attendono come imminenti da Dio per mezzo di Cristo giudicatore: temono Cristo in Dio e Dio in Cristo, e sono perciò sottoposti a noi, servitori di Dio e di Cristo. Perciò al contatto ed al soffio nostro (*ita de contactu deque afflatu nostro*), intimoriti dal pensiero e dall'immagine di quel fuoco, escono dai corpi dietro nostro ordine, contro voglia, lamentandosi e vergognandosi per la nostra presenza». Sono quindi quattro le azioni che Tertulliano raccomanda e prescrive: 1 - nominare il Cristo, 2 - minacciare il demone prospettandogli il giudizio cui è destinato, 3 - toccare l'ossesso e 4 - soffiargli addosso. Il soffio appare quindi come un ele-

sti elementi sono rimasti sostanzialmente invariati nel corso dei secoli nonostante siano passati quasi due millenni. È interessante sottolineare però che i due elementi centrali del rito attuale (e del rito cosiddetto 'antico'), cioè l'uso dell'acqua benedetta e l'imposizione della stola violacea, furono elementi introdotti solo successivamente, verso il X sec. Come abbiamo visto, infatti, l'esorcismo inizialmente era costituito da una semplice invocazione del nome di Gesù, cui molto presto si aggiunsero l'imposizione delle mani, il segno della croce, le insufflazioni e le unzioni, che abbiamo appena descritto. Nonostante il loro ingresso tardivo, però, l'acqua benedetta e la stola divennero elementi centrali[42], per di più assai efficaci nella lotta contro i demoni[43].

4. I formulari di esorcismo

Se la prassi di utilizzo e la nomina di un particolare soggetto per la sua investitura sono piuttosto assodatae e accettate fin dai primordi della cristianità, l'indagine sull'esistenza o meno di vere e proprie formule esorcistiche è, ad oggi, ancora in fase iniziale. I più recenti studi in materia concordano nel ritenere che non esistesse un formulario comune a tutta la Chiesa, né che, almeno fino al IV sec., ci fosse un lezio-

---

mento con connotazione taumaturgica e dispregiativa: cf. il 'soffiare via' di *2Ts* 2,8 («Allora sarà rivelato l'empio, ed il Signore Gesù lo distruggerà con il soffio della sua bocca e lo annienterà all'apparire della sua venuta») che riprende *Is* 11,4. Per i dettagli cf. NICOLOTTI, *Esorcismo, op. cit.*, 500-509.

[40] Cf. *Vitae Patrum*, VIII *Historia Lausiaca*, 20 (PL 73, 1118).

[41] Cf. *Mt* 17,19-21 (già riportato); GIUSTINO, *Dialogus cum Tryphone Iudaeo*, c.85; PS. CLEMENTE ROMANO, *Epistulae ad virgines*, I, 12, 2-5: «Poiché anche ciò è bello e vantaggioso per la fraternità in Cristo, che si visitino gli indemoniati e si pronunci su di loro una preghiera gradita a Dio, con fede e non grazie alla combinazione di molte parole o con declamazioni di esorcismi come sfoggio di umana approvazione, allo scopo di apparire eloquenti o di buona memoria, facendo risuonare come un flauto sugli energumeni insulsaggini e ciance e non in fede e verità, ma come insegnò il Signore: Questa razza – dice – si vincerà con la preghiera e con fede si scaccia col digiuno (Mt 17,21). Con sobrietà dunque visitiamo il sofferente, come conviene, in spirito di umiltà. è dunque bello collaborare con i fratelli sofferenti, come è detto, con veglie, digiuni, preghiere incessanti. Infatti è stato detto dal Signore: Scacciate i demòni, assieme ad altre guarigioni: Gratuitamente avete ricevuto, gratuitamente date (Mt 10,8)» (cit in NICOLOTTI, *Esorcismo, op. cit.*, 49.76.621-626). Cf. anche DÖLGER, *Gli Esorcismi, op. cit.*, 408-409.

[42] Cf. E. LODI, *Enchiridion Euchologicum fontium liturgicorum*, Roma 1979, 189-190. Già nel sec.III troviamo formule di benedizione dell'acqua in lingua greca, quindi quella di benedire l'acqua non è certo prassi sconosciuta, ma sta di fatto che essa entra nel rito esorcistico solo sette secoli dopo.

[43] Cf. G. AMORTH, *Un esorcista racconta*, Bologna 2000, 45-56.139-145. Padre Amorth, in questi capitoli, raccontando la sua personale esperienza, sottolinea l'efficacia dell'acqua benedetta, più ancora dell'acqua esorcizzata, nella lotta contro i demoni che possono aver posseduto una persona, ma soprattutto nella diagnosi della loro effettiva presenza. Oltre a questo evidenzia anche l'efficacia di sale e olio esorcizzati e di particolari immagini sacre. Afferma altresì che l'elemento migliore per la buona riuscita di un esorcismo è la disposizione d'animo della vittima di possessione. Se la persona non è rivolta a convertirsi allora l'efficacia del sacramentale tende ad essere minima.

nario esorcistico preciso legato a questa o quella Chiesa particolare. Ritengono invece che ogni esorcista usasse un suo proprio formulario basato sulla propria personale esperienza[44]. Ad esempio Origene, nel *Contro Celso,* afferma che gli esorcisti cristiani usassero formule semplici unite alla narrazione dei fatti relativi alla vita di Gesù, leggiamo infatti:

> «Non comprendo da che cosa Celso ricavi la sua idea, quando afferma che i cristiani sembrano prendere la loro forza dalle invocazioni di certi demoni, e da certi incantesimi; io credo che egli voglia alludere con questo a quelli che incantano e scacciano i demoni. È chiaro che facendo questo discorso egli calunnia il Verbo. Difatti non è certo con gli incantesimi che essi esplicano il loro potere, ma lo fanno nel nome di Gesù, con la recitazione delle storie scritte su di lui; sono proprio infatti queste cose, che lette spesso hanno avuto il potere di scacciare i demoni dagli uomini, specialmente quando coloro che le recitano lo fanno con intenzione pura e con fede sincera. Tanto può invero il nome di Gesù contro i demoni, che talvolta riesce efficace anche se posto in bocca ad uomini cattivi: questo ci ha insegnato Gesù, quando ha detto (*Mt* 7, 22): "Molti mi diranno in quel giorno: Nel tuo nome abbiamo cacciato i demoni, ed abbiamo operato miracoli"». [45]

Ed anche:

> «Se la Pizia perde la coscienza e non è più in sé, quando pronuncia gli oracoli, che razza di spirito dobbiamo pensare che sia questo, che diffonde le tenebre sulla sua mente e sui suoi pensieri? Non è forse simile per natura a quella specie di demoni, che non pochi Cristiani scacciano dai sofferenti, senza l'aiuto di alcun procedimento magico o di trattamento medico, ma per mezzo della sola preghiera e di semplici esorcismi, e di espressioni che potrebbe usare l'uomo più semplice? E generalmente infatti son gente semplice quelli che fanno queste cose. La grazia, contenuta nella parola di Cristo, mostra la debolezza e la impotenza dei demoni, dacché non c'è bisogno, perché siano sconfitti ed escano, spinti fuori, dal corpo dell'uomo, di un qualcuno sapiente e capace di fornire le prove logiche della fede».[46].

Altri autori invece non si soffermano minimamente su questi dettagli.

I primi formulari riconosciuti e usati in contesti più ampi furono quelli contenuti nel *Libellum in quo scripti sunt exorcismi* citato negli *Statuta Ecclesiæ antiqua*, del quale però non abbiamo alcuna copia[47] e la cui datazione è difficile da porre ante-

---

[44] Cf. DÖLGER, *Gli Esorcismi, op. cit.*, 410. È probabile che esistesse uno schema fisso di formule esorcistiche, ma che lo si usasse con libertà e possibilità di improvvisazione, tanto che, nel IV sec., Sulpicio Severo deplora l'eccesso di parole (cf. SULPICIO SEVERO, *Gallus*, III, c.6; SC 510, 310-313; trad. ita Fiocco, 216). Cf. p.es. P. SORCI, «Gesti e atteggiamenti nel Rito degli Esorcismi», 243-273, in M. SODI (Ed.), *Tra maleficio e possessione demoniaca. Teologia e pastorale dell'esorcismo*, Padova 2003, 246-249.

[45] Cf. ORIGENE, *Contra Celsum*, I, 6 (SC 132, 90-93; Colonna, 47-48).

[46] Cf. ORIGENE, *Contra Celsum*, VII, 4 (SC 150, 20-23; Colonna, 582-583).

[47] Almeno, noi non siamo riusciti a rintracciarne nessuna.

riormente al V sec., e quelli per catecumeni contenuti nel Gelasiano antico (Reg. 316) attestabili fra il V ed il VI sec.[48]. I primi due veri e propri esorcismi per gli ossessi che conosciamo furono gli esorcismi cosiddetti di 'Ambrogio e Martino', pseudoepigrafi databili intorno al VII-VIII sec.[49]; di particolare rilievo inoltre fu lo scongiuro che si trova all'interno del *Missale Gallicanum vetus*[50]. Tutti questi testi ebbero però una diffusione limitata; per avere una diffusione maggiore si dovette attendere la fine dell'VIII sec., quando venne aggiunto al Sacramentario Gregoriano (compilazione del VII sec. attribuita a Gregorio Magno ma probabilmente redatta sotto papa Onorio) un formulario esorcistico particolare, tradizionalmente attribuito ad Alcuino. La fortuna di questa raccolta si tradusse in una larga diffusione in Europa per i secoli successivi, anche se la distribuzione non fu uniforme né univoca e, soprattutto, non ebbe carattere di ufficialità. Questa diffusione dipese dalla struttura del Sacramentario, che riprese molti testi della tradizione precedente, e all'organicità del supplemento esorcistico.

---

[48] Cf. DÖLGER, *Gli Esorcismi, op. cit.*, 410; LODI, *Enchiridion Euchologicum, op. cit.*, 661-663. Nel Rito di ammissione al Catecumenato del *Gelasiano Vetus* al primo punto vi è la *Exsufflatio cum exorcismo* che comincia con la *Orationes super electos ad caticumenum faciendum*, prosegue con la *Signatio cum oratione* e le *Monitiones ad signationem* (nel quale è il diacono a parlare), quindi troviamo la rubrica: «Tunc venit acolitus, iterum faciens crucem in frontibus singulorum, dicens: In nomine patris et filii et spiritus sancti». Segue poi la *Impositio salis cum beneditione*, che è l'esorcismo del sale: il sale esorcizzato viene posto nella bocca dell'infante pronunciando la formula «Accipe ille sal sapiencie propiciatur in vitam aeternam», segue infine la benedizione. Cf. M. BOGETTI, *L'esorcista, gli ossessi e l'esorcismo nel canone 1172 del Codice di Diritto Canonico. Fonti e Legislazione vigente*, Torino 2011, 98-99.

[49] Cf. DÖLGER, *Gli Esorcismi, op. cit.*, 410.

[50] Cf. MURATORI, *Liturgia romana vetus, sub locum* (Venetiis 1748, II, 709). Cf. anche http://books.google.it/books?id=Dks_AAAAcAAJ&printsec=frontcover&dq=related:HARVARD32044081859985#v=onepage&q&f=false [21/11/2019]: «INCIPIT EXORCISMUS. Adgredior te, immundissime damnate spiritus; qui es inveterator malitiæ materiis criminum, origo peccati: qui fraudibus, sacrilegiis, stupriis, cædibus gaudes. Te, invocato Domini nostri Jesu Christi nomine, in o ... mus & adjuramus per ejusdem Majestate adque virtutem, Passionem ac Resurrectionem, Adventum adque Judicium; ut in quacumque parte membrorum latitas, propria te confessione manifestes: exagitatusque spiritalibus flagris invisibilibusque tormentis, vas quod occupasse æstimas, fugias; expiatumque post habitationem tuam Domino derelinquas. Sufficiat quòd prioribus sæculis per hominum corda penè toto orbe dominatus es. Jam in dies singulos destruetur tuum regnum; tuaque cotidie usque in finem tela deficiant. Jam pridem præfigurata sunt ista, quæ pateris. Jam tu vastatus Ægyptiorum plagis, tu in Pharaone demersus, in Hierico destructus, in septem Chananæis Gentibus stratus, per Samsonem in Allophylis subjugatus, truncatus in Golia per David, per Mardoceum in Aman suspensus, per Danihel in Bel dejectus, in Dracone punitus, per Judith in Holopherne transfossus, per Dominum humanis Imperiis subjugatus, per Paulum cæcatus in Mago, ustus in Vipera, per Petrum in Simone disruptus, per omnes Sanctos fugaris, torqueris, elideris, æternis ignibus & infernis tenebris deputatus. Undè hominem Domines noster Jesus Christus in Adam secundo dùm de te triumphat, eximit. Abscede, abscede quoqumque es: & corpora Deo dicata ne repetas. Interdicta sint tibi ista in perpetuo. In nomine Patrii & Filii & Spiritus Sancti, & in gloria Dominicæ Passionis: cujus cruore salvantur; cujus adventum expectant; judicium confitentur. Per dominum»; In questo testo che il Muratori riporta dal *Missale Gallicanum Vetus* si trova, in sostanza, quello che sarà il III esorcismo del *Rituale Romanum* di Paolo V (cf. n.m.40 della sinossi del prossimo capitolo). Cf. anche BOGETTI, *L'esorcista, op. cit.*, 100.

La sua importanza comunque fu tale da costituire la base sulla quale fu redatto il *Rituale Romanum* nel XVII sec.[51]

Già queste poche note lasciano intuire come nel Medioevo vi fu un prolificare di Sacramentari: il *Liber Sacramentorum Augustodunensis*[52], il *Liber Sacramentorum Engolismensis*[53], il *Pontificale Romano-Germanicum* e molti altri ancora, i quali poi si influenzarono a vicenda dando vita ad un intreccio non sempre facile a dipanarsi. Naturalmente qui ci soffermeremo solo su alcuni di essi, a scopo didascalico.

Il *Liber Sacramentorum Gellonensis* è un testo risalente all'VIII sec., diffuso e apprezzato fino al punto che si trovano sue copie del sec. XIII; appartiene alla famiglia dei Gelasiani Franchi, famiglia che nasce dalla fusione del Sacramentario Gelasiano e del Sacramentario Gregoriano di tipo II[54]. Questo sacramentario fu rimaneggiato ampiamente nei secoli seguenti: la modifica principale è quella attribuita ad Alcuino ed è nota anche col nome di *Supplemento di Aniane*. Alcune delle modifiche importate da questo 'supplemento' arrivarono a influenzare il Messale e il Pontificale Romano Tridentino[55]. Il Pontificale contenuto nel Sacramentario di Gellone fu la fonte principale del sopra menzionato *Supplemento* di Alcuino e di molti altri testi liturgici del IX sec., del *Pontificale Romano Germanico* del X sec., e come già detto persino del *Pontificale Romano*[56]. Si tratta perciò di un testo la cui importanza è capitale nella storia della liturgia medievale occidentale.

La parte del *Pontificale Romanum-Germanicum* che ci interessa è costituita delle sezioni da 345 a 512, formate da estrapolazioni del Gelasiano antico unite ad altre fonti purtroppo non ancora ben identificate. Entro questa parte sono particolarmente istruttive la sezione 353, divisa in *Inpositio manum inherguminum* (n.2400 dell'ed. critica), che apre il Rito con la richiesta di intercessione a Dio per la libera-

[51] Cf. BOGETTI, *L'esorcista, op. cit.*, 100.
[52] Cf. *Liber Sacramentorum Augustodunensis*, CCsl 159B, ed. O. Heiming, Turnhout 1984.
[53] Cf. *Liber Sacramentorum Engolismensis*, CCsl 159C, ed. P. Saint-Roch, Turnhout 1987.
[54] Cf. *Liber Sacramentorum Gellonensis. Introductio, tabulae et indices*, CCsl 159A, ed. A. Dumas, Turnhout 1981, XXIII-XXV; *Liber Sacramentorum Gellonensis. Textus*, CCsl 159, ed. A. Dumas, Turnhout 1981, VII.352-359.481-485.
[55] Cf. DUMAS, *Gellonensis. Introductio, op. cit.*, XXVI. In realtà il ruolo di Alcuino non è molto chiaro: vi è, infatti, chi pone il suo intervento già nel Sacramentario Gregoriano e chi invece lo vede solo nel Gellonense, posteriore. Ma è chiaro che ai nostri fini è questione accessoria.
[56] Cf. DUMAS, *Gellonensis. Introductio, op. cit.*, XXXII. Il *Pontificale Romanum-germanicum* è molto importante perché contiene un'impressionante quantità di formule e riti riservati al vescovo. Scritto a Magonza attorno al 950 mostra l'adattamento della tradizione liturgica romana nei paesi franco-germanici. In esso si trovano cinque differenti esorcismi, tra i quali figurano formule imprecatorie e deprecatorie ma anche azioni esorcistiche già introdotte dalla tradizione patristica, comprese l'aspersione con acqua benedetta dell'ossesso. Cf. BOGETTI, *L'esorcista, op. cit.*, 101-102.

zione da vessazione e possessione[57], e *Item alia pro parvulum inerguminum* (n.2401 dell'ed. critica), dedicata alla liberazione degli infanti in un contesto pre-battesimale[58]; e poi la 354, *Orationem super hominem christianum qui a demonio vexatur,* sezione molto ampia che si articola dal numero 2402 al 2413 dell'ed. critica[59]. Notiamo come il n.2403, *Item alia super demoniacus*, inizi con questa invocazione:

> «Dio degli angeli, Dio degli arcangeli, Dio dei profeti, Dio degli Apostoli, Dio dei martiri, Dio delle vergini»[60],

formula che si ritrova nell'orazione successiva al secondo esorcismo del *Rituale Romanum* di Paolo V (n.m.39 della sinossi nel cap. 2), e che al versetto 8 di questo numero 2403 si trova l'*incipit* del primo esorcismo del *Rituale Romanum* di Paolo V (n.m.36 della sinossi nel cap. 2):

> «Ti comanda, o diavolo, quello stesso che comandò al vento, al mare ed alle tempeste. Ti comanda quello stesso che ti precipitò dal più alto dei cieli nel più profondo della terra. Ti comanda quello stesso che ti comandò di andare indietro. Ascolta dunque e temi, satana, vinto e prostrato, fuggi in nome del Signore nostro Gesù Cristo. Tu dunque, malvagissimo satana, nemico della fede del genere umano, rapitore di morte, pervertitore della giustizia, radice di ogni male, fonte di ogni vizio, seduttore degli uomini, perditore delle genti, incitatore dell'invidia, origine dell'avarizia, causa della discordia, suscitatore dei dolori, maestro dei demoni, perché resti e resisti, quando sai che Lui disperderà le tue forze? Abbi paura di colui che in Isacco fu immolato, in Giuseppe denudato, nell'agnello ucciso, nell'uomo crocifisso, ma poi trionfò. Fuggi in nome del Padre e del Figlio e dello Spirito santo, e fa luogo allo Spirito santo per mezzo di questo segno della croce di Cristo Signore nostro che vive con il Padre e lo Spirito santo»[61].

---

[57] Cf. *Liber Sacramentorum Gellonensis, op. cit.* n.2400 (CCsl 159, 352): «Omnipotens sempiterne deus a cuius faciae celi distillant, [...] te supplix deprecor dominatur domine ut inuocatione nominis tui ab huius famuli tui uexatione inimicus confusus abscedat, et ab huius possessione anima liberata ad auctorem suae salutis recurrat liberatoremque suum, diabolico fetori depulso et odore suauissimo spiritus sancti precepto, sequatur. Per (Iesum)».

[58] Cf. *Liber Sacramentorum Gellonensis, op. cit.* n.2401 (CCsl 159, 352-353): «Domine sancte pater omnipotens sempiterne deus, uirtutem tuam totis exoro gemitibus pro huius a diabolo oppressa infantia. Qui etiam indignis inter pressuras donas presidium, exurge pro infantia debellata et noli diu retinere uindictam, nec ante conspectum tuum ueniat parentum delecta, qui nec pro filio patrem nec pro patre[m] promisisti filium iudicare. Auxiliare quesumus inimici furore uexato, ne sine baptismate facies eius animam a diabulo possidere, sed potius tenere aetas, maligno obpressionibus libera, tibi referat gratias sempiternas. Per (Iesum)».

[59] Cf. *Liber Sacramentorum Gellonensis, op. cit.*, nn.2402-2413 (CCsl 159, 353-359).

[60] Cf. *Liber Sacramentorum Gellonensis, op. cit.* n.2403 (CCsl 159, 353): «Deus angelorum, deus arcangelorum, deus prophetarum, deus apostolorum, deus martyrum, deus uirginum».

[61] Cf. *Liber Sacramentorum Gellonensis, op. cit.* n.2403 (CCsl 159, 353): «Ipse tibi imperat, diabule, qui uentus et mare uel tempestatibus imperauit. Ipse tibi imperat qui te de superna celorum in inferiora terre demergi precepit. Ipse tibi imperat qui te retrorsum redire precepit. Audi ergo et time satanas, uictus et prostra-

Questi due passi provano lo stretto legame che esiste tra il *Pontificale Romanum-Germanicum* del 950 e il *Rituale Romanum* di Paolo V del 1614. Tra questi due Sacramentari, ufficiali e normativi, la produzione di testi liturgici o paraliturgici però non si fermò. Grande diffusione, ad esempio, ebbe il *Malleus Maleficarum*, compilazione della fine del 1400 molto adoperata nella caccia a streghe, maghi, fattucchiere e quant'altro, ma privo di ogni ufficialità e normatività, e soprattutto dedicato a punire queste persone invece che a liberarle dai demoni, se mai ne avessero uno[62]. Di tutt'altra fattura fu il *Liber Sacerdotalis*, scritto nel 1523 dal domenicano Andrea Castellani, dal quale il cardinal Sartori ricavò il *Rituale Sacramentorum Romanum* su mandato di Gregorio XIII[63], *Rituale* che fu stampato tra il 1584 ed il 1602 ma mai promulgato a causa della morte del Papa. Con questo *Rituale* però siamo già nel periodo successivo al Concilio di Trento (1545-1563): fu Paolo V a fornire al mondo cattolico il vero frutto liturgico del Concilio, frutto che raggiunse la piena maturazione nel 1614 con il *Rituale Romanum*[64]. Questo *Rituale* portò ordine e unità alla liturgia cattolica, in generale molto frammentata in quel periodo[65]. Inizialmente, come si

---

tus, abscede in nomine domini nostri iesu christi. Tu ergo, nequissime satanas, inimicus fidei generis humani, mortis raptur, iustitiae declinatur, malorum radix, fomis uitiorum, sedoctur hominum, perditur gentium, incitatur inuidiae, origo auaritiae, causa discordiae, excitatur dolorum, demonum magister, quid stas et resistis, cum scis eum tuas perdere uires? Illum metuae qui in isahac immolatus, in io<se>ph denundatus, in agno occisus, in homine crucifixus, deinde triumphatur. Recede in nomine patris et filii et spiritus sancti, et da locum spiritui sancto per hoc signum crucis christi domini nostri qui cum patre et spiritu sancto uiuit».

[62] Il *Malleus Maleficarum* è opera dei domenicani J. Sprenger e H.I. Kramer (1487). Questo testo era un vero è proprio manuale 'tecnico' per la ricerca, l'individuazione, l'identificazione e il 'trattamento' delle persone sospettate di eresia, magia o paganesimo. L'opera è divisa in tre parti: la prima fa una disamina sulla natura della stregoneria, la seconda riprende la prima per mostrare come si possano fare alcune stregonerie e come dissolverle facilmente, la terza parte si occupa dei metodi di cattura, processo ed eliminazione delle streghe. Il trattato ebbe una larga diffusione sia in ambito cattolico che protestante, ma non fu mai riconosciuto come testo ufficiale dalla Chiesa Cattolica, che sin dal sec. XII ebbe suoi Regolamenti per l'Inquisizione. Il *Malleus* non presenta nemmeno tratti di originalità: riprende testi precedenti come il *Directorium inquisitorum* di N. Eymerich e il *Formicarius* di J. Nider. Citiamo il *Malleus*, fra i molteplici testi analoghi del tempo, poiché in tempi recenti è stato ristampato e paragonato addirittura a un manuale di psicologia dell'epoca: cf. A. VERDIGLIONE, *Il Martello delle streghe. La sessualità femminile nel 'transfert' degli inquisitori*, Milano 2006^{2} (prima edizione 1985). Cf. anche M. SODI (ed.), *Tra maleficio e possessione, op. cit.*, 6. BOGETTI, *L'esorcista, op. cit.*, 102.

[63] Cf. A. CASTELLANI, *Liber Sacerdotalis*, Venetiis 1523. L'opera si propone come testo liturgico per i presbiteri sulla falsariga del *Pontificale* a uso dei vescovi. Fu promulgato da Leone X come testo liturgico obbligatorio e modificato dal cardinal Sartori. Rimase in uso fino al 1602. Al suo interno si trovano indicazioni demonologiche relative agli ossessi, ai posseduti e ai vessati. Contiene inoltre indicazioni liturgico-pastorali per il presbitero che deve officiare il rito. Interessante notare come distingua fra demoniaci e maleficiati. Per i dettagli cf. BOGETTI, *L'esorcista, op. cit.*, 102-105.

[64] Cf. M. SODI (ed.), *Rituale Romanum Editio Princeps (1614) Edizione anastatica*, Città del Vaticano 2004, 206-227.

[65] Il *Rituale Romanum* del 1614 segue le direttive del Concilio di Trento. Secondo la mentalità dell'epoca si tende a centralizzare il culto e renderlo il più uniforme possibile, anche per controbattere la tendenza opposta applicata dalle Chiese della Riforma. Nel caso specifico del rito degli esorcismi bisogna sottolineare che nei

legge nella Costituzione Apostolica che lo promulgò e che fu riportata in tutti i Rituali successivi, Paolo V mantenne il criterio di libertà limitandosi a consigliarne l'uso, anche se tese a centralizzare il culto e renderlo il più uniforme possibile per controbattere la spinta opposta applicata dalle Chiese della Riforma. La Curia romana però seguì la linea dell'obbligatorietà: infatti, poco dopo la promulgazione del *Rituale* la Congregazione dei Riti lo dichiarò obbligatorio per tutte le funzioni parrocchiali, ivi compresa la liberazione di un ossesso dal maligno[66]. Le disposizioni di PaoloV in materia di esorcismi furono di ricercare i più antichi fra i moltissimi testi circolanti: la scelta ricadde sui testi di Alcuino di York che abbiamo già ricordato.

Nel corso dei secoli il rituale di Paolo V venne aggiornato, emendato e corretto, sia per eliminare piccoli errori di natura grammaticale (accenti, refusi, parole in disuso) sia per assecondare le necessità pastorali e teologiche del periodo storico. Si ebbero ben sei modifiche ufficiali di questo *Rituale Romanum* in soli tre secoli e mezzo[67]. Tali modifiche interessarono sia l'ordine dei Titoli che i loro contenuti (rubriche, formule, benedizioni, aggiunta di appendici), ma per quel che riguarda il Titolo degli esorcismi, il *De exorcizandis obsessis a dæmonio*, le modifiche furono sempre marginali. In definitiva, si può dire che dal 1614 al 1952 il Rito subì solo piccole correzioni; l'unica aggiunta di un certo rilievo, un'appendice dalle origini piuttosto particolari, avvenne solo alla fine dell'800. Nel prossimo capitolo mostreremo le varianti più significative, ponendo in sinossi i Rituali che le contengono; qui invece dobbiamo rendere conto delle modifiche minori che non potremo esaminare nella sinossi.

---

secoli tra il XV ed il XVIII si ha un grande moltiplicarsi di pubblicazioni a sfondo demonologico, fra le quali quelle menzionate in n.62 non sono che le più note ed importanti.

[66] Cf. SODI, *Rituale Romanum, op. cit.*, LVII. Cf. anche CONGREGATIONIS SACRORUM RITUUM, *Decreta authentica*, Romae 1898-1901, *decretum 1642, ad 7*: «An Parochi ceteras functiones parochiales obeuntes servare debeant in ipsis caeremonias Ritualis Romani? - Affirmative». Cf. anche *decretum 3276, ad 6*: «Tenebiturne Praelatus Diocesanus obligare omnes et singulos Parochos et Sacerdotes ad servanda omnia super his praescripta in Rituali Romano, quando nulla interveniat urgens necessitas aliter agendi, non obstante quacumque contraria etiam immemorabili consuetudine? - Affirmative»; *decretum 3792, ad 6*: «Licetne Rituale Romanum ubique adhiberi et in quibuscumque functionibus, etiamsi proprium Rituale Dioecesanum, in nonnullis tantum a Romano discrepans, habeatur? - Affirmative». Questi passi spiegano bene perché il nuovo *Rituale* abbia una diffusione omogenea nelle diocesi cattoliche. Cf. G. AMORTH, *Esorcisti e psichiatri*, Bologna 1996, 209-210.

[67] La promulgazione ufficiale del *Rituale Romanum* avviene nel 1614 ad opera di Paolo V; la prima modifica è apportata nel 1752 da Benedetto XIV, la seconda è del 1872, ad opera di Pio IX; segue l'intervento di Leone XIII, nel 1884 che introduce la famosa appendice nota come "Esorcismo di Leone XIII", poi quello di Pio X nel 1913, di Pio XI nel 1925 ed infine quello di Pio XII nel 1952. Nella sinossi che presenteremo nel prossimo capitolo esamineremo solo le varianti più importanti, e cioè i Rituali del 1614 (d'ora in poi 'RR1614'), del 1913 (d'ora in poi 'RR1913') del 1925 (d'ora in poi 'RR1925') e del 1952 (d'ora in poi 'RR1952').

La prima modifica del *Rituale romanum* avvenne nel 1752, per opera di Benedetto XIV[68]: nel Titolo degli esorcismi si effettuarono solo correzioni di punteggiatura, accenti, piccole sostituzioni di parole nelle rubriche e due varianti testuali che esamineremo nel terzo capitolo, ma niente che sia di particolare rilievo.

Nel 1872 Papa Pio IX promulgò una nuova edizione del *Rituale Romanum*. Stavolta le modifiche furono più rilevanti: ad esempio, venne aggiunta un'appendice contenente le Istruzioni e le formule di Benedizioni approvate dalla Santa Sede dal 1614 fino a quel tempo. Ma per ciò che concerne il Titolo degli esorcismi non cambiò niente, se non qualche sporadica correzione di refusi non degna di nota[69].

Nel 1884 Leone XIII promulgò una revisione del *Rituale Romanum* di Paolo V e Benedetto XIV, quella che viene considerata da molti liturgisti la prima vera *editio typica*[70] del *Rituale*. Anche in questo caso però le modifiche al Rito dell'esorcismo furono davvero poco rilevanti. La sola novità fu l'aggiunta dell'appendice *Exorcismus in satanam et angelos apostaticos*"[71], cioè il famoso esorcismo che, secondo una tradizione assai diffusa, ma piuttosto difficile da ricostruire e verificare, san Leone XIII avrebbe ricevuto in una visione[72].

---

[68] *Rituale Romanum Pauli V. Pontif. Maximi jussu editum atque a felicis recordationis Benedicto XIV. Auctum et Castigatum In quo, quæ Parochis ad administrationem Sacramentorum, Benedictiones, et Conjurationes necessaria censentur, accurate sunt posita.* Bassani suis typis Remondini Edidit, 1834, 285-308.

[69] *Rituale Romanum Pauli V. Pontificis Maximi jussu editum et a Benedicto XIV. auctum et castigatum cui novissima accedit Benedictionum et Instructionum Appendix. Editio prima stereotypa romana quartum taurini impressa*, Augustæ Taurinorum ex typogr. pontificia et archiepiscopali, Eq. Petri Marietti, 1880, 322-346.

[70] *Rituale Romanum Pauli V. Pontificis Maximi jussu editum et a Benedicto XIV auctum et castigatum cui novissima accedit Benedictionum et Instructionum Appendix. Editio sexta post typicam.* Ratisbonæ, neo Eboraci et Cincinnati. Sumptibus, Chartis et typis Friderici Pustet. S. Sedis Apost. et Sacr. Rituum Congregationis typographi, 1898, 289-307, 163*-167*.

[71] *Ibidem*, 163*-167*.

[72] Cf. D. PECHENINO, «La tragedia dei tempi nostri e l'opera di satana (continuazione)», in *La Settimana del Clero n.13* del 30 marzo 1947, 1-2: si racconta la visione occorsa a Leone XIII durante la messa di ringraziamento. Si dice che il Pontefice durante la celebrazione drizzò energicamente la testa e inizio a fissare intensamente un punto oltre il celebrante e che i presenti notarono il mutare del colorito della sua pelle e dei suoi lineamenti oltre che la totale immobilità dei suoi occhi e delle sue palpebre. Non appena rinvenuto il Santo Padre corse nel suo studio e vi si chiuse dentro. Dopo circa mezz'ora ne uscì per far chiamare il Segretario della Sacra Congregazione dei Riti al quale porse un foglio con un comando esplicito: farlo stampare e pervenire a tutti gli Ordinari del mondo. Il foglio conteneva la preghiera a San Michele Arcangelo e una infuocata invocazione al Principe delle milizie celesti. Come si vede, è difficile verificare racconti di questo genere, per di più redatti sessant'anni dopo l'accadimento dei fatti riportati. Comunque, fin quasi al Concilio Vaticano II la recita della preghiera a San Michele Arcangelo chiudeva le celebrazioni eucaristiche, e di diritto: cf. I.P., «Notae Practicae de precibus post missam imperatis», *Ephemerides liturgicae* 69 (1955) 58 nota n.9. Cf. anche AMORTH, *Un esorcista racconta, op. cit.*, 37-40. Inoltre per questione di completezza rimandiamo anche alle altre due parti dell'articolo: D. PECHENINO, «La tragedia dei tempi nostri e l'opera di satana», in *La Settimana del Clero n.12* del 23 marzo 1947, 1; e D. PECHENINO, «La tragedia dei tempi nostri e l'opera di satana», in *La Settimana del Clero n.26* del 29 Giugno 1947, 2. Recentissimamente Papa France-

Nel 1913 Pio X promulgò una nuova *editio typica* che corresse alcune formule del *Rituale Romanum* in coerenza con la Bolla *Divino Afflatu* del 1911. Per quanto concerne il *De exorcizandis obsessis* le formule furono sostanzialmente identiche a quelle del 1614 e all'appendice inserita da Leone XIII[73].

Nel 1917 si ebbe la pubblicazione del *Codex Iuris Canonici* che apportò numerose novità alla vita della Chiesa, compresa la normativa relativa alla vita liturgica. Papa Pio XI nel 1925 promulgò quindi una nuova *editio* che corresse tutti i passi del *Rituale Romanum* non conformi al Codice[74]. Importante notare che nel primo punto dei *Prænotanda* cambiò la definizione di chi poteva utilizzare il "Rito degli Esorcismi Maggiori", e altre sfumature che analizzeremo nel terzo capitolo.

Infine nel 1952 Pio XII promulgò l'ultima *editio typica* prima del Concilio Vaticano II[75]. A proposito del Rito degli esorcismi questo presentò alcune differenze di rilievo: nei *Prænotanda* si citarono i disturbi di origine psicologica e si utilizzò una traduzione del Salterio detta "*Antiqua Versio*" che, secondo alcuni liturgisti, corrisponde alla *Vulgata* di san Girolamo, mentre per il resto del *Rituale* utilizzò: "*La nuova traduzione Latina del Salterio*, Romæ 1946" di Agostino Bea. Le altre differenze furono minimali e in accordo con il precedente Rito edito da Pio XI nel 1925.

Infine, nel 1998, a seguito della riforma liturgica introdotta dal Concilio Vaticano II (1962-1965), ultimo fra i rituali a essere modificato, venne promulgato il *De Exorcismi et Supplicationibus Quibusdam* (DESQ) che rivoluzionò completamente il

---

sco ha chiesto a tutti i fedeli la recita del santo rosario per chiedere alla Madonna e a San Michele di proteggere la Chiesa dal diavolo e ha chiesto di concludere questa pia pratica con la recita del «*Suub tuum præsidium*» e con la preghiera a San Michele Arcangelo di Leone XIII. Nonostante la richiesta fosse relativa al solo mese di Ottobre 2018 abbiamo avuto modo di constatare come tale prassi sia entrata nelle abitudini di moltissimi gruppi di preghiera e di singoli fedeli che la continuano ancora oggi. Cf. https://press.vatican.va/content/salastampa/it/bollettino/pubblico/2018/09/29/0707/01504.html [23/11/2019].

[73] *Rituale Romanum Pauli V. Pontificis Maximi jussu editum et a Benedicto XIV. Et a Pio X. Castigatum et auctum cui accedunt Benedictionum et Instructionum appendices duæ. Editio typica.* Ratisbonæ et Romæ Sumptibus et typis Friderici Pustet S. Sedis Apost. et S. Rit. Congr. Typographi. Neo Eboraci et Cincinnati: Apud fr. Pustet & co. 1913, 307-327, 173*-176*.

[74] *Rituale Romanum Pauli V Pontificis Maximi jussu editum aliorumque pontificum cura recognitum atque auctoritate Sanctissimi D.N. Pii Papæ XI ad normam Codicis Juris Canonici accommodatum Editio Juxta Typicam*, Romæ – Tornaci – Parisiis Typis Societatis S. Joannis Evangelistæ, Desclée & Socii, S. Sedis Apost. et S. Rituum Congreg. Typographi, 1934, 420-451.

[75] *Rituale Romanum Pauli V Pontificis Maximi jussu editum aliorumque pontificum cura recognitum atque ad normam Codicis Juris Canonici accommodatum SSMI D.N. Pii Papæ XII auctoritate ordinatum et auctum Editio Juxta Typicam*, Romæ, Tornaci, Parisiis Typis Societatis S. Joannis Evangelistæ, Desclée & Cie, S. Sedis Apost. et S. Rituum Congreg. Typographi, 1955, 849-886.

rito[76]. La genesi di questo Rito "nuovo" fu davvero molto complicata; alcune date possono aiutarne la comprensione[77]:

1. 25 gennaio 1983: il nuovo Codice di Diritto Canonico ribadì che la Chiesa usa ancora gli esorcismi e li ritiene utili (cf. can. 1172[78]);
2. 29 settembre 1985: una lettera dell'allora Prefetto della Sacra Congregazione per la Dottrina della Fede, Joseph Ratzinger, indirizzata a tutti i vescovi della Chiesa, illustrò il corretto uso delle norme contenute nel nuovo CIC[79];
3. 4 giugno 1990: il cardinale Eduardo Martinez Estévez, Prefetto della Sacra Congregazione del Culto e dei Sacramenti sottopose ai Vescovi un nuovo formulario esorcistico da valutare e commentare entro due anni per redigere la nuova formula definitiva obbligatoria per tutti gli esorcisti;
4. 4 settembre 1991: padre René Chenesseau e padre Gabriele Amorth fondarono l'*Associazione Internazionale degli Esorcisti* (AIE). L'associazione «si propone come fini specifici: promuovere la prima formazione di base e la successiva formazione permanente degli esorcisti; favorire gli incontri tra gli esorcisti soprattutto a livello nazionale e internazionale, perché condividano le proprie esperienze e riflettano insieme sul ministero loro conferito; favorire l'inserimento del ministero dell'esorcista nella dimensione comunitaria e nella pastorale ordinaria della chiesa locale; promuovere la retta conoscenza di questo ministero nel popolo di Dio; promuovere studi sull'esorcismo nei suoi aspetti dogmatici, biblici, liturgici, storici, pastorali e spirituali; promuovere una collaborazione con persone esperte in medicina e psichiatria che siano competenti anche nelle realtà spirituali»[80]. Nel 1993 si tenne il primo convegno di questa associazione, il secondo arrivò nel 1994 e venne stabilita

[76] *Rituale Romanum ex Decreto Sacrosancti Œcumenici Concilii Vaticani II instauratum auctoritate Ioannis Pauli Pp. II promulgatum - De Exorcismi et Supplicationibus Quibusdam Editio Typica*, Typis Vaticanis, 2013 (d'ora in poi 'DESQ').

[77] Cf. R. SALVUCCI, *Cosa fare con questi diavoli? Indicazioni pastorali di un esorcista*, Milano 2002, 189-190. Seguendo la falsa riga del Salvucci proponiamo uno schema in cui i primi tre punti sono usati anche dall'autore, mentre la continuazione è totalmente opera nostra.

[78] CIC, can.1172: «§1. Nessuno può proferire legittimamente esorcismi sugli ossessi, se non ne ha ottenuto dall'Ordinario del luogo peculiare ed espressa licenza. §2. L'Ordinario del luogo conceda tale licenza solo al sacerdote che sia ornato di pietà, di scienza, di prudenza e d'integrità di vita».

[79] CONGREGAZIONE PER LA DOTTRINA DELLA FEDE, *Lettera agli Ordinari riguardante le norme sugli Esorcismi*, Roma 1985 (EV 9, 1663-1667, 1614-1617).

[80] Intervista a padre F. Bamonte su Radio Vaticana del 4 Luglio 2014 http://it.radiovaticana.va/news/2014/07/04/bamonte_riconoscimento_associazione_esorcisti/1102528 [21/11/2019].

una cadenza biennale per ottemperare alle finalità di aggiornamento e formazione dell'AIE[81].

5. 13 giugno 2014: un decreto della Congregazione per il Clero riconobbe giuridicamente l'AIE applicando il canone 322 del CIC.

Il testo del DESQ, come già evidenziato, ebbe una genesi lunga e complicata: andò ben al di là della semplice estensione materiale di una serie di formule, coinvolse ambiti, persone ed istituzioni diverse, con diverse aspettative e diverse prospettive: per questo occorsero più di dieci anni di lavori per arrivare alla stesura attuale[82]. Si passò attraverso la produzione di un *Rituale ad interim* mai pubblicato e considerato strettamente confidenziale che venne inviato alle varie Conferenze Episcopali e ad alcuni specialisti nel 1990[83], prima di arrivare all'approvazione, che avvenne il 1° ottobre 1998 a firma di Giovanni Paolo II. La sua promulgazione venne posticipata fino al 22 novembre, e negli *Acta Apostolicae Sedis* fu pubblicata solo il 26 gennaio del 1999, quasi quattro mesi dopo l'approvazione.

Il card. Jorge Medina Estévez, prefetto per la Congregazione per il Culto Divino, fece seguire al breve della promulgazione una notificazione nella quale si affermò che il nuovo rito non era obbligatorio, ma che fosse possibile continuare a utilizzare il vecchio rituale facendone richiesta all'Ordinario diocesano, il quale a sua volta avrebbe dovuto richiedere l'autorizzazione alla Congregazione, la quale però "la concederà volentieri"[84]. La prima traduzione italiana venne approvata dall'Episcopato in data 25 novembre 2001 dopo la conferma della Congregazione per il Culto Divino e

---

[81] Qui Padre Amorth inserisce, sempre per mezzo di un foglio, una sua correzione, dove specifica e approfondisce le fasi qui descritte (Si vedano le Figure 5 e 6 in Appendice al presente volume).

[82] Cf. HAUKE, *The Theological Battle, op. cit.*, 33. Si cita l'intervento del card. Medina Estévez relativo alla pubblicazione del Rito che parla di 10 anni di lavori per la stesura di questo testo. Viene inoltre citata la testimonianza di Nicola Giampietro dove si parla di 15 anni di lavori. Quindi la data d'inizio stesura di questo rito è da collocarsi tra il 1984 e il 1988. Un tempo certamente non indifferente.

[83] Cf. HAUKE, *The Theological Battle, op. cit.*, 33, ma anche S.M. PACI, «... E liberaci dal maligno. Intervista con Padre Gabriele Amorth» in *30 Giorni* 19 (2001), 6. Questi testi riferiscono che gli esorcisti fecero richieste di modifica al *Rituale ad Interim*, ma che queste non furono, inspiegabilmente, considerate dalle due Congregazioni Romane. Padre Amorth nel succitato foglietto di correzione evidenzia come la procedura per inviare le correzioni fosse macchinosa e di difficile gestione (Si vedano le Figure 6 e 7 in Appendice al presente volume).

[84] Cf. CONGREGATIO DE CULTU DIVINO ET DISCIPLINA SACRAMENTORUM, *De ritu exorcismi* (EV 18, 204, 210-211): «Il sacerdote, al quale è affidato il compito di esorcista, potrà usare (*adhibere valeat*) anche il rito fino ad ora praticato, tratto dal titolo XII del *Rituale Romanum* (ed.1952). Questa Congregazione (...) concederà volentieri la facoltà richiesta (*petita facultatem libenter concedet*)». Cf. anche CONGREGATIO DE CULTU DIVINO ET DISCIPLINA SACRAMENTORUM, *decretum Inter sacramentalia* (*Notitiae* 35 [1999] 137; EV 17, 1632-1633, nota 1, 1226-1229); DESQ, nn.11-12. Per qualche dettaglio in più cf. S.M. PACI, «... E liberaci dal maligno, *op.cit.*, 28-34; G. AMORTH, *Un esorcista racconta, op. cit.*, 45-56.

la Disciplina dei Sacramenti con decreto del 21 settembre 2001 e resa obbligatoria dal 31 marzo 2002[85]. È il *Rito degli esorcismi e altre preghiere per circostanze particolari*.

Il DESQ venne ripubblicato in *editio typica* emendata nel 2004. Le correzioni riguardavano alcuni punti dei *Prænotanda*, alcuni refusi e piccole altre variazioni considerate non rilevanti[86]. La diffusione fu tale che, causa grandissima richiesta, venne ristampato altre due volte, nel 2005 e nel 2013, ma soltanto in lingua latina. La versione italiana del DESQ non è attualmente in commercio, ma è consultabile *on line*[87].

La Commissione Episcopale Toscana ha pubblicato recentemente (2014) un documento sugli esorcismi[88], che inoltre ripropone un documento del 1994. Lo segnaliamo perché è una pubblicazione fra le più recenti in materia di esorcismi ed ha l'obbiettivo specifico di ravvivare l'interesse pastorale su questa tematica così messa in discussione dalla mentalità razionalista e superstiziosa odierna. Mentalità che non riesce a darsi risposte e troppo spesso finisce, paradossalmente, per cercarle in luoghi in cui sarebbe bene non cercare alcunché[89].

Indubbiamente quello degli esorcismi cristiani è un argomento che parte da luoghi lontani e profondi e che è destinato ad essere ancora discusso e dibattuto sia a livello pastorale che a livello propriamente liturgico e dogmatico[90].

---

[85] M. BOGETTI, *L'esorcista, gli ossessi e l'esorcismo, op. cit.*, 108-109. Cf. M. SODI (Ed.), *Tra maleficio e possessione demoniaca, op. cit.*, 6-8.

[86] Questo è il motivo per cui abbiamo utilizzato la versione emendata senza soffermarci a un confronto sistematico fra il DESQ 1999 e il DESQ 2004. Trattandosi di piccole correzioni interne allo stesso rito e sotto il medesimo pontificato non ci è sembrato utile né opportuno dedicare spazio a questo.

[87] http://www.liturgia.maranatha.it/Esorcismi/coverpage.htm [21/11/2019].

[88] CONFERENZA EPISCOPALE TOSCANA, *Esorcismi e preghiere di guarigione. Indicazioni pastorali e norme dei Vescovi della Toscana -2014- con la Nota Pastorale della Conferenza Episcopale Toscana «A proposito di magia e demonologia» -1994-*, Firenze 2014.

[89] Si entra qui in un argomento spinoso e complicato del quale preferiamo rinviare lo studio ad altra sede. Su questo percorso di ricerca extra-fide rimandiamo all'opera divulgativa di FRANCESCO BAMONTE, *I danni dello Spiritismo. L'azione occulta del Maligno nelle presunte comunicazioni con l'Aldilà*, Milano 2003. Sottolineiamo che lo spiritismo rappresenta solo una delle possibili deviazioni esoteriche cui la società contemporanea permette di accedere con una certa facilità. Come già detto è un argomento assai vasto e questa non è la sede appropriata per la sua trattazione.

[90] Senza scordare però che la Tradizione della Chiesa mai ne ha negato l'esistenza o l'efficacia.

CAPITOLO SECONDO

Sinossi dei Rituali di Esorcismo

Inizialmente era nostra intenzione effettuare un lavoro più esteso sui testi che vanno dal 1614 alla fine del 1800 relativi al rito degli esorcismi, ma per vari motivi e soprattutto a causa delle relative scarse modifiche che si hanno in questo periodo abbiamo optato per un'analisi mirata ai testi che presentano le modifiche più significative.

Come abbiamo evidenziato nel primo capitolo, la genesi del rito post-tridentino è stata complicata, frammentaria e oscura in alcuni passi: analizzando i testi si può notare che, una volta definito il rito sotto il pontificato di Paolo V, questo si mantenne sostanzialmente invariato fino al 1998[91]. Anche la genesi del rito post-Vaticano II è stata fin da subito complessa e si protrasse per oltre dieci anni prima di giungere alla promulgazione effettiva: molti momenti di questa genesi sono poco chiari e non ci è stato possibile esaminarli[92]. Quindi mentre la struttura del DEOaD si basa su materiali con oltre mille anni di vita, come abbiamo cercato di mostrare, per di più rimasti immutati per tre secoli e mezzo circa, la genesi del DESQ non gode di questa linearità e antichità.

Questa situazione si è riflessa in due modi sul nostro lavoro. Da un lato ha reso quanto mai utile offrire una sinossi di tutti i Rituali, così da giustificare le osservazioni dogmatiche che faremo nel prossimo capitolo, dall'altro le differenze testuali sono risultate tali da rendere impossibile affiancare tutti i Rituali in modo da poter abbracciare con un solo sguardo il DEOaD ed il DESQ, se non altro, ma non solo, per le

[91] Mostreremo nella sinossi seguente come le modifiche siano realmente marginali. Esse verranno analizzate nel dettaglio nel prossimo capitolo. La data del 1998 è mantenuta perché fino a quell'anno il RR1952 è l'indiscusso rito da utilizzare, solo dopo la promulgazione a fine gennaio 1999 esso fu dapprima soppresso, per circa ventiquattro ore (vedi capitolo precedente), e poi divenne opzionale su richiesta dell'esorcista al proprio Vescovo e questi alla Congregazione preposta al Culto Divino e ai Sacramenti.

[92] Ad esempio non siamo riusciti a reperire il *Rituale ad interim* dato in visione alle Conferenze Episcopali.

dimensioni di quest'ultimo. Di conseguenza abbiamo dovuto optare per una soluzione di compromesso: una prima sinossi rende conto delle varianti interne al DEOaD, o rito 'Pìano', un'altra riporta il DESQ con l'indicazione dei paralleli *ad sensum* o *ad litteram*. A ognuna di queste sinossi seguono brevi note di commento, per sottolineare alcuni elementi (che non ci è stato possibile riprendere in seguito) e per evidenziarne altri che abbiamo approfondito nel terzo capitolo.

1. La sinossi del rito 'Pìano'

La sinossi è formata da cinque colonne: nella prima, da sinistra, si ha il numero di margine che identifica le varie parti dei rituali per una più rapida consultazione e citazione (colonna n.m.), le altre presentano i testi del rituale originario del 1614 e le tre versioni del secolo XX.

La prima colonna è in numerazione continua, le altre variano secondo la concordanza, esistente o meno, fra i riti presi in esame. Quest'artificio si è reso necessario perché ogni Rituale ha una sua propria suddivisione e numerazione interna, ma, in due Rituali diversi, lo stesso numero non rimanda quasi mai ad un identico contenuto. Questo vale soprattutto per il DESQ. Di conseguenza, e per praticità, ogni nostro rinvio sarà sempre e solamente ai numeri marginali (n.m.).

Seguono nelle colonne successive, e in ordine cronologico crescente, il rituale originario del 1614 e le tre versioni del secolo XX (RR1614, RR1913, RR1925 e RR1952).

La scelta di queste quattro versioni del rito degli esorcismi è dovuta a due ragioni fondamentali:

In primo luogo abbiamo ritenuto impensabile non fare un confronto diretto con la prima versione del rituale (RR1614), utile anche a mostrare come le modifiche intercorse nel corso di oltre tre secoli siano state marginali e coerenti con lo sviluppo antropologico e pastorale della Chiesa Occidentale Romana.

In secondo luogo abbiamo scelto di limitare le versioni posteriori al 1614 alle sole edite nel '900 per una questione di semplicità: infatti, i rituali del XX sec. sono quelli che introducono le varianti più significative dovute sia alla entrata in vigore del Codice di Diritto Canonico del 1917 sia alle scoperte in campo medico e psicologico[93], varianti che apportano chiarezza su chi possa lecitamente amministrare questo sacramentale e su chi realmente ne necessiti[94].

Inoltre, a nostro avviso, di particolare rilievo è il fatto che sia ancora possibile utilizzare entrambi i rituali, sia il *Titolo XII* del RR1952 (anche se con un permesso specifico) che il nuovo rituale post-Concilio Vaticano II, delegando all'esorcista la scelta del rituale da utilizzare: in pratica, si può dire che, se il DESQ è il Rituale ufficiale, RR1952 è quello ufficioso[95].

Infine sempre nel solco di quest'ultima motivazione dobbiamo aggiungere che il '900 è stato il secolo in cui si è collocata la nascita del DESQ a seguito del Concilio Vaticano II, quindi *de facto* è stato il secolo in cui abbiamo avuto le più grandi, radicali e importanti modifiche del rito dal Concilio di Trento a oggi, pertanto – a nostro avviso – merita un'attenzione particolare.

Alcune precisazioni tecniche per agevolare la consultazione e la comprensione della sinossi.

Ovviamente tutti i testi sono in latino. La cosa ci ha creato qualche problema, essendo non perfettamente padroni di questa lingua, ma è chiaro che non potevamo assolutamente lavorare su traduzioni "apocrife".

A ogni colonna corrisponde il testo di un Rituale.

Le parti comuni sono state riportate una sola volta, nelle colonne unificate dei Rituali che le contengono: così, ad esempio, al n.m.2 il titoletto "De exorcizandis obsessis a demonio" è riportato in una unica colonna perché figura in tutti e quattro i Rituali, mentre al n.m.3 il testo è riportato due volte, una che abbraccia RR1614 e RR1913 ed un'altra che abbraccia RR1925 e RR1952, perché quest'ultimi due Rituali condividono una variante testuale assente nei primi due.

All'interno di ogni numero marginale, i passi divergenti sono posti in una riga a sé stante, in corsivo e sottolineati così da distinguerli dai corsivi che riportano le rubriche dei Rituali. In questo modo abbiamo cercato di far risaltare subito le differenze tra i vari Rituali.

---

[93] Molto chiare nei *Prænotanda* del RR1952, come avremo modo di evidenziare.

[94] Affermiamo questo senza dimenticare che fin dall'antichità la Chiesa ha sempre distinto fra malattia ed evento soprannaturale di origine diabolica. Cf. a riguardo il testo dell'*Ad Stagirium a daemone vexatum* di Giovanni Crisostomo e il relativo commento nel precedente capitolo (p.37, n.25).

[95] Cf. CONGREGATIO DE CULTU DIVINO ET DISCIPLINA SACRAMENTORUM, *De ritu exorcismi* (EV 18, 204, 210-211), già segnalato nel precedente capitolo (p.52, n.84).

Nel caso le divergenze fossero più di una e insistenti sullo stesso punto, come ad esempio al n.m.5, le abbiamo riportate una a fianco dell'altra, naturalmente nelle colonne dei rispettivi Rituali.

In presenza di aggiunte o omissioni in un Rituale, i testi degli altri vengono fatti scorrere in avanti così che ogni riga riporti sempre e solamente porzioni testuali identiche.

Nei testi delle preghiere esorcistiche, data l'importanza della gestualità, il segno di croce è stato evidenziato ponendolo al centro.

<table>
<tr><th>n. m.</th><th>Rituale Romanum 1614</th><th>Rituale Romanum 1913</th><th>Rituale Romanum 1925</th><th>Rituale Romanum 1952</th></tr>
<tr><td>1</td><td>titulum XII</td><td colspan="3">CAPUT I</td></tr>
<tr><td>2</td><td colspan="4">De exorcizandis obsessis a dæmonio</td></tr>
<tr><td>3</td><td colspan="2">1. Sacerdos, seu quivis alius legitimus Ecclesiæ minister, vexatos a dæmone exorcizaturus, ea qua par est pietate, prudentia, ac vitæ integritate præditus esse debet: qui non sua, sed divina fretus virtute, ab omni rerum humanarum cupiditate alienus, tam pium opus ex caritate constanter et humiliter exsequatur. Hunc præterea maturæ ætatis esse decet, et non solum officio, sed etiam morum gravitate reverendum</td><td colspan="2">1. Sacerdos, de peculiari et expressa Ordinarii licentia, vexatos a dæmone exorcizaturus, ea qua par est pietate, prudentia, ac vitæ integritate præditus esse debet: qui non sua, sed divina fretus virtute, ab omni rerum humanarum cupiditate alienus, tam pium opus ex caritate constanter et humiliter exsequatur. Hunc præterea maturæ ætatis esse decet, et non solum officio, sed etiam morum gravitate reverendum</td></tr>
<tr><td>4</td><td colspan="4">2. Ut igitur suo munere recte fungatur, cum alia multa sibi utilia documenta, quæ brevitatis gratia hoc loco prætermittuntur, ex probatis auctoribus, et ex usu noscere studeat; tum hæc pauca magis necessaria diligenter observabit</td></tr>
<tr><td>5</td><td>3 In primis, ne facile credat, aliquem a dæmone obsessum esse; sed nota habeat ea signa, quibus obsessus dignoscitur ab iis, qui vel atra bile, vel morbo aliquo laborant. Signa autem obsidentis dæmonis sunt: ignota lingua loqui pluribus verbis, vel loquentem intelligere: distantia, et occulta patefacere: vires supra ætatis, seu conditionis naturam ostendere; et id genus alia, quæ cum plurima concurrunt, majora sunt indicia.</td><td>3. In primis, ne facile credat, aliquem a dæmonio obsessum esse, sed nota habeat ea signa, quibus obsessus dignoscitur ab iis, qui vel atra bile, vel morbo aliquo laborant. Signa autem obsidentis dæmonis sunt: ignota lingua loqui pluribus verbis, vel loquentem intelligere: distantia, et occulta patefacere: vires supra ætatis, seu conditionis naturam ostendere; et id genus alia, quæ cum plurima concurrunt, majora sunt indicia.</td><td>3. In primis, ne facile credat, aliquem a dæmonio obsessum esse, sed nota habeat ea signa, quibus obsessus dignoscitur ab iis, qui vel atra bile, vel morbo aliquo laborant. Signa autem obsidentis dæmonis sunt: ignota lingua loqui pluribus verbis, vel loquentem intelligere: distantia, et occulta patefacere: vires supra ætatis, seu conditionis naturam ostendere; et id genus alia, quæ cum plurima concurrunt, majora sunt indicia.</td><td>3. In primis, ne facile credat, aliquem a dæmonio obsessum (esse), sed nota habeat ea signa esse, quibus obsessus dignoscitur ab iis, qui morbo aliquo, præsertim ex psychicis, laborant. Signa autem obsidentis dæmonis esse possunt: ignota lingua loqui pluribus verbis, vel loquentem intelligere: distantia, et occulta patefacere: vires supra ætatis, seu conditionis naturam ostendere; et id genus alia, quæ cum plurima concurrunt, majora sunt indicia.</td></tr>
<tr><td>6</td><td colspan="4">4. Hæc autem ut magis cognoscat, post unum aut alterum exorcismum interroget obsessum, quid senserit in animo, vel in corpore, ut sciat etiam, ad quænam verba magis diaboli conturbentur, ut ea deinceps magis inculcet ac repetat.</td></tr>
<tr><td>7</td><td colspan="4">5. Advertat, quibus artibus ac deceptionibus utantur dæmones ad Exorcistam decipiendum: solent enim ut plurimum fallaciter respondere, et difficile se manifestare, ut Exorcista diu defatigatus desistat; aut infirmus videatur non esse a dæmonio vexatus.</td></tr>
<tr><td>8</td><td colspan="4">6. Aliquando postquam sunt manifesti, abscondunt se, et relinquunt corpus quasi liberum ab omni molestia, ut infirmus putet se omnino esse liberatum: sed cessare non debet Exorcista, donec viderit signa liberationis.</td></tr>
<tr><td>9</td><td colspan="4">7. Aliquando etiam dæmones ponunt quæcumque possunt impedimenta, ne infirmus se subjiciat exorcismis, vel conantur persuadere infirmitatem esse naturalem; interdum, durante exorcismo, faciunt ut dormiat infirmus, et ei visionem aliquam ostendunt, subtrahendo se, ut infirmus liberatus videatur.</td></tr>
<tr><td>10</td><td colspan="4">8. Aliqui ostendunt factum maleficium, et a quibus sit factum, et modum ad illud dissipandum: sed caveat, ne ob hoc ad magos, vel ad sagas, vel ad alios, quam ad Ecclesiæ Ministros confugiat, aut ulla superstitione, aut alio modo illicito utatur.</td></tr>
</table>

<table>
<tr><th>n. m.</th><th>Rituale Romanum 1614</th><th>Rituale Romanum 1913</th><th>Rituale Romanum 1925</th><th>Rituale Romanum 1952</th></tr>
<tr><td>11</td><td colspan="4">9. Quandoque diabolus infirmum quiescere, et suscipere sanctissimam Eucharistiam permittit, ut discessisse videatur. Denique innumerabiles sunt artes et fraudes diaboli ad decipiendum hominem, quibus ne fallatur, Exorcista cautus esse debet.</td></tr>
<tr><td>12</td><td colspan="4">10. Quare memor, Dominum nostrum dixisse, genus esse dæmoniorum, quod non ejicitur nisi per orationem et ieiunium (Matth. 17, 20), hæc duo potissimum remedia ad impetrandum divinum auxilium, dæmonesque pellendos, exemplo Sanctorum Patrum, quoad ejus fieri poterit, tum per se, tum per alios curet adhiberi.</td></tr>
<tr><td>13</td><td colspan="2">11. In ecclesiam, si commode fieri potest, vel in alium religiosum et honestum locum seorsum a multitudine perductus energumenus exorcizetur; sed si fuerit ægrotus,
vel persona nobilis,
vel alia honesta de causa, in domo privata exorcizari poterit.</td><td colspan="2">11. In ecclesiam, si commode fieri potest, vel in alium religiosum et honestum locum seorsum a multitudine perductus energumenus exorcizetur; sed si sit ægrotus,

vel alia honesta de causa, in domo privata exorcizari poterit.</td></tr>
<tr><td>14</td><td colspan="4">12. Admoneatur obsessus, si mente et corpore valeat, ut pro se oret Deum, ac ieiunet, et sacra confessione et communione sæpius ad arbitrium Sacerdotis se muniat; et dum exorcizatur, totum se colligat, et ad Deum convertat ac firma fide salutem ab eo deposcat cum omni humilitate. Et cum vehementius vexatur, patienter sustineat, nihil diffidens de auxilio Dei.</td></tr>
<tr><td>15</td><td colspan="4">13. Habeat præ manibus, vel in conspectu, crucifixum. Reliquiæ quoque Sanctorum, ubi haberi possint, decenter ac tuto colligatæ, et coopertæ, ad pectus, vel ad caput obsessi reverenter admoveantur; sed caveatur, ne res sacrae indigne tractentur, aut illis a dæmone ulla fiat iniuria. Sanctissima vero Eucharistia super caput obsessi, aut aliter ejus corpori ne admoveatur, ob irreverentiæ periculum.</td></tr>
<tr><td>16</td><td colspan="4">14. Exorcista ne vagetur in multiloquio, aut supervacaneis vel curiosis interrogationibus, præsertim de rebus futuris et occultis, ad suum munus non pertinentibus; sed jubeat immundum spiritum tacere, et ad interrogata tantum respondere; neque ei credatur, si dæmon simularet se esse animam alicujus Sancti, vel defuncti, vel Angelum bonum.</td></tr>
<tr><td>17</td><td colspan="4">15. Necessariæ vero interrogationes sunt, ut de numero et nomine spirituum obsidentium, de tempore quo ingressi sunt, de causa, et aliis hujusmodi. Ceteras autem dæmonis nugas, risus, et ineptias Exorcista cohibeat, aut contemnat, et circumstantes, qui pauci esse debent, admoneat, ne hæc curent, neque ipsi interrogent obsessum; sed potius humiliter et enixe Deum pro eo precentur.</td></tr>
<tr><td>18</td><td colspan="4">16. Exorcismos vero faciat ac legat cum imperio, et auctoritate, magna fide, et humilitate, atque fervore; et cum viderit spiritum valde torqueri, tunc magis instet et urgeat. Et quoties viderit obsessum in aliqua corporis parte commoveri, aut pungi, aut tumorem alicubi apparere, ibi faciat signum crucis, et aqua benedicta aspergat, quam exorcizando in promptu habeat.</td></tr>
<tr><td>19</td><td colspan="4">17. Observet etiam ad quæ verba dæmones magis contremiscant, et ea sæpius repetat; et quando pervenerit ad comminationem, eam iterum et sæpius proferat, semper pœnam augendo; ac si videat se proficere, in ipsa perseveret per duas, tres, quatuor horas, et amplius prout poterit, donec victoriam consequatur.</td></tr>
<tr><td>20</td><td colspan="4">18. Caveat proinde Exorcista, ne ullam medicinam infirmo obsesso præbeat aut suadeat; sed hanc curam medicis relinquat.</td></tr>
<tr><td>21</td><td colspan="4">19. Mulierem exorcizans, semper secum habeat honestas personas, quæ obsessam teneant, dum exagitatur a dæmonio; quæ quidem personæ sint patienti, si fieri potest, cognatione proximæ; atque honestatis memor Exorcista caveat, ne quid dicat, vel faciat, quod sibi, aut aliis occasio esse possit pravæ cogitationis.</td></tr>
<tr><td>22</td><td colspan="4">20. Dum exorcizat, utatur sacræ Scripturæ verbis potius quam suis, aut alienis. Iubeatque dæmonem dicere, an detineatur in illo corpore ob aliquam operam magicam, aut malefica signa, vel instrumenta, quæ si obsessus ore sumpserit, evomat; vel si alibi extra corpus fuerint, ea revelet; et inventa comburantur. Moneatur etiam obsessus, ut tentationes suas omnes Exorcistæ patefaciat.</td></tr>
<tr><td>23</td><td colspan="4">21. Si vero obsessus liberatus fuerit, moneatur, ut diligenter sibi caveat a peccatis, ne occasionem dæmoni præbeat in ipsum revertendi, ne fiant novissima hominis illius peiora prioribus.</td></tr>
</table>

<table>
<tr><th>n. m.</th><th>Rituale Romanum 1614</th><th>Rituale Romanum 1913</th><th>Rituale Romanum 1925</th><th>Rituale Romanum 1952</th></tr>
<tr><td>24</td><td></td><td></td><td colspan="2">CAPUT II
Ritus exorcizandis obsessos a dæmonio</td></tr>
<tr><td>25</td><td colspan="2">Sacerdos,
sive alius Exorcista,
rite confessus, aut saltem corde peccata sua detestans, peracto, si commode fieri potest, SS. Missæ sacrificio, divinoque auxilio piis precibus implorato, superpelliceo et stola violacea,
cujus extrema pars ad obsessi collum circumponatur,
indutus, et coram se habens obsessum ligatum, si fuerit periculum, eum, se, et astantes communiat signo crucis, et aspergat aqua benedicta, et genibus flexis, aliis respondentibus, dicat Litanias ordinarias usque ad Preces exclusive.
In fine Antiphona:</td><td colspan="2">Sacerdos
ab Ordinario delegatus,
rite confessus, aut saltem corde peccata sua detestans, peracto, si commode fieri possit, sanctissimo Missæ sacrificio, divinoque auxilio piis precibus implorato,
superpelliceo et stola violacea indutus,
et coram se habens obsessum ligatum, si sit periculum, eum, se et astantes communiat signo crucis, et aspergat aqua benedicta, et genibus flexis, aliis respondentibus, dicat Litanias ordinarias usque ad Preces exclusive.
Postea dicat:</td></tr>
<tr><td>26</td><td colspan="4">Ne reminiscaris, Domine, delicta nostra, vel parentum nostrorum: neque vindictam sumas de peccatis nostris.
(Pater Noster secreto usque ad)
V. Et ne nos indúcas in tentatiónem.
R. Sed líbera nos a malo.</td></tr>
<tr><td>27</td><td colspan="4">Psalmus 53</td></tr>
<tr><td></td><td colspan="3">iuxta Vulgatam</td><td>antiqua versio (qualis?)</td></tr>
<tr><td></td><td colspan="3">Deus, in nomine tuo
salvum me fac,
et in virtúte tua
iudica me.
Deus, exaudi
orationem meam,
auribus percipe
verba oris mei.
Quoniam alieni
insurrexerunt adversum me,
et fortes quæsierunt
animam meam,
et non proposuerunt Deum
ante conspectum suum.
Ecce enim Deus adiuvat me
et Dominus
susceptor est animæ meæ.
Averte mala inimicis meis,
et in veritáte tua disperde illos.

Voluntarie sacrificabo tibi,
et confitebor nomini tuo,
Domine, quoniam bonum est.
Quoniam ex omni tribulatione
eripuisti me
et super inimicos meos
despexit oculus meus.

Gloria Patri</td><td>Deus, in nomine tuo salvum me fac,
et virtute tua
age causam meam.
Deus, audi
orationem meam; auribus percipe
verba oris mei.
Nam superbi
insurrexerunt contra me,
et violénti quæsiérunt vitam meam;
non proposuerunt Deum
ante oculos suos.
Ecce, Deus adiuvat me,
Dominus
sustentat vitam meam.
Retorque malum in adversários meos, et pro fidelitate tua destrue illos.
Voluntarie sacrificabo tibi,
celebrabo nomen tuum,
Domine, quia bonum est.
Nam ex omni tribulatione
eripuit me,
et inímicos meos confusos
vidit oculus meus.

Gloria Patri</td></tr>
</table>

<table>
<tr><th>n. m.</th><th>Rituale Romanum 1614</th><th>Rituale Romanum 1913</th><th>Rituale Romanum 1925</th><th>Rituale Romanum 1952</th></tr>
<tr><td>28</td><td colspan="4">V. Salvum fac servum tuum. R. Deus meus, sperantem in te.
V. Esto ei, Domine, turris fortitudinis. R. A facie inimíci.
V. Nihil profíciat inimicus in eo. R. Et fílius iniquitatis non apponat nocere ei.
V. Mitte ei, Domine, auxílium de sancto. R. Et de Sion tuere eum.
V. Domine, exaudi orationem meam. R. Et clamor meus ad te veniat.
V. Dominus vobiscum. R. Et cum spiritu tuo.</td></tr>
<tr><td>29</td><td colspan="4">Oremus:
Deus, cui proprium est misereri semper et parcere: súscipe deprecatiónem nostram; ut hunc fámulum tuum (vel fámulam tuam), quem (vel quam) delictórum caténa constríngit, miserátio tuæ pietátis cleménter absólvat.
Dómine sancte, Pater omnípotens, ætérne Deus, Pater Dómini nostri Jesu Christi, qui illum réfugam tyránnum et apóstatam gehénnæ ígnibus deputásti, quique Unigénitum tuum in hunc mundum misísti, ut illum rugiéntem contéreret: velóciter atténde, accélera, ut erípias hóminem ad imáginem et similitúdinem tuam creátum, a ruína, et dæmónio meridiáno. Da, Dómine, terrórem tuum super béstiam, quæ extérminat víneam tuam. Da fidúciam servis tuis contra nequíssimum dracónem pugnáre fortíssime, ne contémnat sperántes in te, et ne dicat, sicut in Pharaóne, qui jam dixit: Deum non novi, nec Israël dimítto. Urgeat illum déxtera tua potens discédere a fámulo tuo N. (vel a famula tua N.)
✠
ne diutius præsúmat captívum tenére, quem tu ad imáginem tuam fácere dignátus es, et in Fílio tuo redemísti: Qui tecum vivit et regnat in unitáte Spíritus Sancti Deus, per ómnia sǽcula sæculórum.
R. Amen.</td></tr>
<tr><td>30</td><td colspan="4">22. Deinde præcipiat dæmoni hunc in modum:
Præcipio tibi, quicúmque es, spíritus immúnde, et omnibus sociis tuis hunc Dei famulum obsidentibus: ut per mysteria incarnationis, passionis, resurrectionis, et ascensionis Domini nostri Jesu Christi, per missionem Spiritus Sancti, et per adventum eiusdem Domini nostri ad iudicium, dicas mihi nomen tuum, diem, et horam exitus tui, cum aliquo signo: et ut mihi Dei ministro licet indigno, prorsus in omnibus obedias: neque hanc creaturam Dei, vel circumstantes, aut eorum bona ullo modo offendas.</td></tr>
<tr><td>31</td><td colspan="4">23. Deinde legantur super obsessum hæc Evangelia, vel saltem unum:
Léctio sancti Evangélii secúndum Joánnem.
(Hæc dicens, signat se et obsessum in fronte, ore et pectore)
sequuntur textus Io 1,1-14 Mc 16, 15-18 Lc 10, 17-20 Lc 11, 14-22 (omnia iuxta Vulgatam)
V. Dómine, exáudi oratiónem meam. R. Et clamor meus ad te véniat.
V. Dóminus vobíscum. R. Et cum spíritu tuo.</td></tr>
<tr><td>32</td><td colspan="4">Oremus:
Omnípotens Dómine, Verbum Dei Patris, Christe Jesu, Deus et Dominus universæ creaturæ: qui sanctis Apostolis tuis dedisti potestatem calcandi super serpentes et scorpiones: qui inter cetera mirabilium tuorum præcepta dignatus es dícere: Daemones effugate: cuius virtute motus tamquam fulgur de cælo satanas cecidit: tuum sanctum nomen cum timore et tremore suppliciter deprecor, ut indignissimo mihi servo tuo, data venia omnium delictorum meorum, constantem fidem, et potestatem donare digneris, ut hunc crudelem daemonem, brachii tui sancti munitus potentia, fidenter et securus aggrediar: per te, Jesu Christe, Domine Deus noster, qui venturus es iudicare vivos et mortuos, et saeculum per ignem.
R. Amen.</td></tr>
<tr><td>33</td><td colspan="2">24. Deinde muniens se et obsessum signo crucis, circumposita parte stolæ ad collum ejus, et, dextera manu sua capiti eius imposita, constanter et magna cum fide dicat ea quæ sequuntur:</td><td colspan="2">24. Deinde muniat se et obsessum signo crucis, imponat extremam partem stolæ collo ejus, et, dextera manu sua capiti eius imposita, constanter et magna cum fide dicat ea quæ sequuntur:</td></tr>
<tr><td>34</td><td colspan="4">V. Ecce crucem Domini, fugite, partes adversæ. R. Vicit leo de tribu Iuda, radix David.
V. Domine, exaudi orationem meam. R. Et clamor meus ad te veniat.
V. Dominus vobiscum. R. Et cum spiritu tuo.</td></tr>
<tr><td>35</td><td colspan="4">Oremus:
Deus, et Pater Domini nostri Iesu Christi, invoco nomen sanctum tuum, et clementiam tuam supplex exposco: ut adversus hunc, et omnem immundum spiritum, qui vexat hoc plasma tuum, mihi auxílium præstare digneris. Per eundem Dominum nostrum.
R. Amen</td></tr>
</table>

<table>
<tr><th>n. m.</th><th>Rituale Romanum 1614</th><th>Rituale Romanum 1913</th><th>Rituale Romanum 1925</th><th>Rituale Romanum 1952</th></tr>
<tr><td>36</td><td colspan="4">EXORCISMUS (I)</td></tr>
<tr><td></td><td colspan="4">Exorcízo te, immundíssime spíritus, omnis incúrsio adversárii, omne phantásma, omnis légio, in nómine Dómini nostri Jesu
✠
Christi eradicáre, et effugáre ab hoc plásmate Dei.
✠
Ipse tibi ímperat, qui te de supérnis cælórum in inferióra terræ demérgi præcépit. Ipse tibi ímperat, qui mari, ventis, et tempestátibus imperávit. Audi ergo, et time sátana, inimíce fídei, hostis géneris humáni, mortis addúctor, vitæ raptor, justítiæ declinátor, malórum radix, fomes vitiórum, sedúctor hóminum, próditor géntium, incitátor invídiæ, orígo avarítiæ, causa discórdiæ, excitátor dolórum: quid stas, et resístis, cum scias, Christum Dóminum vias [RR1614: <u>vires</u>] tuas pérdere? Illum métue, qui in Isaac immolátus est, in Joseph venundatus, in agno occísus, in hómine crucifíxus, deínde inférni triumphátor fuit.
(Sequentes cruces fiant in fronte obsessi.)
Recéde ergo in nómine Patris
✠
et Fílii
✠
et Spíritus
✠
Sancti.
Da locum Spirítui Sancto, per hoc signum sanctæ
✠
crucis Jesu Christi Dómini nostri, qui cum Patre et eódem Spíritu Sancto vivit et regnat Deus, per ómnia sǽcula sæculórum.
R. Amen.</td></tr>
<tr><td></td><td colspan="4">V. Dómine, exáudi oratiónem meam. R. Et clamor meus ad te véniat.
V. Dóminus vobíscum. R. Et cum spíritu tuo.</td></tr>
<tr><td>37</td><td colspan="4">Oremus:
Deus, conditor et defensor generis humani, qui hominem ad imaginem tuam formasti: respice super hunc fáamulum tuum N. (vel hanc famulam tuam N.) qui (vel quæ) dolis immundi spíritus appetitur, quem vetus adversarius, antíquus hostis terræ, formidinis horrore circumvolat, et sensum mentis humanæ stupore defigit, terrore conturbat, et metu trepidi timoris exagitat. Repelle, Domine, virtutem diaboli, fallacesque eius insidias amove: procul impius tentator aufugiat: sit nominis tui signo
✠ (in fronte)
famulus tuus munitus, et in animo tutus et corpore.
(Tres [<u>RR1614: Quatuor</u>] cruces sequentes fiant in pectore dæmoniaci)
Tu pectoris
✠
huius interna custodias. Tu viscera
✠
regas. Tu
✠
cor confirmes. In anima adversatricis potestatis tentamenta evanescant. Da, Domine, ad hanc invocationem sanctissimi nominis tui gratiam, ut, qui hucusque terrebat, territus aufugiat, et victus abscedat, tibique possit hic famulus tuus et corde firmatus, et mente sincerus debitum præbere famulatum. Per Dominum nostrum.
R. Amen.</td></tr>
<tr><td>38</td><td colspan="4">EXORCISMUS (II)</td></tr>
<tr><td></td><td colspan="4">Adjúro te, serpens antíque, per júdicem vivórum et mortuórum, per factórem tuum, per factórem mundi: per eum, qui habet potestátem mitténdi te in gehénnam, ut ab hoc fámulo Dei N., qui ad Ecclésiæ sinum recúrrit, cum metu, et exércitu furóris tui festínus discédas. Adjúro te íterum
✠ (in fronte)
non mea infirmitáte, sed virtúte Spíritus Sancti, ut éxeas ab hoc fámulo Dei N., quem omnípotens Deus ad</td></tr>
</table>

n. m.	Rituale Romanum 1614	Rituale Romanum 1913	Rituale Romanum 1925	Rituale Romanum 1952
38	imáginem suam fecit. Cede ígitur, cede non mihi, sed minístro Christi. Illíus enim te urget potéstas, qui te cruci suæ subjugávit. Illíus bráchium contremísce, qui devíctis gemítibus inférni, ánimas ad lucem perdúxit. Sit tibi terror corpus hóminis ✠ (*in pectore*) sit tibi formído imágo Dei ✠ (*in fronte*) Non resístas nec moréris discédere ab hómine isto, quóniam complácuit Christo in hómine habitáre. Et ne contemnéndum putes, dum me peccatórem nimis esse cognóscis. Imperat tibi Deus. ✠ Imperat tibi majéstas Christi. ✠ Imperat tibi Deus Pater, ✠ ímperat tibi Deus Fílius, ✠ ímperat tibi Deus Spíritus ✠ Sanctus. Imperat tibi sacraméntum crucis. ✠ Imperat tibi fides sanctórum Apostolórum Petri et Pauli, et ceterórum Sanctórum. ✠ Imperat tibi Mártyrum sanguis. ✠ Imperat tibi continéntia Confessórum. ✠ Imperat tibi pia Sanctórum et Sanctárum ómnium intercéssio. ✠ Imperat tibi christiánæ fídei mysteriórum virtus. ✠ Exi ergo, transgréssor. Exi, sedúctor, plene omni dolo et fallácia, virtútis inimíce, innocéntium persecútor. Da locum, diríssime; da locum, impiíssime: da locum Christo, in quo nihil inveństi de opéribus tuis: qui te spoliávit, qui regnum tuum destrúxit, qui te victum ligávit, et vasa tua dirípuit: qui te projécit in ténebras exterióres, ubi tibi cum minístris tuis erit præparátus intéritus. Sed quid truculénte reníteris? quid temerárie detréctas? Reus es omnipoténti Deo, cujus statúta transgréssus es. Reus es Fílio ejus Jesu Christo Dómino nostro, quem tentáre ausus es, et crucifígere præsumpsísti. Reus es humáno géneri, cui tuis persuasiónibus mortis venénum propinásti. Adjúro ergo te, draco nequíssime, in nómine Agni ✠ immaculáti, qui ambulávit super áspidem et basilíscum, qui conculcávit leónem et dracónem, ut discédas ab hoc hómine ✠ (*fiat signum crucis in fronte*) discédas ab Ecclésia Dei ✠ (*fiat signum crucis super circumstantes*) contremísce, et éffuge, invocáto nómine Dómini illíus, quem ínferi tremunt: cui Virtútes cælórum, et Potestátes, et Dominatiónes subjéctæ sunt: quem Chérubim et Séraphim indeféssis vócibus laudant, dicéntes: Sanctus, sanctus, sanctus Dóminus Deus Sábaoth. Imperat tibi Verbum ✠ caro factum. Imperat tibi Natus ✠ ex Vírgine. Imperat tibi Jesus ✠ Nazarénus, qui te, cum discípulos ejus contémneres, elísum atque prostrátum exíre præcépit ab hómine: quo præsénte, cum te ab hómine separásset, nec porcórum gregem íngredi præsumébas. Recéde ergo nunc adjurátus in nómine ejus ✠ ab hómine, quem ipse plasmávit. Durum est tibi velle resístere. ✠			

n. m.	Rituale Romanum 1614	Rituale Romanum 1913	Rituale Romanum 1925	Rituale Romanum 1952

38 Durum est tibi contra stímulum calcitráre.

✠

Quia quanto tárdius exis, tanto magis tibi supplícium crescit, quia non hómines contémnis, sed illum, qui dominátur vivórum et mortuórum, qui ventúrus est judicáre vivos et mórtuos, et sǽculum per ignem.

R. Amen.

V. Dómine, exáudi oratiónem meam. R. Et clamor meus ad te véniat.
V. Dóminus vobíscum. R. Et cum spíritu tuo.

39 Oremus:

Deus cæli, Deus terræ, Deus Angelórum, Deus Archangelórum, Deus Prophetárum, Deus Apostolórum, Deus Mártyrum, Deus Vírginum, Deus, qui potestátem habes donáre vitam post mortem, réquiem post labórem: quia non est álius Deus præter te, nec esse póterit verus, nisi tu, Creátor cæli et terræ, qui verus Rex es, et cujus regni non erit finis; humíliter majestáti glóriæ tuæ súpplico, ut hunc fámulum tuum de immúndis spirítibus liberáre dignéris. Per Christum Dóminum nostrum.

R. Amen.

40 EXORCISMUS (III)

Adiuro ergo te omnis immundissime spiritus, omne phantasma, omnis incursio satanæ, in nomine Iesu Christi

✠

Nazareni, qui post lavacrum Ioannis [*RR1614: Iordanis*] in desertum ductus est, et te in tuis sedibus vicit, ut quem ille de limo terræ ad honorem gloriæ suæ formavit, tu desinas impugnare, & in homine miserabili non humanam fragilitatem, sed imaginem omnipotentis Dei contremiscas.
Cede ergo Deo

✠

qui te, et malitiam tuam in Pharaone, et in exercitu eius per Moysen servum suum in abyssum demersit.
Cede Deo,

✠

qui te per fidelissimum servum suum David de Rege Saule spiritualibus Canticis pulsum fugavit.
Cede Deo

✠

qui te in Iuda Iscariote proditore damnavit. Ille enim te divinis

✠

verberibus tangit, in cuius conspectu cum tuis legionibus tremens, et clamans dixisti. Quid nobis, et tibi, Iesu Fili Dei Altissimi? Venisti huc ante tempus torquere nos? Ille te perpetuis flammis urget, qui in fine temporum dicturus est impiis. Discedite a me maledicti in ignem æternum, qui paratus est diabolo, et angelis eius. Tibi enim impie, et angelis tuis vermes erunt, qui numquã morientur. Tibi, et angelis tuis inexstinguibile præparatur incendium, quia tu es princeps maledicti homicidij, tu auctor incestus, tu sacrilegorum caput, tu actionum pessimarum magister: tu hæreticorum doctor, tu totius obscænitatis inventor.
Exi ergo

✠

impie.
Exi

✠

scelerate.
Exi cum omni fallacia tua, quia hominem templum suum esse voluit Deus. Sed quid diutius moraris hic? Da honorem Deo Patri omnipotenti

✠

cui omne genuflectitur, Da locum Domino Iesu Christo

✠

qui pro homine sanguinem suum sacratissimum fudit. Da locum Spiritui

✠

sancto, qui per beatum Apostolum suum Petrum te manifeste stravit in Simone mago: qui fallaciam tuam in Anania, et Saphira condemnavit, qui te in Herode Rege honorem Deo non danti percussit; qui te in mago Elima per Apostolum suum Paulum cæcitatis caligine perdidit, et per eumdem de Phytonissa verbo imperans exire præcepit.

<table>
<tr><th>n. m.</th><th>Rituale Romanum 1614</th><th>Rituale Romanum 1913</th><th>Rituale Romanum 1925</th><th>Rituale Romanum 1952</th></tr>
<tr><td>40</td><td colspan="4">Discede ergo nunc
✠
discede
✠
seductor. Tibi eremus sedes est. Tibi habitatio serpens est. humiliare, et prosternere. Iam non est differendi tempus. Ecce enim Dominator Dominus proximat cito, et ignis ardebit ante ipsum, et præcedet, et inflammabit in circuitu inimicos eius. Si enim hominem fefelleris, Deum non poteris irridere. Ille te eiicit, cuius oculis nihil occultum est. Ille te expellit, cuius virtuti universa subiecta sunt. Ille te excludit, qui tibi, et angelis tuis præparavit æternam gehennam; de cuius ore exibit gladius acutus; qui venturus est iudicare vivos, et mortuos, et seculum per ignem.
R. Amen.</td></tr>
<tr><td>41</td><td colspan="2">25. Prædicta omnia, quatenus opus
fuerit
repeti possunt, donec obsessus sit omnino liberatus.</td><td colspan="2">25. Prædicta omnia, quatenus opus
sit
repeti possunt, donec obsessus sit omnino liberatus.</td></tr>
<tr><td>42</td><td colspan="2">26. Iuvabit præterea plurimum, haec, quæ infra notantur, super obsessum devote dicere, sæpeque repetere.
Pater Noster, Ave Maria [RR1913: , Credo].</td><td colspan="2">26. Iuvabit præterea plurimum, super obsessum sæpe repetere, Pater noster, Ave Maria et Credo, atque hæc, quæ infra notantur, devote dicere.</td></tr>
<tr><td>43</td><td colspan="4">Canticum “Magnificat” cum Gloria Patri.
Canticum “Benedictus” cum Gloria Patri.
[RR1614: Credo.]</td></tr>
<tr><td>44</td><td colspan="4">Symbolum Sancti Athanasii.

Quicumque vult salvus esse ante omnia opus est ut teneat catholicam fidem.
Quam nisi quisque integram, inviolatamque servaverit: absque dubio in æternum peribit.
Fides autem catholica haec est, ut unum Deum in Trinitate: et Trinitatem in unitate veneremur.
Neque confundentes personas: neque substantiam separantes.
Alia est enim persona Patris, alia Filii, alia Spiritus sancti.
Sed Patris et Filii, et Spiritus sancti una est divinitas: æqualis gloria, coæterna maiestas.
Qualis Pater, talis Filius: talis Spiritus sanctus.
Increatus Pater, increatus Filius: increatus Spiritus sanctus.
Immensus Pater, immensus Filius: immensus Spiritus sanctus.
Aeternus Pater, æternus Filius: æternus Spiritus sanctus.
Et tamen non tres æterni: sed unus æternus.
Sicut non tres increati, nec tres immensi: sed unus increatus, et unus immensus.
Similiter omnipotens Pater, omnipotens Filius: omnipotens Spiritus sanctus.
Et tamen non tres omnipotentes: sed unus omnipotens.
Ita Deus Pater, Deus Filius: Deus Spiritus sanctus.
Et tamen non tres Dii: sed unus est Deus.
Ita Dominus Pater, Dominus Filius: Dominus Spiritus sanctus.
Et tamen non tres Domini: sed unus est Dominus.
Quia sicut singillatim unamquamque personam Deum ac Dominum confiteri Christiana veritate compellimur: ita tres Deos aut Dominos dicere, catholica religione prohibemur.
Pater a nullo est factus: nec creatus, nec genitus.
Filius a Patre solo est: non factus, nec creatus, sed genitus.
Spiritus sanctus a Patre et Fílio: non factus, nec creatus, nec genitus, sed procedens.
Unus ergo Pater, non tres Patres, unus Filius, non tres Filii: unus Spiritus sanctus, non tres Spiritus sancti.
Et in hac trinitate nihil prius aut posterius, nihil maius aut minus: sed totæ tres personae coæternæ sibi sunt, et coæquales.
Ita ut per omnia, sicut iam supra dictum est, et unitas in Trinitate: et Trinitas in unitate veneranda sit.
Qui vult ergo salvus esse: ita de Trinitate sentiat.
Sed necessarium est ad æternam salutem: ut incarnationem quoque Domini nostri Iesu Christi fideliter credat.
Est ergo fides recta, ut credamus et confiteamur: quia Dominus noster Iesus Christus Dei Filius, Deus et homo est.</td></tr>
</table>

<table>
<tr><th>n. m.</th><th>Rituale Romanum 1614</th><th>Rituale Romanum 1913</th><th>Rituale Romanum 1925</th><th>Rituale Romanum 1952</th></tr>
<tr><td>44</td><td colspan="4">Deus est ex substantia Patris ante secula genitus: et homo est ex substantia Matris in seculo natus.
Perfectus Deus, perfectus homo: ex anima rationali, et humana carne subsistens.
Aequalis Patri secundum divinitatem: minor Patre secundum humanitatem.
Qui licet Deus sit, et homo: non duo tamen, sed unus est Christus.
Unus autem non conversione divinitatis in carnem: sed assumptione humanitatis in Deum.
Unus omnino non confusione substantiæ: sed unitate personæ.
Nam sicut anima rationalis et caro unus est homo: ita Deus et homo unus est Christus.
Qui passus est pro salute nostra, descendit ad inferos: tertia die resurrexit a mortuis.
Ascendit ad cælos, sedet ad dexteram Dei Patris omnipotentis: inde venturus est iudicare vivos et mortuos.
Ad cuius adventum omnes homines resurgere habent cum corporibus suis: et reddituri sunt de factis propriis rationem.
Et qui bona egerunt, ibunt in vitam æternam: qui vero mala, in ignem æternum.
Hæc est fides catholica: quam nisi quisque fideliter firmiterque crediderit, salvus esse non poterit.
Gloria Patri.</td></tr>
<tr><td>45</td><td colspan="4">PSALMODIA</td></tr>
<tr><td></td><td colspan="3">iuxta Vulgatam</td><td>iuxta antiquam versionem (qualis?)</td></tr>
<tr><td></td><td colspan="4">psalmi 90, 67, 69, 53, 117, 34, 30, 21, 3, 10, 12
(secundum hanc sequentiam)</td></tr>
<tr><td>46</td><td colspan="4">ORATIO POST LIBERATIONEM</td></tr>
<tr><td></td><td colspan="4">Oramus te Deus omnipotens, ut spiritus iniquitatis amplius non habeat potestatem in hoc famulo tuo N. (vel famula tua N.) sed ut fugiat, et non revertatur. Ingrediatur in eum (vel in ea) Domine, te iubente, bonitas, et pax Domini nostri Iesu Christi, per quem redempti sumus, et ab omni malo non timemus, quia Dominus nobiscum est. Qui vivit rt regnat cum Deo Patre in unitate Spiritus sancti Deus per omnia secula seculorum.
R. Amen.</td></tr>
<tr><td>47</td><td></td><td>CAPUT II</td><td></td><td></td></tr>
<tr><td></td><td></td><td>FORMULÆ SCRIBENDÆ IN LIBRIS HABENDIS APUD PAROCHOS UT INFRA NOTATUR

Liber Baptizatorum habeatur in Ecclesiis, in quibus confertur Baptisma.
Liber Confirmatorum habeatur in Ecclesiis, in quibus confertur Chrisma.
Liber Matrimoniorum.
Liber status animarum.Hi tres habeantur a
Liber Defunctorum habeatur etiam quolibet Parocho in omnibus Ecclesiis, in quibus defuncti sepeliuntur.
Advertat in primis Parochus, ut in libris tam Baptizatorum, et</td><td></td><td></td></tr>
</table>

<table>
<tr><th>n. m.</th><th>Rituale Romanum 1614</th><th>Rituale Romanum 1913</th><th>Rituale Romanum 1925</th><th>Rituale Romanum 1952</th></tr>
<tr><td>47</td><td></td><td>Confirmatorum, quam Matrimoniorum, et Defunctorum exprimat semper non solum nomen personarum, quæ ibi nominatur, sed etiam familiam.

Sequuntur modula "Forma describendi Baptizatos", "Forma describendi Confirmatos", "Forma describendi Conjugatos", "Forma describendi Statum Animarum", "Forma describendi Defunctos".</td><td></td><td></td></tr>
<tr><td>48</td><td></td><td></td><td colspan="2">CAPUT III</td></tr>
<tr><td></td><td></td><td>Exorcismus
in satanam et angelos apostaticos
iussu Leonis XIII editus.</td><td colspan="2">Exorcismus
in satanam et angelos
apostaticos</td></tr>
<tr><td>49</td><td></td><td></td><td colspan="2">Sequens exorcismus recitari potest ab episcopis, nec non a sacerdotibus qui ab ordinariis suis ad id auctoritatem habeant.</td></tr>
<tr><td>50</td><td></td><td colspan="3">In nomine Patris, et Fílii, et Spiritus Sancti. Amen.</td></tr>
<tr><td></td><td></td><td colspan="3">Ad S. Michaëlem Archangelum precatio:
Princeps gloriosíssime cæléstis milítiæ, sancte Míchaël Archángele, defénde nos in prǽlio advérsus príncipes et potestátes, advérsus mundi rectóres tenebrárum harum, contra spirituália nequítiæ, in cæléstibus. Veni in auxílium hóminum; quos Deus ad imáginem similitúdinis suæ fecit, et a tyránnide diáboli emit prétio magno. Te custódem et patrónum sancta venerátur Ecclésia; tibi trádidit Dóminus ánimas redemptórum in supérna felicitáte locándas. Deprecáre Deum pacis, ut cónterat sátanam sub pédibus nostris, ne ultra váleat captívos tenére hómines, et Ecclésiæ nocére. Offer nostras preces in conspéctu Altíssimi, ut cito antícipent nos misericórdiæ Dómini, et apprehéndas dracónem, serpéntem antíquum, qui est diábolus et sátanas, ac ligátum mittas in abýssum, ut non sedúcat ámplius gentes.</td></tr>
<tr><td>51</td><td></td><td colspan="3">EXORCISMUS (IV)</td></tr>
<tr><td>52</td><td></td><td colspan="3">In nómine Jesu Christi Dei et Dómini nostri, intercedénte immaculáta Vírgine Dei Genitríce María, beáto Michaéle Archángelo, beátis Apóstolis Petro et Paulo et ómnibus Sanctis, et sacra ministérii nostri auctoritáte confísi, ad infestatiónes diabólicæ fraudis repelléndas secúri aggrédimur.

sequitur psalmus 67 "Exsurgat Deus"</td></tr>
<tr><td>53</td><td></td><td colspan="3">V. Ecce crucem Domini, fugite, partes adversæ.
R. Vicit leo de tribu Iuda, radix David.
V. Fiat misericordia tua, Domine, super nos.
R. Quemadmodum speravimus in te.</td></tr>
</table>

<table>
<tr><th>n. m.</th><th>Rituale Romanum 1614</th><th>Rituale Romanum 1913</th><th>Rituale Romanum 1925</th><th>Rituale Romanum 1952</th></tr>
<tr><td>54</td><td></td><td colspan="3">Exorcizámus te, omnis immúnde spíritus, omnis satánica potéstas, omnis incúrsio infernális adversárii, omnis légio, omnis congregátio et secta diabólica, in nómine et virtúte Dómini nostri Jesu
✠
Christi, eradicáre et effugáre a Dei Ecclésia, ab animábus ad imáginem Dei cónditis ac pretióso divíni Agni sánguine redémptis.
✠
Non ultra áudeas, serpens callidíssime, decípere humánum genus, Dei Ecclésiam pérsequi, ac Dei eléctos excútere et cribráre sicut tríticum.
✠
Imperat tibi Deus altíssimus
✠
cui in magna tua supérbia te símilem habéri adhuc præsúmis; qui omnes hómines vult salvos fíeri, et ad agnitiónem veritátis veníre.
Imperat tibi Deus Pater
✠
Imperat tibi Deus Fílius
✠
Imperat tibi Deus Spíritus Sanctus
✠
Imperat tibi Christus, ætérnum Dei Verbum caro factum
✠
qui pro salúte géneris nostri tua invídia pérditi, humiliávit semetípsum factus obédiens usque ad mortem; qui Ecclésiam suam ædificávit supra firmam petram et portas ínferi advérsus eam numquam esse prævalitúras edíxit, cum ea ipse permansúrus ómnibus diébus usque ad consummatiónem sǽculi. Imperat tibi sacraméntum Crucis
✠
omniúmque christiánæ fídei Mysteriórum virtus.
✠
Imperat tibi excélsa Dei Génitrix Virgo María
✠
quæ superbíssimum caput tuum a primo instánti immaculátæ suæ Conceptiónis in sua humilitáte contrívit. Imperat tibi fides sanctórum Apostolórum Petri et Pauli ceterorúmque Apostolórum
✠
Imperat tibi Mártyrum sanguis ac pia Sanctórum et Sanctárum ómnium intercéssio
✠
Ergo, draco maledícte et omnis légio diabólica, adjurámus te per Deum
✠
vivum, per Deum
✠
verum, per Deum
✠
sanctum,
per Deum, qui sic diléxit mundum, ut Fílium suum unigénitum daret, ut omnis, qui credit in eum, non péreat, sed hábeat vitam ætérnam: cessa decípere humánas creatúras, eísque ætérnæ perditiónis venénum propináre: désine Ecclésiæ nocére et ejus libertáti láqueos injícere. Vade sátana, invéntor et magíster omnis falláciæ, hostis humánæ salútis. Da locum Christo, in quo nihil invenísti de opéribus tuis; da locum Ecclésiæ uni, sanctæ, cathólicæ, et Apostólicæ, quam Christus ipse acquisívit sánguine suo. Humiliáre sub poténti manu Dei; contremísce et éffuge, invocáto a nobis sancto et terríbili Nómine Jesu, quem ínferi tremunt, cui Virtútes cælórum et Potestátes et Dominatiónes subjéctæ sunt; quem Chérubim et Séraphim indeféssis vócibus laudant, dicéntes: Sanctus, Sanctus, Sanctus Dóminus Deus Sábaoth.</td></tr>
</table>

<table>
<tr><th>n. m.</th><th>Rituale Romanum 1614</th><th>Rituale Romanum 1913</th><th>Rituale Romanum 1925</th><th>Rituale Romanum 1952</th></tr>
<tr><td>54</td><td></td><td colspan="3">V. Dómine, exáudi oratiónem meam. R. Et clamor meus ad te véniat.
V. Dóminus vobíscum. R. Et cum spíritu tuo.</td></tr>
<tr><td>55</td><td></td><td colspan="3">Orémus:
Deus cæli, Deus terræ, Deus Angelórum, Deus Archangelórum, Deus Patriarchárum, Deus Prophetárum, Deus Apostolórum, Deus Mártyrum, Deus Confessórum, Deus Vírginum, Deus qui potestátem habes donáre vitam post mortem, réquiem post labórem: quia non est Deus præter te, nec esse potest nisi tu, creátor ómnium visibílium et invisibílium, cujus regni non erit finis: humíliter majestáti glóriæ tuæ supplicámus, ut ab omni infernálium spiríituum potestáte, láqueo, deceptióne et nequítia nos poténter liberáre, et incólumes custodíre dignéris. Per Christum Dóminum nostrum.
R. Amen.</td></tr>
<tr><td>56</td><td></td><td colspan="3">Ab insídiis diáboli, Líbera nos, Dómine.
Ut Ecclésiam tuam secúra tibi fácias libertáte servíre: Te rogámus, audi nos.
Ut inimícos sanctæ Ecclésiæ humiliáre dignéris: Te rogámus, audi nos.
(Et aspergatur locus aqua benedicta)</td></tr>
</table>

Terminata la lettura di questa sinossi, è immediatamente evidente la grandissima mole di passi comuni a tutto il DEOaD: non è perciò esagerato affermare che il Rituale degli Esorcismi è rimasto particamente lo stesso dal 1614 fino al 1952 (e conseguentemente fino al 1998).

Nel dettaglio, è evidente fin dal primo sguardo, come nei *Prænotanda*, che esprimono la concezione teologica soggiacente al Rituale, vi sia una sostanziale uniformità fra RR1614 e RR1913 e solo lievi discrepanze con gli altri due riti (n.m.3; 5; 13). Nello svolgimento del rito si nota una più stretta concordanza fra il *Rituale* di Paolo V e quello di Pio X mentre i *Rituali* successivi hanno delle sfumature differenti in alcuni punti (n.m.25; 41; 42). L'unica effettiva e importante divergenza si trova nell'uso del salterio del RR1952, come già evidenziato nel capitolo precedente.

Nel RR1614 ovviamente non è presente l'appendice che fu introdotta da Leone XIII alla fine del sec. XIX (n.m.48-56). In questa sezione della sinossi si nota come le preci siano totalmente invariate, ma dal 1925 in poi (n.m.49) in testa al Rituale vi è una precisazione su chi ha la potestà di utilizzarlo.

2. Sinossi del DESQ

La seguente sinossi segue le regole descritte per la precedente, però questa è suddivisa in tre sole colonne, tutte fisse. La prima è sempre costituita dai numeri di margine (n.m.) la cui numerazione continua quella della precedente tabella. Nella seconda colonna si trova il testo del DESQ, mentre nell'ultima colonna si trova l'eventuale riferimento a un parallelo con il rito 'Pìano'. Questi rimandi sono qualificati come *ad litteram*, se vi è concordanza d'oggetto e di formulazione, oppure *ad sensum*, quando vi è concordanza d'oggetto ma non di formulazione; nel primo caso, la porzione di testo coinvolta è stata posta in corsivo e sottolineata per distinguerla dalle rubriche; nel secondo caso ci siamo limitati a rinviare all'intero numero marginale.

È subito evidente che i *Prænotanda* sono notevolmente più corposi rispetto al rito pre-conciliare. Si dividono in sei capi, di particolare interesse il primo (n.m.57-63) che afferma con decisione la fede ecclesiale nell'esistenza effettiva del demonio, lo classifica come creatura al di sotto del Dio Unitrino e attraverso un breve percorso scritturistico evidenzia il potere di Cristo sulle forze del male e sottolinea come l'azione di cacciare i demoni sia un ministero di indubbia origine cristologica affidato come compito specifico alla chiesa (n.m.62-63). Nel secondo capo (n.m.64-68) si afferma che l'esorcismo è una pratica reale, efficace e ininterrotta nella Tradizione ecclesiale, un sacramentale di cui la Chiesa deve fare uso ove necessario.

L'importanza di questi due capi, a nostro parere, è da rilevarsi alla luce della crescente razionalizzazione che si sta verificando non solo *ad extra* della Chiesa, ma soprattutto *ad intra*. Nella nostra personale ricerca più volte abbiamo incontrato alcune perplessità nei confronti del tema trattato anche da membri appartenenti al clero secolare[96], fino a casi in cui diversi presbiteri hanno affermato la non esistenza del demonio, giustificando la presenza del male come semplice azione umana sregolata. I punti contenuti nei primi due capi dei *Prænotanda* rimarcano invece, con autorità, che la realtà del demonio è qualcosa di vero e di tristemente efficace; si sottolinea anche che una parte del mandato ecclesiale ricevuto da Gesù stesso impone una lotta serrata, ma umile, contro queste potenze. Quei punti inoltre affermano come

[96] Non solo noi abbiamo rilevato simili posizioni antitetiche al Magistero ecclesiale, si confronti a questo proposito: G. AMORTH, *Un esorcista racconta*, Trebaseleghe (Pd) 2010, 199-210; IDEM, *Memorie di un esorcista, la mia vita in lotta contro Satana*, Cles (Tn) 2010, 18-19; IDEM, *L'ultimo esorcista. La mia battaglia contro Satana*, Cles (Tn) 2013, 159-162. Sull'esistenza del demonio, la sua natura, l'esistenza dei demoni si confronti G. AMORTH, *Il Diavolo, un'inchiesta contemporanea. I nuovi casi dell'Ultimo Esorcista*, Cles (TN) 2014, 7-12; A. GEMMA, *Io, Vescovo Esorcista*, Roma 2014, 48-63.

l'esorcismo non sia una pratica folkloristica, un retaggio del medioevo ormai anacronistico, ma un'azione ecclesiale efficace, vera e fondata biblicamente[97].

Il terzo capo (n.m.69-75) che enuncia le norme relative al corretto utilizzo dell'esorcismo, verrà trattato nel terzo capitolo in quanto contiene delle affermazioni controverse che stanno alla base di diverse critiche[98]. Il quarto capo (n.m.76-86) descrive lo svolgimento del rito dell'esorcismo maggiore. Il quinto capo (n.m.87-92) è relativo alle questioni addizionali come il comportamento dei presenti durante lo svolgimento del rito e sollecita ad assicurarsi con attenzione delle condizioni del postulante prima, durante e dopo l'esorcismo. S'invita inoltre a non lasciare solo chi riceve la grazia della liberazione (n.m.92) evidenziando sapientemente la dimensione ecclesiale del sacramentale che, pur essendo rivolta alla liberazione del singolo, è sempre funzionale all'edificazione della comunità cristiana ovvero del Regno di Dio. Il sesto capo (n.m.93-94) indica le competenze delle singole Conferenze Episcopali per gli adattamenti pastorali (traduzioni e altre esigenze particolari).

La seconda modifica, che appare già a un primo approccio, è che al capo II abbiamo testi opzionali che il ministro esorcista può scegliere di inserire a suo piacimento e/o necessità all'interno del rito stesso, fattore questo presente anche nel precedente rito dove però i testi opzionali erano citati con un rinvio alla pagina del *Rituale Romanum* ove erano collocati o riportati direttamente per intero nel punto appropriato. Qui abbiamo scelto di omettere tale elenco di testi perché non influenti sulla struttura del Rituale, ad eccezione delle formule deprecative ed imperative alternative rispetto a quelle riportate nel testo dell'Esorcismo maggiore. Infine si hanno le appendici, nelle quali si trovano gli esorcismi per situazioni particolari e le preghiere che i fedeli laici possono utilizzare in caso di necessità. Queste formule meritano certamente un po' di attenzione, se non altro perché quelle riservate ai laici pongono interrogativi sulla riserva ai soli presbiteri dell'esercizio dell'esorcismo. Abbiamo deciso di omettere l'intera sezione perché non afferente, in senso stretto, alla nostra ricerca.

Lasciamo questa incombenza a chi vorrà proseguire il nostro studio.

---

[97] Si legga a questo riguardo il documento: CONFERENZA EPISCOPALE TOSCANA, *Esorcismi e Preghiere di guarigione – Indicazioni pastorali e norme dei Vescovi della Toscana -2014- con la Nota Pastorale della Conferenza Episcopale Toscana «A proposito di magia e demonologia» -1994-*, Firenze 2014.

[98] G. AMORTH, «Storia ed osservazioni sul nuovo Rituale degli esorcismi» in A. GEMMA, *Io, Vescovo Esorcista, op. cit.*, 164-171. I numeri 15 e 16 dei *Prænotanda* (n.m.71-72) di fatto pongono delle limitazioni molto forti all'uso del rito proibendone l'uso contro i malefici (n.m.71) e l'utilizzo di esso solo in presenza certa di possessione (n.m.72), ma come abbiamo visto la certezza di questa spesso emerge solo nel corso dell'esorcismo stesso.

n. m.	**De Exorcismis et Supplicationibus Quibusdam 2013 (1999)**	**paralleli con i Rituali pre-conciliari**
	PRAENOTANDA	
	I DE CHRISTI VICTORIA ET ECCLESIÆ POTESTATE CONTRA DÆMONES	
57	1. Ecclesia firmiter credit quod unus solus est verus Deus, Pater, Filius et Spiritus Sanctus, unum universorum principium: creator omnium visibilium et invisibilium. Universa vero, quæ condidit (cf. *Col* 1,16), Deus providentia sua tuetur atque gubernat et nihil non bonum fecit. Etiam diabolus et alii dæmones a Deo quidem natura creati sunt boni, sed ipsi per se facti sunt mali. Unde et ipsi boni essent, si prout facti erant, ita permansisset. Sed quia naturali excellentia male usi sunt et in veritate non steterunt (cf. *Io* 8,44), non quidem in contrariam transierunt substantiam, sed a summo Bono, cui debuerunt adhærere, desciverunt	
58	2. Homo vero ad imaginem Dei conditus est in iustitia et sanctitate veritatis (cf. *Eph* 4,24) eiusque dignitas requirit, ut secundum consciam et liberam electionem agat. Dono autem libertatis suæ, maligno suadente, prorsum abusus est; per peccatum inobœdientiæ (cf. *Gen* 3; *Rm* 5,12) sub potestate diaboli ac mortis redactus est, servus factus peccati. Ideo universam (...) hominum historiam ardua colluctatio contra potestates tenebrarum pervadit, quæ, inde ab origine mundi incepta, usque ad ultimum diem, dicente Domino (cf. *Mt* 24,13; 13,24-30.36-43), perseverabit.	
59	3. Pater omnipotens et misericors Filium dilectionis suæ misit in mundum, ut homines de potestate tenebrarum eriperet atque in regnum suum transferret (cf. *Gal* 4,5; *Col* 1,13). Ideo Christus, primogenitus omnis creaturæ (*Col* 1,15), veterem renovans hominem, induit carnem peccati, ut per mortem destrueret eum, qui habebat mortis imperium, id est diabolum (*Hebr* 2,14) atque humanam naturam vulneratam, per passionem et resurrectionem suam in novam creaturam, dono Spiritus Sancti, constitueret.	
60	4. In diebus autem carnis suæ, Dominus Iesus, victor tentationis in deserto (cf. *Mt* 4,1-11; *Mc* 1,12s; *Lc* 4,1-13), propria auctoritate Satanam et alios dæmones expulit, divinam suam voluntatem eis imponens (cf. *Mt* 12,27ss; *Lc* 11,19s). Benefaciendo et sanando omnes oppressos a diabolo (cf. *Act* 10,38), manifestavit opus salvationis suæ, ut homines a peccato, a consectariis eius necnon ab auctore primo peccati, homicida ab initio ac mendacii patre (cf. *Io* 8,44), liberaret.	
61	5. Tenebrarum hora adveniente, Dominus, factus obœdiens usque ad mortem (cf. *Phil* 2,8), novissimum Satanæ impetum (cf. *Lc* 4,13; 22,53) per crucis potentiam reppulit, de antiqui hostis superbia triumphans. Quæ victoria Christi gloriosa resurrectione manifestata est, cum Deus suscitavit illum a mortuis et eum constituit ad dexteram suam in cælestibus atque omnia subiecit sub pedibus eius (cf. *Eph* 1,21s).	
62	6. In suo ministerio peragendo, Christus Apostolis suis aliisque discipulis dedit potestatem, ut eicerent spiritus immundos (cf. *Mt* 10,1.8; *Mc* 3,14s; 6,7.13; *Lc* 9,1; 10,17-20). Ipsis Paraclitum Spiritum Sanctum, a Patre per Filium procedentem, promisit qui mundum de iudicio argueret, quia princeps mundi huius iam iudicantus est (cf. *Io* 16,7-11). Inter signa quæ credentes sequentur, eiectio dæmoniorum in Evangelio numeratur (cf. *Mc* 16,17).	
63	7. Ecclesia exinde potestatem a Christo acceptam eiciendi dæmones eorumque influxum repellendi iam a tempore apostolico (cf. *Act* 5,16; 8,7; 16,18; 19,12) exercuit. Itaque in nomine Iesu continuo et fidenter orat, ut a Malo liberetur (cf. *Mt* 6,13). In eodem etiam nomine, virtute Spiritus Sancti, variis modis dæmonibus præcipit, ne evangelizationis opus impediant (cf. 1*Thess* 2,18) atque ut fortiori (cf. *Lc* 11,21s) deferant dominium universorum necnon singulorum hominum. Cum Ecclesia pubblice et cum auctoritate, Iesu Christi nomine, petit, ut quædam persona vel res contra Maligni protegatur inflixum et ab eius subtrahatur dominatum, id dicitur *exorcismus*.	

n. m.	De Exorcismis et Supplicationibus Quibusdam 2013 (1999)	paralleli con i Rituali pre-conciliari
	II DE EXORCISMIS IN MUNERE SANCTIFICANDI ECCLESIÆ	
64	8. Ex antiquissima Ecclesiæ traditione sine intermissione servata, iter initiationis christianæ ita ordinatur, ut spiritalis colluctatio contra diaboli potestatem (cf. *Eph* 6,12) clare significetur et reipsa fieri incipiat. Exorcismi forma simplici super electos faciendi, tempore catechumenatos, seu exorcismi minores preces Ecclesiæ sunt, ut ipsi, de mysterio Christi a peccato liberantis eruditi, solvantur a sequelis peccati et a diaboli influxu, roborentur in itinere suo spiritali et corda aperiant ad dona Salvatoris recipienda. Tandem, in celebratione Baptismi, baptizandi Satanæ abrenuntiant eiusque viribus ac potestatibus atque ei propriam in Deum unum et trinum fidem opponunt. Etiam in Baptismo parvulorum fit prex exorcismi super infantes, huius mundi experturos illecebras et contra diaboli insidias pugnaturos, ut Christi gratia muniantur in itinere vitæ suæ. Per lavacrum regenerationis homo participiat victoriam Christi supra diabolum et peccatum, quando transit ab eo statu in quo nascitur filius primi Adæ in statum gratiæ et adoptionis filiorum Dei per secundum Adam Iesum Christum, et a servitute peccati liberatur, libertate qua Christus nos liberavit (cf. *Gal* 5,1).	
65	9. Fidelis, etiamsi in Christo renati, tamen quæ in mundo sunt tentationes experiuntur et ideo in oratione et sobrietate vitæ vigilare debent, quia adversarius eorum diabolus tamquam leo rugiens circuit quærens quem devoret (cf. 1*Pet* 5,8). Cui resistere debent fortes in fide, confortati in Domino et in potentia virtutis eius (cf. *Eph* 6,10) atque sustentati ab Ecclesia, quæ rogat ut filii sui ab omni perturbatione sint securi. Per gratiam sacramentorum et præsertim per iteratam pænitentiæ celebrationem vires sumunt, ut ad plenam libertatem filiorum Dei perveniant (cf. *Rm* 8,21).	
66	10. Divinæ autem pietatis mysterium difficilius intellectu pro nobis evadit, cum, Deo permittente, interdum casus occurrunt peculiaris vexationis seu obsessionis, quam diabolus exercet in nocumentum hominis populo Dei aggregati et a Christo illuminati, ut tamquam filius lucis ad vitam æternam ambulet. Tunc mysterium iniquitatis, quod in mundo operatur (cf. 2*Thess* 2,7), se clare manifestat (cf. *Eph* 6,12), quamvis diabolus, limites a Deo positos transire nequeat. Hæc forma potestatis diaboli super hominem differt ab illa, quæ per originale peccatum in homine derivatur, quæ peccatum est. His occurentibus, ecclesia Christum Dominum et Salvatorem implorat et, virtute eius freta, fideli vexato seu obsesso plura adiutoria præbet, ut a vexatione seu obsessione liberetur.	
67	11. Inter hæc adiutoria, sollemnis, quod et magnus appellatur, præcellit exorcismus maior, qui actio liturgica est. Hac enim ratione exorcismus, qui intendit dæmonia expellere vel ab influxu dæmoniaco liberare et quidem auctoritate spirituali, quam Iesus suæ concredidit Ecclesiæ petitio est de genere sacramentalium, sacrum igitur signum, quo effectus, præsertim spirituales, significantur et ex Ecclesiæ impetratione obtinentur.	
68	12. In exorcismis maioribus Sancto Spiritui iugata Ecclesia supplicat, ut ipse adiuvet infirmitatem nostram (cf. *Rm* 8,26) ad compellendos dæmones, ne fidelibus noceant. Illi dono Spiritus freta, qua Dei Filius post nomine, sed unice quidem nomine Dei vel Christi Domini, cui omnia, etiam diabolus et dæmonia, obœdire debent et subsunt.	

n. m.	**De Exorcismis et Supplicationibus Quibusdam 2013 (1999)**	**paralleli con i Rituali pre-conciliari**
	III DE MINISTRO ET DE CONDICIONIBUS AD EXORCISMUM MAIOREM PERAGENDUM	
69	13. Ministerium obsessos exorcizandi tribuitur peculiari et expressa licentia Ordinarii loci, qui pro norma Episcopus ipse diœcesanus erit. Quæ licentia concedi debet tantummodo sacerdoti pietate, scientia, prudentia hac vitæ integritate prædito atque ad hoc munus specifice præparato. Sacerdos vero, cui munus exorcistæ stabiliter vel ad actum commissum est, hoc opus caritatis confidenter humiliterque exsequatur sub moderatione Ordinarii. In hoc libro, cum indicatur exorcista semper intelligendum est de sacerdote exorcista.	cf. RR1614-RR1952, n.m.3, *ad sensum*
70	14. Exorcista, in casu alicuius dæmoniacæ, quæ dicitur, interventionis, ante omnia necessariam et maximam circumspectionem ac prudentiam adhibeat. *In primis, ne facile credat* quendam *a dæmonio esse obsessum*, qui *aliquo* morbo, *præsertim ex psychicis*, laboret. Itidem prorsus non credat obsessionem adesse, ubi primum quis asserit se peculiari modo a diabolo tentatum, desolatum ac denique vexatum esse; nam propria imaginatione quis potest decipi. Advertat etiam, ne fallatur, artibus ac fraudibus, quibus utitur diabolus ad decipiendum hominem, ad persuadendum obsesso ne se subiciat exorcismo, ipsius infirmatate esse naturalem vel arte medica pendentem. Omni modo exacte inspiciat an revera a dæmone vexatus sit qui talis esse affirmatur.	cf. RR1614-RR1952, n.m.3-5, *ad sensum;* per la parte evidenziata cf n.m.5 *ad litteram*
71	15. Recte distinguat casus impetus diabolici a falsa opinione, qua quidam, etiam fideles, putant se esse obiectum maleficii, malæ sortis vel maledictionis, quæ sint ab aliis allata super ipsos vel eorum propinquos vel bona eorum. Audiutorium spiritale eis non deneget, exorcismum autem ne adhibeat; aliquas vero aptas orationes proferre potest, cum ipsis et pro ipsis, ita ut pacem Dei inveniant. Item adiutorium spiritale non recusandum est credentibus, quos Malignus non tangit (cf. 1*Io* 5,18), sed ab eo tentati male se habent, cum fidelitatem Domino Iesu et Evangelio servare volunt. Quod fieri potest quoque a presbytero, qui non sit exorcista, et etiam a diacono, aptis adhibitis precibus et supplicationibus.	
72	16. Exorcista igitur ad exorcismum celebrandum ne procedat, nisi compererit, morali certitudine fretus, exorcizandum esse revera a dæmone obsessum et eo, si fieri potest, consentiente. Secundum probatam praxim, ut signa *obsidentis dæmonis* habentur: ignoto sermone *pluribus verbis* loqui *vel loquentem* intellegere; *distantia et occulta patefacere; vires supra ætatis seu* condicionis *naturam ostendere*. Quæ signa indicium quoddam præbere possunt. Cum autem signa huiusmodi non necessario reputanda sint ex parte diaboli provenientia, attendere etiam oportet ad alia, præsertim ordinis moralis et spiritalis, quæ alio modo interventum diabolicum manifestant, ut, v.g., aversionem vehementem a Deo, sanctissimo nomine Iesu, Beata Virgine Maria et sanctis, ecclesia, verbo Dei, rebus, ritibus, præsertim sacramentalibus, et imaginibus sacris. Et tandem aliquando omnium signorum relatio ad fidem et certamen spiritale in vita christiana sedulo perpendenda est, cum Malignus in primis inimicus sit Dei et omnium, quæ fideles cum salvifica actione Dei coniungunt.	cf. RR1614-RR1952, n.m.5, *ad litteram*
73	17. De necessitate adhibendi ritum exorcismi, exorcista prudenter iudicabit post diligentem inquisitionem, secreto confessionis semper servato, consultis, quantum fieri potest, expertis in rebus spiritalibus et, quatenus opus sit, in scientia medicinæ et psychiatriæ, qui sensum habeant rerum spiritalium.	cf. RR1614-RR1952, n.m.6 *ad sensum*
74	18. In casibus afficientibus non catholicos et in ceteris difficilioribus rebus ad Episcopum diœcesanum deferantur, qui prudenter votum aliquorum expertorum expetere potest, antequam decisio circa exorcismum sumatur.	

n. m.	De Exorcismis et Supplicationibus Quibusdam 2013 (1999)	paralleli con i Rituali pre-conciliari
75	19. Exorcismus ita peragatur, ut fidem ecclesiæ manifestet et a nullo considerari possit actio magica vel superstitiosa. Cavendum est, ne spectaculum fiat præsentibus. Mediis communicationis socialis omnibus, dum peragitur exorcismus, nullo modo spatium detur, etiam antequam exorcismus peragatur, et, eo peracto, exorcista et præsentes eius notitiam ne divulgent, debitam discretionem servantes.	cf. RR1614-RR1952, n.m.13 *ad sensum*
	IV DE RITU ADHIBENDO	
76	20. In ritu exorcismi, præterquam formulis ipsis exorcismi, attentio specialis præbeatur gestibus ac ritibus illis, qui primum habent locum ac sensum, ex eo quod adhibentur tempore purificationis in itinere catechumenali. Tales sunt signum crucis, manuum impositio, exsufflatio et aspersio aquæ benedictæ.	
77	21. Ritus incipit aspersione aquæ benedictæ, qua ut pote memoria purificationis in Baptismate acceptæ, vexatus adversus insidias inimici defenditur. Aqua benedici potest ante ritum vel in ipso ritu ante aspersione et, pro opportunitate, una cum salis immixtione.	
78	22. Sequitur prex litanica qua Dei misericordia, per intercessionem omnium sanctorum, super vexatum invocatur.	
79	23. Post litaniam exorcista recitare potest unum vel aliquos psalmos, qui protectionem Altissimi implorant et Christi victoriam super Malignum extollunt. Psalmi dicuntur vel uno tractu vel modo responsoriali. Absoluto psalmo, ipse exorcista orationem super psalmum addere potest.	
80	24. Deinde proclamatur Evangelium, signum præsentiæ Christi, qui per proprium verbum in Ecclesia infirmitatibus hominum medetur.	
81	25. Postea exorcista manus imponit super vexatum, quo ritu virtus Spiritus Sancti invocatur, ut diabolus exeat ab eo, qui per Baptismum templum Dei factus est. Eodem tempore potest etiam versus faciem vexati exsufflare.	
82	26. Tunc recitatur Symbolum Apostolicum vel renovatur promissio fidei baptismalis cum satanæ abrenuntiatione. Sequitur Oratio dominica, qua Deus Pater noster imploratur, ut liberet nos a Malo.	
83	27. His expletis, exorcista crucem domini vexato ostendit, quæ fons est omnis benedictionis ac gratiæ, et fit signum crucis super eum, quo potestas Christi super diabolum indicatur.	
84	28. Denique dicit formulam deprecativam, qua Deus rogatur, necnon formulam imperativam, qua diabolus, in nomine Christi, directe adiuratur, ut a vexato recedat. Formula imperativa ne adhibeatur, nisi præmissa formula deprecativa. Formula vero deprecativa etiam sine imperativa adhiberi potest.	
85	29. Prædicta omnia, quatenus expediat, repeti possunt vel in eadem celebratione, attentis quæ infra n.34 notantur (n.m.90), vel alio tempore, donec vexatus sit omnino liberatus.	
86	30. Ritus concluditur cantico actionis gratiarum, oratione atque benedictione.	
	V DE ADIUNCTIS ET ACCOMMODATIONIBUS	
87	31. Exorcista, *memor genus dæmoniorum non* posse eici *nisi per* oratione *et* ieiunium, *hæc duo potissimum remedia ad impetrandum divinum auxilium, exemplo* sanctorum *Patrum, tum per se, tum per alios*, quantum fieri potest, *curet adhiberi*.	cf. RR1614-RR1952, n.m.12 *ad litteram*, n.m.13-14 *ad sensum*

n. m.	De Exorcismis et Supplicationibus Quibusdam 2013 (1999)	paralleli con i Rituali pre-conciliari
88	32. Fidelis vexatus debet, præsertim ante exorcismum, si ipsi possibile sit, Deum orare, mortificationem exercere, fidem accepti Baptismatis frequente profiteri et sæpius ad reconciliationis sacramentum accedere necnon sacra Eucharistia se munire. Item eum adiuvare possunt in oratione parentes, amici, confessarius vel director spiritalis, si ei oratio facilius evadit, ex caritate et præsentia aliorum fidelium.	
89	33. Exorcismus, si fieri potest, peragatur in oratorio vel in alio opportuno loco, se orsim a multitudine, ubi emineat imago Crucifixi. Adesse etiam debet in loco imago Beatæ Mariæ Virginis.	cf. RR1614-RR1952, n.m.11 *ad sensum*
90	34. Præ oculis habens vexati conditiones et adiuncta, exorcista variis facultatibus in ritu propositis libere utatur. In celebratione proinde structuram servans, disponat formulas ac orationes seligat, quibus opus est, omnia accomodans adiunctis singulæ personæ. a) Imprimis attendat statui physico necnon psychologico vexati et variationibus occurrentibus in ipso statu intra diem vel etiam horam. b) Quando nullus adest cœtus, etsi parvus, fidelium, quod etiam prudentia et sapientia ex fide requirit, exorcista memor sit in se ipso et in fideli vexato iam adesse Ecclesiam et hoc in memoriam revocet ipsius fidelis vexati. c) Studeat semper, ut fidelis vexatus, *dum exorcizatur*, si possibile est, *totum se colligat et ad Deum convertat ac firma fide* liberationem *ab eo deposcat cum omni humilitate. Et cum vehementius vexatur, patienter sustineat, nihil diffidens de auxilio Dei*, per ministerium Ecclesiæ.	cf. RR1614-RR1952, n.m.20 *ad sensum* cf. RR1614-RR1952, n.m.14 *ad litteram*
91	35. Si ad exorcismus celebrandum quidam selecti circumstantes admittendi videntur, moneatur ut enixe pro fratre vexato exorent sive privatim sive modo in ritu indicatu, astinentes vero a quavis formula exorcismi sive deprecativa sive imperativa adhibenda, quæ tantummodo ab exorcista proferenda est.	
92	36. Expedit ut fidelis a vexatione liberatus, tum solus tum cum familiaribus sui consociatus, gratias reddat Deo pro accepta pace. Insuper adducator ut in oratione perseveret, eam potissimum hauriendo e Scriptura Sacra, atque sacramenta Pænitentiæ et Eucharistiæ frequentet, necnon vitam christianam agat operibus caritatis et fraterna dilectione erga omnes plenam.	
	VI DE APTATIONIBUS QUÆ CONFERENTIIS EPISCOPORUM COMPETUNT	
93	37. Conferentiarum Episcoporum est: a) Versiones textuum parare integras et amussim fideles textui originali authentico. b) Signa et gestus ipsius ritus, si hoc necessarium vel utile iudicantur, attenta cultura et genio ipsius populi, de consensu Sanctæ Sedis aptare.	
94	38. Præter versionem Prænotandorum, quæ integra esse debet, si opportunum Conferentiis Episcoporum videatur, addi potest *Directorium quoddam pastorale de usu exorcismi maioris*, quo exorcistæ non solum doctrinam Prænotandorum profundius intellegant et significationem rituum plenius addiscant, sed etiam documenta de modo agendi, loquendi, interrogandi, iudicandi ex probatis auctoribus colligantur. Huiusmodi Directoria, quæ componi possunt collaborationibus sacerdotibus, qui scientia et matura experientia per longum exercitium in ministerio exorcismi in unaquaque regione et cultura callent, a Sede Apostolica recognoscenda sunt, ad normam iuris.	

n. m.	**De Exorcismis et Supplicationibus Quibusdam 2013 (1999)**	**paralleli con i Rituali pre-conciliari**
	CAPUT I	
	RITUS EXORCISMI MAIORIS	
95	39. *Priusquam ritum exorcismi incipiat, sacerdos exorcista apte se disponat, pro opportunitate, dicens secreto hanc orationem:* Dómine Iesu Christe, Verbum Dei Patris, Deus univérsæ creatúræ, qui sanctis Apóstolis tuis potestátem dedísti dæmónia subiciéndi in nómine tuo et super omnem calcándi virtútem inimíci; Deus sancte, qui inter cétera mirabília tua præcípere dignatus es: Dǽmones effugáte; Deus fortis, cuius virtúte Sátanas elísus tamquam fulgur de cælo cécidit: nomen sanctum tuum cum timóre ac tremóre supplíciter déprecor, ut tua poténtia munítus spíritum malígnum, qui hanc vexat creatúram tuam, fiduciáliter aggrédiar. Qui ventúrus es iudicáre vivos et mórtuos et sǽculum per ignem. Amen.	
96	Addere potest etiam alias orationes ut, v.g., *In nómine Iesu Christi Dei* (Appendix II, n.7); *Sub tuum præsídium* (Appendix II, n.8); *Sancte Míchael Archángele* (Appendix II, n. 9); *Princeps gloriosíssime* (Appendix II, n. 6).	
	RITUS INITIALES	
97	40. *Exorcista al locum celebrationis accedit, veste sacro ministerio convenienti indutus, quæ de more alba, vel superpelliceum super vestem talarem, et stola violacea erit. Facta debita reverentia ad altare vel, eo absente, ad crucem, sedem petit. Exorcista et fideles, stantes, signant se, dum exorcista, ad præsentes conversus, dicit:* In nómine Patris et Fílii et Spíritus Sancti. *Omnes respondet*: Amen. *Deinde exorcista, manus extendens, adstantes salutat, dicens*: Deus Pater omnípotens, qui vult omnes hómines salvos fíeri, sit cum ómnibus vobis. *Omnes respondet*: Et cum spíritu tuo. *vel* Dóminus vobíscum. *Omnes respondet*: Et cum spíritu tuo. *Tunc potest fidelem a diabolo vexatum ceterosque adstantes, brevissimis verbis atque humaniter, ad celebrationem disponere.*	cf. RR 1614-RR1952, n.m.25 *ad sensum*: mancano - ogni accenno alla autorizzazione; - il riferimento alla SS. Messa: - la preparazione con la preghiera; - l'aspersione con l'acqua benedetta; - la recita in ginocchio delle Litanie.
98	41. *Si opportunum videtur, exorcista aquam benedicit, dicens, manibus iunctis, unam ex sequentibus orationibus*: Deus, qui ad salútem humáni géneris máxima sacraménta in aquárum substántia condidísti: adésto propítius invocatiónibus nostris et huic eleménto virtútem tuæ benedictiónis ✠ infúnde, ut creatúra tua, mystériis tuis sérviens,	in n.m.25 l'aspersione non è facoltativa

n. m.	De Exorcismis et Supplicationibus Quibusdam 2013 (1999)	paralleli con i Rituali pre-conciliari
99	ad abigéndos dǽmones morbósque pelléndos divínæ grátiæ sumat efféctum, ut quidquid in locis fidélium hæc unda aspérserit liberétur a noxa; non illic resídeat spíritus malígnus, discédant omnes insídiæ laténtis inimíci, ut fidéles tui incólumes, per invocatiónem sancti nóminis tui, ab ómnibus impugnatiónibus evádant. Per Christum Dóminum nostrum. *Omnes respondet*: Amen.	
100	42. *vel*: Dómine Deus omnípotens, qui es totíus vitæ córporis et ánimæ fons et orígo, hanc aquam, quǽsumus, ✠ benedícas, qua fidénter útimur ad nostrórum implorándam véniam peccatórum et advérsus omnes morbos insidiásque inimíci tuæ defensiónem grátiæ consequéndam. Præsta, Dómine, ut, misericórdia tua interveniénte, aquæ vivæ semper nobis sáliant in salútem, ut mundo tibi corde appropinquémus et ómnia córporis animǽque perícula devitémus. Per Christum Dóminum nostrum. *Omnes respondet*: Amen.	
101	43. *Si fit salis commixtio in benedictione aquæ, exorcista sal benedicit, dicens*: Súpplices te rogamus, omnípotens Deus, ut hanc creatiram salis benedícere ✠ tua pietáte dignéris, qui per Eliséum prophétam in aquam mitti eam iussísti, ut sanarétur sterílitas aquæ. Præsta, Dómine, quǽsumus, ut, ubiqúmque hæc salis et aquæ commíxtio fúerit aspérsa, omni impugnatióne inimíci depúlsa, præséntia Sancti tui Spíritus nos iúgiter custódiat. Per Christum Dóminum nostrum. *Omnes respondet*: Amen. *Deinde sal immittit in aquam, nihil dicens.*	
102	44. *Tunc exorcista, accepta aqua benedicta, fidelem vexatum et adstantes necnon locum aspergit, dicens*: Ecce aqua benedícta. Sit nobis salus et vita, in nómine Patris et Fílii et Spíritus Sancti. *Omnes respondet*: Amen. *vel dicit*: Sit hæc aqua suscépit Baptísmatis memória et Christum récolat, qui passióne et resurrectióne sua nos redémit. *Omnes respondet*: Amen.	

n. m.	De Exorcismis et Supplicationibus Quibusdam 2013 (1999)	paralleli con i Rituali pre-conciliari
	SUPPLICATIO LITANICA	
103	45. *Deinde exorcista his vel similibus verbis præsentes alloquitur et ad orationem invitat*: Omnipoténtis Dei misericórdiam, fratres caríssimi, súpplices exorémus, ut, Sanctórum ómnium intercessióne permótus, Ecclésiæ suæ vocem benígnos exáudiat pro fratre nostro N., qui (soróre nostra N., quæ) gravi necessitáte prénitur.	
104	46. *Et mox exorcista, si fieri potest, genua flectit, quod faciunt et ceteri participantes. Tunc ipse vel aliquis ex præsentibus incipit litanias, in quibus addi possunt, suis in locis, aliqua nomina sanctorum (v.g., Patroni loci, fidelis vexati etc.) aut aliqua intentiones adiunctis magis aptæ. Partecipantes pro opportunitate respondet: ora pro nobis vel pro eo (ea); líbera nos vel eum (eam), Dómine; miserére nobis vel ei.* Kýrie, eléison. Kýrie, eléison. Christe, eléison. Christe, eléison. Kýrie, eléison. Kýrie, eléison. Sancta María, Mater Dei, ora pro nobis vel eo (ea). Sancti Míchael, Gábriel et Ráphael, oráte pro nobis vel eo (ea). Omnes sancti Angeli Dei, oráte pro nobis vel eo (ea). Sancte Elía, ora pro nobis vel eo (ea). Sancte Ioánnes Baptísta ora pro nobis vel eo (ea). (*omissis*) Omnes Sancti et Sanctæ Dei, oráte pro nobis vel eo (ea). *deinde sic* Propítius esto, líbera nos, vel eum (eam), Dómine. Ab omni malo, líbera nos, vel eum (eam), Dómine. Ab omni peccáto, líbera nos, vel eum (eam), Dómine. Ab insídiis diáboli, líbera nos, vel eum (eam), Dómine. A morte perpétua, líbera nos, vel eum (eam), Dómine. Per nativitátem tuam, líbera nos, vel eum (eam), Dómine. Per sanctum ieiúnium tuum líbera nos, vel eum (eam), Dómine. (*omissis*) Per advéntum SpíritusSancti Parácliti, líbera nos, vel eum (eam), Dómine. Christe, Fili Dei vivi, miserére nobis vel ei. Qui pro nobis tentátus es a diábolo, miserére nobis vel ei. (*omissis*) Qui ventúrus es iudicáre vivos et mórtuos, miserére nobis (ei). Peccatóres, te rogámus, audi nos. Ut nobis parcas, te rogámus, audi nos. Ut nobis indúgeas, te rogámus, audi nos. (*omissis*) Ut nos exaudíre dignéris, te rogámus, audi nos. Christe, audi nos. Christe, audi nos. Christe, exáudi nos. Christe, exáudi nos.	cf. RR 1614-RR1952, n.m.25 (litanie richieste)
105	47. *Litaniis expletis, exorcista stans dicit orationem sequentem:* Deus, cui próprium est miseréri semper et párcere: súscipe deprecatióne nostram, ut hunc fámulum tuum (hanc fámulam tuam) N., quem (quam) diabólicæ potestátis caténa constríngit, miserátio tuæ pietátis cleménter absólvat. Per Christum Dóminum nostrum. *Omnes respondet:* Amen. *et surgunt.*	cf. RR1614-RR1952, n.m.29 *ad litteram*

n. m.	De Exorcismis et Supplicationibus Quibusdam 2013 (1999)	paralleli con i Rituali pre-conciliari
106	48. *vel:* Deus, qui nos cónspicis ex nostra infirmitáte defícere, te súpplices exorámus pro hoc fratre nostro (hac soróre nostra) N., ut ab eo (ea) spíritum malígnum avértas et eum (eam) in plenam libertátem filiórum tuórum restáures, ut cum sanctis et eléctis tuis perpétuo te colláudet. Per Christum Dóminum nostrum. *Omnes respondet*: Amen. *et surgunt.*	
	RECITATIO PSALMI	
107	49. Deinde exorcista recitare potest, pro opportunitate, unum vel plures psalmos vel tantummodo quosdam versus aut strophas selectas. Hic unus psalmus proponitur. Alii addi possunt ex textibus indicatis in Capite II (nn. 67-75). Psalmi introduci possunt sententia Novi Testamenti ante psalmum proposita et concludi oratione, quæ in ritu præbetur. Qui adsunt partecipare possunt more consueto.	cf. RR1614-RR1952, n.m.31 *ad sensum*
108	50. Psalmus 90. *post psalmum sequitur oratio*: Suscéptor et refúgium nostrum, Dómine, líbera servum tuum (servam tuam) N. a láqueo dǽmonum venántium et a verbo áspero persequéntium eum (eam); prótege eum (eam) sub umbra alárum tuárum, circúmda eum (eam) tuæfortitúdinis scuto et salutáre tuum ei cleménter osténde. Per Christum Dóminum nostrum. *Omnes respondet*: Amen.	cf. RR1614-RR1952, n.m.45 *ad sensum*
	LECTIO EVANGELII	
109	51. Exorcista sequens proclamat Evangelium, omnibus stantibus et audientibus. Seligere etiam potest unam ex pericopis in Capite II propositis, nn. 76-80.	cf. RR1614-RR1952, n.m.31 *ad sensum*
110	52. *Verbum caro factum est et habitavit in nobis* Léctio sancti Evangélii secúndum Ioánnem *Io* 1,1-14	cf. RR1614-RR1952, n.m.31 *ad sensum*
	IMPOSITIO MANUUM	
111	53. *Tum exorcista manus super caput fidelis vexati imponit ac dicit*: V. Fiat misericórdia tua, Dómine, super nos, quemádmodum sperávimus in te. *Omnes dicunt*: Kýrie, eléison. V. Emítte Spíritum tuum et creabúntur et renovábis fáciem terræ. *Omnes dicunt*: Kýrie, eléison. *V. Salvum fac servum tuum* (Salvam fac servam tuam), *Deus meus, sperántem in te.* *Omnes dicunt*: Kýrie, eléison. *V. Esto ei, Dómine, turris fortitúdinis, a fácie inimíci.* *Omnes dicunt*: Kýrie, eléison. *V. Nihil profíciat inimícus in eo* (ea) *et fílius iniquitátis non appónat nocére ei.* *Omnes dicunt*: Kýrie, eléison. *V. Mitte ei, Dómine, auxílium de sancto et de Sion tuére eum* (eam). *Omnes dicunt*: Kýrie, eléison.	Cf. RR1614-RR1952, n.m.28 *ad litteram*

<table>
<tr><th>n.
m.</th><th>De Exorcismis et Supplicationibus Quibusdam
2013 (1999)</th><th>paralleli con i Rituali
pre-conciliari</th></tr>
<tr><td></td><td>SYMBOLUM FIDEI VEL PROMISSIONES BAPTISMALES</td><td></td></tr>
<tr><td>112</td><td>54. Deinde exorcista adstantes invitat ad fidem profitendam, dicens, si adhibetur Symbolum:
Hæc est victória, quæ vincit mundum, fides nostra.
vel, si adhibentur promissiones et renuntiationes baptismales:
Sancti Baptísmatis promissiónes renovémus, quibus olim Sátanæ et opéribus eius abrenuntiávimus et Deo in sancta Ecclésia catholica servíre promísimus.</td><td></td></tr>
<tr><td>113</td><td>55. Forma Prima
Tum omnes simul recitant Symbolum,
aut Apostolorum aut Nicænum Costantinopolitanum</td><td>Cf. RR1614-RR1952, n.m.43 ad litteram</td></tr>
<tr><td>114</td><td>56. Forma altera
Exorcista: Abrenuntiátis Sátanæ? Omnes: Abrenúntio.
Exorcista: Et ómnibus opéribus eius? Omnes: Abrenúntio.
Exorcista: Et ómnibus pompis eius? Omnes: Abrenúntio.
vel:
Exorcista: Abrenuntiátis peccáto, ut in libertáte filiórum Dei vivátis?
Omnes: Abrenúntio.
Exorcista: Abrenuntiátis seductiónibus iniquitátis, ne peccátum vobis dominétur?
Omnes: Abrenúntio.
Exorcista: Abrenuntiátis Sátanæ, qui est auctor et princeps peccáti?
Omnes: Abrenúntio.
deinde exorcista prosequitur:
Créditis in Deum Patrem omnipoténtem, creatórem cæli et terræ?
Omnes: Credo.
Exorcista: Créditis in Iesum Christum, Fílium eius únicum, Dóminum nostrum, natum ex María Vírgine, passum et sepúltum, qui a mórtuis resurréxit et sedet ad déxteram Patris?
Omnes: Credo.
Exorcista: Créditis in Spíritum Sanctum, sanctam Ecclésiam cathólicam, sanctórum communiónem, remissiónem peccatórum, carnis resurrectiónem et vitam ætérnam?
Omnes: Credo.</td><td></td></tr>
<tr><td></td><td>ORATIO DOMINICA</td><td></td></tr>
<tr><td>115</td><td>57. Deinde exorcista orationem dominicam introducit, manibus iunctis, dicens:
Una simul cum fratre nostro (soróre nostra)
Deum deprecémur,
ut nos a malo líberet,
sicut Dóminus noster Iesus Christus
nos dócuit oráre.
vel:
Quid orémus, sicut opórtet, nescímus,
sed Spíritus Sanctus ádiuvat infirmitátem nostram,
ipse interpéllat et secúndum Deum póstulat pro nobis.
Dicámus ergo in Spíritu
extendit manus, et, una cum omnibus adstantibus, pergit:
Pater noster, qui es in cælis...
iungit manus et una cum adstantibus concludit acclamatione:
Quia tuum est regnum et potéstas et glória in sǽcula.
signum crucis</td><td>Cf. RR1614-RR1952, n.m.43 ad litteram</td></tr>
<tr><td>116</td><td>58. Deinde exorcista crucem ostendit eaque fidelem vexatum benedicit, dicens:
Ecce Crucem Dómini: fúgite, partes advérsæ.
vel: Per signum Crucis de inimíco líberet te Deus noster.
vel: Crux sancta sit tibi lux et vita.</td><td>Cf. RR1614-RR1952, n.m.34 ad sensum</td></tr>
</table>

n. m.	De Exorcismis et Supplicationibus Quibusdam 2013 (1999)	paralleli con i Rituali pre-conciliari
	EXSUFFLATIO	
117	59. *Si conveniens esse videatur, exorcista adversus faciem fidelis vexati exsufflat, dicens*: Spíritu oris tui repélle, Dómine, malígnos spíritus: ímpera eis, ut recédant, quia appropinquávit regnum tuum.	
	EXORCISMI FORMULÆ	
118	60. Deinde exorcista formulam deprecativam exorcismi maioris pronuntiat, ut infra n. 61. Pro opportunitate etiam formulam imperativam subiungat, ut in n. 62. Aliæ formulæ sive deprecativæ sive imperativæ in Capite II proponuntur, nn. 81-84.	
119	61. *Formula deprecativa* Deus, *humáni* géneris *cónditor* atque *defénsor*, *réspice super hunc fámulum tuum (hanc fámulam tuam) N.*, quem (quam) *ad tuam imáginem formásti* et ad tuæ vocas glóriæ consórtium: *vetus adversárius* eum (eam) dire torquet, acri ópprimit vi, sævo *terróre contúrbat*. Mitte super eum (eam) Spíritum Sanctum tuum, qui eum (eam) in lucta confírmet, in tribulatióne supplicáre dóceat et poténti sua protectióne múniat. Exáudi, sancte Pater, gémitum supplicántis Ecclésiæ: ne síveris fílium tuum (fíliam tuam) a patre mendácii possidéri; fámulum, quem (fámulam, quam) Christum suo sánguine redémit, diáboli captivitáte detinéri; templum Spíritus tui ab immúndo inhabitári spíritu. Exáudi, miséricors Deus, preces beátæ Vírginis Maríæ, cuius Fílius in cruce móriens caput serpéntis antíqui contrívit et cunctos hómines eídem Matri fílios concrédidit: fúlgeat in hoc fámulo tuo (hac fámula tua) lux veritátis, ingrediátur in eum (eam) gáudium pacis, Spíritus sanctitátis eum (eam) possídeat et inhabitándo serénum (serénam) reddat et purum (puram). Exáudi, Dómine, deprecatiónem beáti Michaélis Archángeli et cunctórum Angelórum tibi ministrántium: Deus virtútum, vim diáboli repélle; Deus veritátis et véniæ, ámove eius falláces insídias; Deus libertátis et grátiæ nequítiæ víncula solve. Exáudi, Deus, humánæ salútis amátor, oratiónem Apostolórum tuórum Petri et Pauli et ómnium Sanctórum, qui tua grátia victóres exstitérunt Malígni: líbera hunc fámulum tuum (hanc fámulam tuam) ab omni aliéna potestáte et incólumen custódi, ut tranquíllæ devotióni restitútus (restitúta), te corde díligat et opéribus desérviat, te gloríficet láudibus et magníficet vita.	cf. RR1614-RR1952, n.m.37 *ad litteram*

n. m.	De Exorcismis et Supplicationibus Quibusdam 2013 (1999)	paralleli con i Rituali pre-conciliari
119	Per Christum Dóminum nostrum *et omnes respondent*: Amen.	
120	62. *Formula imperativa* Adiúro te, satan, hostis humánæ salútis: agnósce iustíatiam et bonitátem Dei Patris, qui supérbiam et invídiam tuam iusto iudício damnávit; discéde ab hoc fámulo (hac fámula) Dei N., quem (quam) Dóminus ad imáginem suam fecit, suis ornávit munéribus atque in fílium (fíliam) misericórdiæ adoptávit. Adiúro te, satan, princeps huius mundi: agnósce poténtiam et virtútem Iesu Christi, qui te in desérto vicit, in horto superávit, spoliávit in cruce et de sepúlcro resúrgens tua tropǽa in regnum tránstulit lucis; recéde ab hac creatúra N., quem (quam) nascéndo fecit sibi fratrem (sorórem) et moriéndo sibi acquisívit sánguine suo. Adiúro te, satan, decéptor humáni géneris: agnósce Spíritum veritátis et grátiæ, qui tuas repéllit insídias tuáque confúndit mendácia; exi ab hoc plásmate Dei N., quem (quam) ipse signávit supérno sigíllo; recéde ab hoc viro (hac mulíere), quem (quam) Deus spiritáli unctióne, templum sacrum effécit. Recéde ergo, satan, in nómine Patris ✠ et Fílii ✠ et Spíritu ✠ Sancti; recéde per fidem et oratiónem Ecclésiæ; recéde per signum sanctæ ✠ Crucis Iesu Christi Dómini nostri, qui vivit et regnat in sǽcula sæculórum. *omnes respondent*: Amen.	
121	Aliæ formulæ deprecativæ et imperativæ, quæ addi possunt vel commutari cum illis hic indicatis, infra in Capite II, n. 81-83,ponuntur.	
	GRATIARUM ACTIO	
122	63. Post liberationem fidelis vexati exorcista et adstantes proferunt canticum *Magníficat* vel *Benedictus*.	cf. RR1614-RR1952, n.m.43 *ad litteram*

n. m.	De Exorcismis et Supplicationibus Quibusdam 2013 (1999)	paralleli con i Rituali pre-conciliari
123	64. *Tunc exorcista, manibus extensis, dicit hanc orationem*: Deus, univérsæ carnis creátor et salvátor, qui hunc diléctum fámulum tuum (hanc diléctam fámulam tuam) N. misericórdia suscepísti: consérva eum (eam) providéntia tua et in libertáte custódi, quam illi Fílius tuus donávit; præsta, Dómine, ut spíritus iniquitátis ámplius in eum (eam) non hábeat potestátem; ingrediántur in eum (eam), te iubénte, bónitas et pax Spíritus Sancti, ita ut a Malo non tímeat, quia Dóminus Iesus Christus nobíscum est. Qui tecum vivit et regnat in sǽcula sæculorum. *Omnes respondent*: Amen.	
	RITUS CONCLUSIONIS	
124	65. Si exorcismus est iterandus, non fit statim dimissio; si vero non est iterandus, exorcista ritum benedictione concludit.	
125	66. *Exorcista, versus ad adstantes, extendens manus, dicit*: Dóminus vobíscum. *Omnes respondent*: Et cum spíritu tuo. *Exorcista benedicit adstantes, dicens*: Benedícat vobis Dóminus et custódiat vos. R. Amen. Illúminet fáciem suam super vos et misereátur vestri. R. Amen. Convértat vultum suum ad vos et donet vobis suam pacem. R. Amen. Benedícat vos omnípotens Deus, Pater et Fílius ✠ et Spíritus Sanctus. *cui omnes respondent*: Amen. *vel*: Pax Dei, quæ exsúperat omnem sensum, custódiat corda vestra et intellegéntias vestras in sciéntia et caritáte Dei et Fílii sui, Dómini nostri Iesu Christi. R. Amen. Benedícat vos omnípotens Deus, Pater et Fílius ✠ et Spíritus Sanctus. *cui omnes respondent*: Amen.	cf. RR1614-RR1952, n.m.46 *ad sensum* (in realtà l'orazione è completamente diversa)
	CAPUT II	
	TEXTUS VARII QUI IN RITU AD LIBITUM ADHIBERI POSSUNT (*excerpta*)	
126	81. *Alia formula deprecativa* (*cf. supra n. 61*): *Deus cæli, Deus terræ,* *Deus Angelórum, Deus Archangelórum,* *Deus Patriarchárum, Deus Prophetárum,* *Deus Apostolórum, Deus Mártyrum,* *Deus* Sacerdótum, *Deus Vírginum,* Deus Sanctórum et Sanctárum ómnium, *Deus, qui potestátem habes*	cf. RR1913-RR19952, n.m.39.55 *ad litteram* (fusi insieme, con aggiunte)

n. m.	De Exorcismis et Supplicationibus Quibusdam 2013 (1999)	paralleli con i Rituali pre-conciliari
126	*donáre vitam post mortem,* *réquiem post labórem;* *non est alius Deus præter te,* *creátor ómnium visibílium et invisibílium*; Deus, qui omnes hómines vis salvos fíeri et sic mundum dilexísti, ut Fílium tuum Unigénitum dares ad ópera diáboli dissolvénda, *humíliter maiestáti glóriæ tuæ supplicámus,* *ut* hunc fámulum tuum (hanc fámulam tuam) *ab omni infernálium spirítuum potestáte,* *láqueis, deceptióne et nequítia liberáre* *et incólumen custodíre dignéris.* Mitte, quǽsumus, Dómine, Spíritum veritátis quem suis discípulis promísit Fílius tuus; mitte Paráclitum tuum de cælis, de quibus diábolum tamquam fulgur proiecísti; mitte Paráclitum, qui nostræ natúræ accusatórem et oppressórem lóngius repéllat ac nos fáciat omne nóxium vitáre. *Per Christum Dóminum nostrum*. *omnes respondent*: Amen.	cf. RR1913-RR19952, n.m.39.55 *ad litteram* (fusi insieme, con aggiunte)
127	82. *Alia formula imperativa (cf. supra n. 62):* Exorcízo te, vetus hóminis inimíce: recéde ab hoc plásmate Dei, N. Hoc te iubet Dóminus noster Iesus Christus, cuius humílitas tuam vicit supérbiam, lárgitas tuam prostrávit invídiam, mansúetudo calcávit sævítiam. Obmutésce, pater mendácii, neque impédias hunc fámulum (hanc famulam) Dei Dóminum benedícere et laudáre. Hoc tibi ímperat Iesus Christus, sapiéntia Patris et splendor veritátis, cuius verba spíritus et vita sunt. Exi ab eo (ea), spíritus immúnde, da locum Spirítui Sancto. Hoc tibi prǽcipit Iesus Christus, Fílius Dei et Fílius hóminis, qui, purus de Spíritu et Vírgine natus, sánguine suo univérsa mundávit. Recéde ergo, satan, recéde in nómine Iesu Christi, qui, fortis, dígito Dei te eiécit et regnum tuum destrúxit; discéde per fidem et oratiónem Ecclésiæ; effugáre per virtútem sanctæ ✠ Crucis, in qua nos erípuit a sæva tua potestáte mitis Agnus pro nobis immolátus, Iesus Christus Dóminus noster, qui vivit et regnat in sǽcula sæculórum. *et omnes repondent*: Amen.	

<table>
<tr><th>n. m.</th><th>De Exorcismis et Supplicationibus Quibusdam
2013 (1999)</th><th>paralleli con i Rituali pre-conciliari</th></tr>
<tr><td>128</td><td>83. Alia formula deprecativa (cf. supra n. 61)
Sanctus es, Dómine exercítuum,
pleni sunt cæli et terra glória tua,
quia cuncta, quæ in univérso sunt creásti.
Qui sedes super Chérubim et in altum hábitas
réspicis in cælum et in terram et intuéris abýssos,
áperi, Dómine, óculos tuos
et vide afflictiónem N., creatúræ tuæ,
pro qua te súpplices deprecámur:
éxcita poténtiam tuam,
Spíritum Paráclitum tuum mitte,
qui repéllat, sua virtúte, omnem diáboli oppressiónem
et falláces eius insídias amóveat,
ut hic fámulus tuus (hæc fámula tua)
et corde formátus (formáta) et mente sincérus (sincéra)
débitum tibi possit præbére famulátum.
Deus, géneris institútor et reparátor humáni,
qui hóminem ab inítio ad tuam imáginem condidísti
eique commisísti mundi curam univérsi,
ut tibi soli Creatóri sérviens,
creatúris ómnibus imperáret,
meménto, quǽsumus, conditiónis humánæ
peccáo vulnerátæ,
et huic fámulo tuo (fámulæ tuæ) N.
diabólica fraude prostráto (prostrátæ),
bonitátem tuam demónstra,
ut ab inimíco liberátus (liberáta),
te solum Deum et Dóminum agnóscat.
Deus infinítæ misericórdiæ,
qui pro redemptióne nostra
Unigénitum tuum míttere dignátus es in mundum,
ut omnis, qui credit in eum, non péreat,
sed hábeat vitam ætérnam,
qui próprium Fílium tuum in cruce exaltásti
ut, chirógrapho lethi deléto,
ómnia tráheret ad seípsum,
misérere, quǽsumus, supplicántis Ecclésiæ
pro fámulo tuo (fámula tua) N. tribulánti,
ut, omni adversitáte effúgata,
déxtera tua prótegat
quem (quam) sánguine suo redémit impénso
Iesus Christus, Dóminus noster,
qui tecum vivit et regnat
per ómnia sǽcula sæculórum.
omnes repondent: Amen.</td><td></td></tr>
<tr><td>129</td><td>84. Alia formula imperativa (cf. supra n. 62):
<u>Exorcízo te,</u>
per Deum vivum, per Deum verum, per Deum sanctum,
immundíssime spíritus, inimíce fídei,
<u>hostis humáni géneris, mortis addúctor,</u>
pater mendácii, <u>malórum radix,</u>
<u>sedúctor hóminum, excitátor dolórum.</u>
Adiúro te, maledícte draco,
in nómine Dómini nostri Iesu Christi
eradicáre et effugáre ab hoc plásmate Dei.
<u>Ipse Christus tibi ímperat,</u>
<u>qui te de supérnis cælórum in inferióra terræ demérgi præcépit.</u></td><td>
cf. RR1913-RR19952, n.m.36 ad litteram</td></tr>
</table>

n. m.	De Exorcismis et Supplicationibus Quibusdam 2013 (1999)	paralleli con i Rituali pre-conciliari
	qui maris, ventis, et tempestátibus imperávit. Ipse Christus tibi ímperat, ætérnum Dei Verbum caro factum, qui pro salúte géneris nostri, tua invídia pérditi, humiliávit semetípsum factus obœdiens usque ad mortem. *Illum métue,* *qui in Isaac immolátus est,* *in Ioseph venúmdatus,* *in agno occísus,* *in hómine crucifíxus,* *deínde inférni triumphtor fuit.*	cf. RR1913-RR19952, n.m.39.55 *ad litteram*
	Da locum Christo, *in quo nihil invenísti de opéribus tuis.* Humiliáre sub poténti manu Dei; *contremísce et éffuge* *invocáto* a nobis sancto nómine Iesu, *quem ínferi tremunt,* *cui Virtútes cælórum et Potestátes* *ac Dominatiónes subiéctæ sunt,* *quem Chérubim et Séraphim* *indeféssis vócibus láudant dicéntes:* *Sanctus, Sanctus, Sanctus Dóminus Deus Sábaoth,* ...	cf. RR1913-RR19952, n.m.38 *ad litteram*
	Recéde, ergo, *in nómine Patris* ✠ *et Fílii* ✠ *et Spíritus* ✠ *Sancti:* *da locum Spirítui Sancto,* *per hoc signum sanctæ Crucis* *Iesu Christi Dómini nostri,* qui vivit et regnat in sǽcula sæculórum. *et omnes respondent*: Amen.	cf. RR1913-RR19952, n.m.36 *ad litteram*

3. Per una prima valutazione complessiva

Dalla precedente sinossi si evince come pochissimo materiale del DEOaD si sia conservato nel DESQ, sia per quello che concerne i *Prænotanda* che per quanto riguarda il rito dell'esorcismo maggiore. Come già evidenziato, non sono stati comparati i primi due punti del *Caput* II del DESQ né le sue due appendici.

Nella prima parte del *Caput* II sono offerti brani biblici (*Salmi* e passi evangelici con formule eucologiche proprie) che possono essere usati nello svolgimento del rito: di questi c'interessa solo l'eventuale corrispondenza con i brani usati nel DEOaD, cosa che faremo nel terzo capitolo di questo libro.

Nella prima appendice è contenuto l'esorcismo di Leone XIII. Qui bisogna rilevare alcune differenze rispetto alla versione introdotta a fine '800. Si hanno, infatti, variazioni nella sua struttura e alcune modifiche testuali, non di grande importanza, è vero, il cui esame è comunque da destinarsi ad altra sede[99].

Per quello che concerne invece la seconda appendice, si tratta di materiale vario utilizzabile da qualunque fedele nella lotta personale contro le forze delle tenebre. Questa sezione finale a nostro parere è di grande utilità perché porta chiarezza sulle formule che un laico può o non può utilizzare, quindi da un punto di vista puramente pastorale riteniamo che sia un'ottima iniziativa, ma il suo contenuto, com'è evidente, esula dall'argomento trattato e pertanto rimandiamo ad altri l'analisi dei testi ivi contenuti.

Tornando a ciò che si evince dalla sinossi si può notare che la maggior parte del materiale dei *Prænotanda* del *Rituale Romanum* antico è stato tagliato e, in alcuni casi, integrato nei nuovi *Prænotanda* con modalità differenti.

Le differenze nella struttura del rito maggiore sono evidenziate nel seguente capitolo; qui notiamo solo che il nuovo rito richiede la recita di preghiere specifiche prima dell'amministrazione di quest'ufficio, e fra le possibili preci opzionali figurano

---

[99] Nell'appendice dei RR1913-1952 si trova una struttura lineare composta da: *signum crucis*, «*Ad S. Michaëlem Archangelum Precatio*» (n.m.50), la formula esorcistica «*In nómine Jesu Christi...*» a cui segue il Salmo 67 (n.m.52) con il responsorio «*Ecce Crucem Dómini, fúgite, partes advérsæ*» (n.m.53), quindi l'esorcismo vero e proprio che usa il plurale maiestatis (n.m.54), cui segue in conclusione la preghiera «*Deus cæli, Deus terræ...*» (n.m.55) e una giaculatoria finale con l'aspersione del luogo (n.m.56). Nell'Appendice I del DESQ invece troviamo una struttura molto più articolata: *signum crucis*, saluto del ministro officiante, viene quindi suggerito di officiare una liturgia della parola seguita dall'omelia e la recita delle litanie seguite da una propria orazione alla quale può seguire la preghiera universale e la preghiera del Signore. A questo punto il Sacerdote inizia con la prima formula esorcistica a cui il popolo risponde col Salmo 67 ed il relativo responsorio (Cf. n.m.50 il testo è il medesimo con lievi modifiche). A questo punto è richiesto un momento di silenzio a cui segue l'orazione «*Deus cæli, Deus terræ...*» (Cf. n.m.55 con lievi modifiche testuali). Segue quindi, se il ministro officiante lo ritiene opportuno la formula esorcistica, recitata però al singolare e con variazioni testuali. Segue quindi il canto o la recita del «*Sub tuum præsídium* confúgimus, ...», a questo punto è possibile, ma non obbligatorio recitare la prece «*Ad S. Michaëlem Archangelum Precatio*». Infine il ministro asperge il luogo con acqua, benedice l'assemblea che ha partecipato al rito e li congeda. Aggiungiamo, ma solo per confronto la struttura dell'edizione più antica di questa Appendice che ci è stato possibile reperire, tratta da *Rituale Romanum Pauli V. Pontificis Maximi Jussu editum et a Benedicto XIV auctum et castigatum cui novissima accedit Benedictionum et Instructionum Appendix – Editio sexta post typicam.* Ratisbonæ, Neo Eboraci et Cincinnati. Sumptibus, Chartis et Typis Friderici Pustet. S.Sedis Apost. et Sacr. Rituum Congregationis Typographi. MDCCCXCVIII: *signum crucis*, Salmo 67 e Salmo 34, versione estesa della «*Ad S. Michaëlem Archangelum Precatio*» seguita dal responsorio «*Ecce Crucem Dómini, fúgite, partes advérsæ*», segue come orazione una prece che diventerà nel 1913 la formula esorcistica: «*In nómine Jesu Christi...*» e quindi l'esorcismo, ma con variazioni testuali come citazioni di passi biblici. Segue la prece «*Deus cæli, Deus terræ...*», la giaculatoria e l'aspersione del luogo.

due delle orazioni di Leone XIII. Anche in questa parte del nuovo Rituale il materiale del DEOaD conservato è veramente pochissimo. Il senso generale delle nuove formule non è difforme dal senso generale di quelle del rito 'Pìano', ma quest'ultime, nonostante la loro pregnanza storica che affonda nel primo Millennio della storia ecclesiale, sono state di norma omesse, talvolta smembrate e reinserite in altre formule con materiale *ex novo*: ne sono un buon esempio i n.m.39 e 55 di RR1952, due orazioni distinte che in DESQ, al n.m.129, vengono fuse in un'unica formula di esorcismo *deprecativo* con modifiche ed inserzioni al testo tramandatoci dal RR1952.

Il nuovo rito si propone quindi come un Rituale più completo e più immediato e con una più forte presenza di elementi mariani[100] rispetto ai suoi illustri predecessori. Un esempio è dato dal fatto di non dover cercare le litanie, i salmi e i passi evangelici qua e là, nel resto del Rituale, come avveniva in precedenza per ragioni di spazio, essendo il nuovo rituale pubblicato come libro liturgico a sé stante (mentre il DEOaD era sempre inserito nel volume unico contenente tutto il RR). Un altro elemento che va in questa direzione è anche la grande variabilità nella scelta delle azioni che il ministro esorcista può compiere, sia dal punto di vista delle formule che dei gesti o dei testi. Tutto ciò è vero. D'altro canto però questo Rituale sembra aver perso la semplicità che contraddistingueva i precedenti; certo ha perso la continuità formulistica che poneva questo ministero in una linea che attraversava quasi tutta la storia della Chiesa[101]. Soprattutto, e questo secondo il parere di diversi esorcisti, insieme alla continuità il DESQ ha perso anche di efficacia[102]. Ma con questa osservazione ci siamo ormai proiettati nel prossimo capitolo.

[100] Si confronti anche M. HAUKE, «The Theological Battle over the Rite of Exorcism, "Cinderella" of the New Rituale Romanum», 32-69 in *Antiphon* 10.1, 2006, 66.
[101] Non dobbiamo scordarci che molte formule introdotte nei vari sacramentari fra il 700 e il 900 erano formule molto più antiche che già circolavano nel mondo esorcistico cristiano.
[102] Si veda il Capitolo precedente in merito.

CAPITOLO TERZO

Analisi dogmatica

In questo capitolo analizzeremo i numerosi dati che abbiamo riscontrato sia nel tracciare la genesi del DESQ che nella comparazione sinottica compiuta nel precedente capitolo.

Come evidenziato nel primo capitolo, la genesi dell'attuale rito degli esorcismi è assai articolata e complessa. Abbiamo cercato di mostrare come nei primi secoli non ci fosse una struttura fissa, ma anzi ci fosse ampia libertà sia nella scelta dei testi, che nel ministro officiante il sacramentale esorcistico; abbiamo infine evidenziato come questi ultimi, per motivi vari, si stringono sempre più intorno a figure specifiche e poi a ruoli strettamente clericali.

Nel Medioevo la proliferazione di testi esorcistici fu altissima, ma in mezzo a tale proliferare emersero testi, già antichi per l'epoca, che paiono affermarsi in alcune zone (la Gallia, il territorio germanico, ecc.). Saranno quei testi che dopo il Concilio di Trento confluiranno nell'opera di Paolo V: il *Rituale Romanum*. Questo, grazie agli sforzi della Curia romana, diventerà il testo ufficiale per l'amministrazione di sacramenti e sacramentali, oltre che di benedizioni varie, e verrà imposto alle Diocesi della Chiesa Occidentale di rito latino portando unità e uniformità nelle celebrazioni, secondo la *mens* tipicamente post-tridentina. Per oltre tre secoli si ebbe quindi un rito comune, semplice nella struttura, basato su formule antichissime e finalmente regolato da norme precise e coerenti con la tradizione ecclesiale precedente.

Con il profondo rinnovamento introdotto dal Concilio Vaticano II si ebbe la necessità di adattare i testi liturgici alle nuove necessità pastorali: ultimo ad essere rinnovato fu proprio il rito degli esorcismi. La sua genesi, come visto, è stata lunga e complessa – oltre dieci anni – ma la ricerca di adattamento comportò la perdita di una ricchezza testuale antichissima. Il nuovo Rituale, il DESQ, fu accolto fra molte polemiche, fino a essere accusato di essere un testo inefficace nella lotta contro i demoni[103]. Come abbiamo detto il testo iniziale promulgato nel 1999 fu emendato nel 2004, ma si trattò perlopiù di correzioni[104].

Per quel che riguarda l'aspetto testuale, le due sinossi del precedente capitolo ci hanno mostrato come il testo risulti sostanzialmente invariato tra il 1614 ed il 1952, con modifiche marginali, quasi tutte di scarsissima rilevanza teologica, liturgica e dogmatica[105]. Di fatto si tratta di adattamenti alle norme vigenti, correzioni ed emendazioni di errori grammaticali e piccoli adattamenti pastorali. L'unica sostanziale novità si ebbe alla fine del secolo XIX, quando, frutto di una visione avuta da Papa Leone XIII, in Appendice al rituale s'introdusse un esorcismo particolare, che la Chiesa, ancora oggi, riconosce come verace e autentico, ma che, di fatto, si pose al di fuori del rito stesso, collocandosi appunto fra le appendici[106]. Va notato però che quell'esorcismo rimane presente fino ai giorni nostri, essendo contenuto anche nella prima appendice del nuovo rito[107].

Mentre le modifiche al cosiddetto rito 'Pìano' sono essenzialmente marginali e concernenti in massima parte le norme a uso del rito – da qui la possibilità di usare il solo rito del 1952 per quegli esorcisti che usano il rito antico – per ciò che concerne il nuovo Rituale si ha un cambiamento totale, sia nella struttura che nella lettera dei testi (sia di orazione che di esorcismo propriamente detto).

---

[103] G. AMORTH, «I frutti: Un rituale che non vale niente» in A. GEMMA, *Io, Vescovo esorcista*, Roma 2014, 168-171. In questo passo, che il Vescovo Andrea Gemma riporta dagli scritti di Padre Gabriele Amorth, viene esplicitamente detto che gli estensori del nuovo testo esorcistico non hanno, a loro parere, la preparazione necessaria in questa delicata disciplina. La posizione è sostenuta da un'attenta analisi dei nuovi *Prænotanda* dove si sottolineano problemi, lacune ed incongruenze col ministero stesso e col precedente rituale. Alla fine dell'articolo l'autore mette in evidenza che la *Notificatio* che il card. Medina allega al nuovo rituale, che permette l'uso del vecchio rituale, appaia come una vera e propria "barchetta di salvataggio" che serve a risolvere una situazione problematica.

[104] Nella nostra analisi abbiamo seguito la versione emendata ristampata nel 2013, in quanto le differenze sono marginali. Cf. a questo proposito anche: D. G. VAN SLYKE, «The Ancestry and Theology of the Rite of Major Exorcism (1999/2004)», 70-116, in *Antiphon* 10.1, 2006, 83-84.

[105] Di fatto, se si esclude la modifica al primo articolo dei *Prænotanda* che occorre dopo l'entrata in vigore del CIC del 1917 (n.m.3), che si riflette all'inizio del rito stesso (n.m.25), e la sottolineatura specifica dei disagi psichici nel RR1952 nel terzo articolo (n.m.5, ma si veda a questo proposito quanto detto sul tema del discernimento nel commento al brano *Ad Stagirium* nel primo capitolo), nella quale, oltre a enumerare i "sintomi" di possessione si passa dal *sunt* al *possunt*; le altre modifiche sono irrilevanti, sfumature che non alterano minimamente il senso del testo.

[106] L'interessantissima genesi di quest'appendice meriterebbe un capitolo a parte e un'analisi precisa delle numerose modifiche al suo testo, oltre che uno studio dettagliato della parte di questo particolare rito che fu inserita per numerosi decenni al termine della liturgia eucaristica. Purtroppo questo studio esula dalle finalità di questo lavoro e deve essere rimandato ad altro luogo.

[107] DESQ, 71-77. Si tratta della prima Appendice del nuovo rito, essa, come già accennato nel secondo capitolo, rivisita il rito di Leone XIII, mantenendone tutte le parti principali e lo pone come appendice al rito stesso, ma anche permettendo l'uso opzionale della preghiera a San Michele Arcangelo all'inizio del rito di esorcismo maggiore (cf. n.m.96).

1. Analisi della struttura del rito

La struttura del rito 'Pìano' è così composta:

- Norme (*Prænotanda*);
- Rito;
- Appendice (dalla fine del XIX sec. in poi).

La struttura base del DESQ invece è più articolata:

- *Decretum*;
- *Proœmium*;
- *Prænotanda* (6 sezioni);
- Rito degli esorcismi maggiore;
- Testi vari che possono essere usati nel rito;
- Appendici (due)

Già da questa prima elementare strutturazione si notano alcune differenze. I primi due punti del DESQ, Decreto e Proemio, riguardano la pubblicazione del nuovo testo e quindi non pongono problemi. Le differenze cominciano con le norme preliminari al rito. Mentre nel rito antico troviamo un unico paragrafo con 21 norme[108], nel nuovo rito si hanno 6 paragrafi e ben 38 articoli. Più avanti analizzeremo le principali differenze, qui ci limiteremo a osservarne la struttura.

Segue alle norme preliminari il rito stesso, ma al di là della struttura leggermente modificata di esso, che osserveremo fra breve, si nota subito che il *Caput* II del nuovo rito è una assoluta novità. Esso contiene una scelta di brani evangelici e di salmi e alcune formule esorcistiche alternative a quelle previste dal rito. Quest'ultima possibilità è una vera e propria novità.

Infine troviamo la parte dedicata alle appendici. Nel rito antico abbiamo una sola appendice specifica del rito[109] che contiene l'esorcismo di Leone XIII, mentre nel DESQ troviamo due differenti appendici. La prima, detta "Preghiera ed esorcismo per circostanze particolari", ammette la possibilità di effettuare anche l'esorcismo di Leone XIII; la seconda Appendice, chiamata "Preghiere ad uso priva-

[108] Una loro traduzione in italiano è reperibile in G. AMORTH, *Esorcisti e Psichiatri*, Frascati (RM) 2010, 210-214.

[109] Resta pur vero però che all'interno del *Rituale Romanum* esistono altri testi esorcistici minori, inseriti in contesti specifici e sui quali non ci soffermiamo, come per esempio l'esorcismo dell'olio. Ci pare invece importante segnalare l'esorcismo del sale e dell'acqua, generalmente contenuto nel Capitolo dedicato alle benedizioni, in quanto esso è inserito nel DESQ come parte opzionale direttamente nel testo del Rito degli esorcismi maggiore.

to dei fedeli che si trovano a dover lottare contro il potere delle tenebre", è destinata al laicato e non contiene dei veri esorcismi, ma piuttosto una serie di preghiere particolari da utilizzare nei casi in cui il fedele si trovi ad essere vessato, intimorito da presenze malefiche o in simili situazioni.

Passiamo adesso ad analizzare le due strutture del rito degli esorcismi maggiori: DEOaD-RR1952 e DESQ:

Il *De Exorcizandis Obsessis a Dæmonio* nella sua ultima edizione (*Rituale Romanum* 1952) ha la seguente strutturazione[110]:

1) Preparazione dell'esorcista (è richiesta come condizione opzionale che il Sacerdote esorcista adempia alla confessione sacramentale ed alla celebrazione della Santa Messa) e preghiere preliminari fra cui il Segno di Croce, l'aspersione con acqua benedetta e la recita delle litanie a cui possono essere aggiunte preghiere particolari (n.m.25).

2) Antifona "*Ne reminiscaris, Domine, delicta nostra...*", cui segue il Padre Nostro (n.m.26).

3) Recita del Salmo 53 e responsorio breve "*Salvum (-am) fac servum tuum (ancillam tuam)...*" (n.m.27-28).

4) Prime due orazioni: "*Deus, cui proprium est misereri...*" e "*Domine sancte, Pater omnipotens, ...*" (n.m.29).

5) Preghiera "*Præcipio tibi...*" contenente l'interrogatorio al demone[111] (n.m.30).

6) Lettura del *Vangeli* (almeno uno): *Giovanni* 1,1-14; *Marco* 16,15-18; *Luca* 10,17-20; *Luca* 11,14-22; a cui si risponde con il "*Domine, exaudi oratione meam...*" (n.m.31).

7) Terza orazione "*Omnipotens Domine, Verbum Dei Patris, ...*" (n.m.32).

8) L'esorcista fa il segno di croce su di sé e sull'indemoniato, pone l'estremità della stola sul collo dell'ossesso e tiene la mano destra sul suo collo mentre comincia il responsorio: "*Ecce Crucem Domini...*" (n.m.33-34).

9) Inizia qui il primo grande esorcismo composto da una orazione e da un esorcismo. L'orazione comincia con "*Deus, et Pater Domini nostri Jesu Christi...*", men-

---

[110] Cf. VAN SLYKE, *The Ancestry and Theology, op. cit.*, 73. AMORTH, *Esorcisti e Psichiatri, op. cit.*, 214-225.

[111] AMORTH, *Esorcisti e Psichiatri, op. cit.*, 216, afferma che nell'esperienza di Padre Candido Amantini e dei suoi discepoli tale preghiera è la più potente del rito; per tale motivazione anche lui, seguendo l'esempio del suo illustre maestro, la posticipa agli esorcismi in modo da massimizzarne gli effetti. Sottolinea inoltre come questa prece può protrarsi a lungo in quanto contenente l'interrogatorio al demone.

tre l'esorcismo "*Exorcizo te, immundissime spiritus, ...*" a cui segue il responsorio "*Domine, exaudi oratione meam...*" (n.m.35-36).

10) Orazione "*Deus, conditor et defensor generis humani, ...*" e secondo esorcismo "*Adjuro te, serpens antique, per júdicem vivórum et mortuórum, ...*" a cui segue il responsorio "*Domine, exaudi oratione meam...*" (n.m.37-38).

11) Orazione "*Deus cœli, Deus terræ, Deus Angelórum, Deus Archangelórum, ...*" e terzo esorcismo "*Adiuro ergo te omnis immundissime spiritus, omne phantasma, ...*" (n.m.39-40).

12) Si possono ripetere gli esorcismi (punti da 8 a 11) più volte, fino alla completa liberazione dell'ossesso (n.m.41).

13) A questo punto si possono dire e ripetere alcune preghiere e inni: *Padre Nostro*, *Ave Maria*, *Credo*, *Cantico del Magnificat* seguito dal *Gloria al Padre*, *Cantico del Benedictus* seguito dal *Gloria al Padre* (n.m.42-43).

14) *Symbolum Athanasianum* seguito dal *Gloria al Padre* (n.m.44).

15) Segue la recita dei *Salmi*: 90; 67 seguito dal *Gloria al Padre*; 69; 53; 117; 34 seguito dal *Gloria al Padre*; 30 seguito dal *Gloria al Padre*; 21 seguito dal *Gloria al Padre*; 3 seguito dal *Gloria al Padre*; 10 seguito dal *Gloria al Padre*; 12 seguito dal *Gloria al Padre*. I salmi nell'edizione del 1952 seguono una traduzione differente rispetto a tutti i predecessori (n.m.45), una *Antiqua Versio* che alcuni dicono corrispondente alla *Vulgata* di San Girolamo anche se l'edizione critica risulta differente.

16) Preghiera post-liberazione "*Oramus te, Deus omnipotens, ...*" (n.m.46) che conclude il rituale. Qui terminano tutti i riti contenuti nei Rituali Romani fino alla fine del XIX secolo.

Ciò che segue si trova a partire dal *Rituale Romanum* edito da Leone XIII, ed è la famosa Appendice leonina:

17) "*Exorcismus in satanam et angelos apostaticos*" la cui struttura è stata affrontata nel capitolo secondo (n.m.48-56).

Passiamo adesso ad analizzare la struttura del *De Exorcismis et Supplicationibus Quibusdam* secondo l'edizione emendata del 2004 ristampata nel 2013[112]:

1) Preparazione dell'esorcista e Riti iniziali: opzionale recita in silenzio della preghiera "*Dómine Iesu Christe, Verbum Dei Patris, ...*" e, sempre opzionale, aggiunta

[112] Cf. *Indice del DESQ*, 85. Cf. VAN SLYKE, *The Ancestry and Theology*, *op. cit.*, 84-85.

di preghiere dalla seconda Appendice del rito (n.m.95-96). Vestizione dei paramenti ed ingresso nel luogo adibito al rito. Segno di Croce e saluto ai presenti (n.m.97). Opzionale anche la Benedizione dell'Acqua e del Sale e l'aspersione dei presenti (n.m.98-102). Segue la preghiera corale delle litanie preceduta da un'orazione propria "*Omnipoténtis Dei misericórdiam, fratres caríssimi, súpplices exorémus, ...*", quindi la recita litanica cui segue una seconda orazione "*Deus, cui próprium est miseréri semper et párcere: súscipe deprecatióne nostram, ...*" (n.m.103-105).

2) Recita del *Salmo* 90 o di più salmi a scelta. Questi possono essere recitati integralmente o anche solo piccole parti di essi (versetti o strofe), ma è richiesto che essi vengano introdotti da una citazione neotestamentaria e seguiti dall'orazione proposta. È prevista la recita corale dei *Salmi* con i fedeli presenti (n.m.107-108). I Salmi opzionali sono presi dal Capitolo Secondo del rito: a scelta tra i Salmi 3; 10 (11); 12 (13); 21 (22); 30 (31); 34 (35); 53 (54),3-9; 67 (68),2-4.29.33-36; 69 (70).

3) Lettura del *Vangelo di Giovanni* 1,1-14. Nella rubrica però è scritto che si può leggere anche un altro passo evangelico tratto dal Capitolo Secondo del rito (n.m.109-110): *Matteo* 4,1-11; *Marco* 16,15-18; *Marco* 1,21b-28; *Luca* 10,17-20; *Luca* 11,14-22.

4) Imposizione delle mani con responsorio "*Kyrie eleison, ...*" (n.m.111).

5) Professione di Fede, che può avvenire in due forme: la prima col Simbolo degli Apostoli o con il Credo Niceno-Costantinopolitano, la seconda con il rinnovo delle promesse battesimali – Rinunzia e Professione in forma interrogativa– (n.m.112-114).

6) Preghiera del Signore. L'esorcista fa un preambolo introduttivo "*Una simul cum fratre nostro (soróre nostra)...*" cui segue in coro coi presenti la recita del Padre Nostro e dell'acclamazione "*Quia tuum est regnum et potéstas et glória in sæcula*" (n.m.115).

7) Segno della Croce: l'esorcista mostra la croce all'ossesso e con essa lo benedice usando la formula: "Ecce Crucem Dómini: fúgite, partes advérsæ" o altre simili (n.m.116).

8) Insufflazione: se l'esorcista ritiene opportuno farlo può alitare sul volto dell'ossesso e dirgli: "Spíritus oris tui repélle, Dómine, malígnos spíritus: ímpera eis, ut recédant, quia appropinquávit regnum tuum" (n.m.117).

9) Formule di Esorcismo: il nuovo rituale prevede a questo punto la recita di una formula invocativa (*formula deprecativa*) che è l'orazione precedente la formula

esorcistica del RR con alcune modifiche. Dopo di questa l'esorcista può, ma non è obbligatorio, recitare la formula imperativa[113]. Interessante notare che alla fine della formula vi è una rubrica che indica le possibili formule invocative (*deprecative*) e imperative da aggiungere, ma, forse per un refuso, esse rimandano a tutte le formule del secondo capitolo tranne l'ultima[114] (n.m.118-121).

10) Rendimento di Grazie: Dopo la liberazione del fedele, l'esorcista e i presenti intonano il *Cantico del Magnificat* o del *Benedictus* (n.m.122), quindi l'esorcista dice l'orazione "*Deus, univérsæ carnis creátor et salvátor, ...*" al quale tutti rispondono con l'Amen corale (n.m.123).

11) Rito di Conclusione: Se l'esorcismo non viene ripetuto il Sacerdote esorcista benedice gli astanti secondo due possibili modalità presentate dal rito stesso (n.m.124-125). Qui termina il Rito dell'esorcismo maggiore.

Comparando le due strutture del rito si può notare, al di là dell'accordarsi o meno con la suddivisione usata (che è solo una fra le molteplici possibili), come in sostanza il DESQ mantenga le varie parti della struttura del DEOaD, ma non la loro disposizione, e, come abbiamo detto, nemmeno i loro testi.

Le fasi preparatorie sono all'incirca coincidenti: anche se differiscono le modalità di preparazione resta presente la necessità che l'esorcista si disponga degnamente ad operare il suo ministero. A nostro parere però, trattandosi di una lotta contro uno o più demoni, è sicuramente più conveniente la preparazione del DEOaD richiedente la

---

[113] Ci sembra opportuno ricordare quanto già detto nel primo capitolo pag.32 n.19 relativamente alla effettiva funzione esorcistica della formula invocativa. A nostro parere l'unica formulazione esorcistica propriamente detta è la formula imperativa, sia in accordo con il CCC che con la Tradizione ecclesiastica. Ci piace sottolineare come questa formula invocativa effettivamente sia la rielaborazione dell'antichissima preghiera che introduceva l'esorcismo nel rito 'Pìano' e non era assolutamente considerata una formula esorcistica. Essa faceva certamente parte del grande esorcismo essendo l'invocazione che precedeva l'esorcismo stesso, ma con una funzione differente dalla formula imperativa. Il fatto che il nuovo rituale imponga la recita solo di questa, lasciando alla discrezione dell'esorcista l'uso della formula esorcistica imperativa, ci crea qualche problema. Problema anche nell'ordine della tradizione esorcistica, come abbiamo visto.

[114] Cf. n.m.121 della sinossi contenuta nel precedente capitolo, corrispondente a DESQ, 37, nel quale è scritto: «Aliæ formulæ deprecativæ et imperativæ, quæ addi possunt vel commutari cum illis hic indicatis, infra in Capite II, n. 81-83, ponuntur.». Se leggiamo la rubrica che precede la formula invocativa (cf. n.m.118), le formule opzionali tratte dal Capitolo Secondo sono da 81 a 84 (n.m.126-129). Verificando sul DESQ alle pagine 63-67 (che corrispondono appunto ai n.m.126-129), le formule addizionali risultano essere effettivamente da 81 a 84 (n.m.126-129). La formula 'sfuggita' a questa seconda rubrica è una formula di particolare interesse perché contiene alcuni significativi frammenti delle formule esorcistiche del rito 'Piano' fusi fra loro e integrati con parti nuove. Troviamo una singolare coincidenza che nell'ultima ristampa (2013) della versione emendata (2004) del rito nuovo (1998-99) permanga un refuso di questa natura che, di fatto, estromette l'unica formula di esorcismo che contiene parti significative, interi stralci delle formule antiche, presenti in modo letterale e non solo *ad sensum* (cf. n.m.129).

Confessione sacramentale (o almeno un atto di contrizione) e il sacrificio della Messa prima della celebrazione del sacramentale.

All'inizio della celebrazione, in entrambi i riti viene richiesto di recitare alcune preghiere preliminari (a scelta dell'esorcista) e nel vecchio rito a questo punto si recitano, con gli astanti, le litanie e l'aspersione del luogo con l'acqua santa o esorcizzata.

Entrambi i riti cominciano con il Segno della Croce, a cui nel nuovo rito si aggiunge il saluto in accordo con le richieste del Concilio Vaticano II di rendere tutti i riti il più possibile aperti alla partecipazione della comunità di fedeli, tratto comune a tutto il nuovo rito. È qui che il nuovo rito inserisce la possibilità di esorcizzare e benedire il sale e l'acqua, di aspergere il luogo e i fedeli e quindi la recita delle litanie.

Se fino a questo punto tutto pare abbastanza concordante, ora cominciano le differenze strutturali. Il vecchio rito prosegue con un'antifona e la recita del *Padre Nostro* cui segue il *Salmo* 53 ed un responsorio tra l'esorcista ed i presenti. Nel DESQ invece si hanno la salmodia (il *Salmo* 90 e possibili *Salmi* addizionali) e la lettura del *Santo Vangelo* (*Giovanni* 1,1-14 e altri brani a scelta tra quelli del Capitolo Secondo). Questa scelta di anteporre la *Sacra Scrittura* ci pare ottima in quanto si dà immediatamente risalto alla Parola rivelata e si elimina così ogni possibile idea di tipo magico, anche se a nostro avviso si sarebbe potuta mantenere l'antifona del rito. Va però notato che anche la posizione delle letture nel rito antico, in particolare della lettura del *Santo Vangelo*, è ben studiata. Quest'ultimo è, infatti, posto in modo da essere centrale nella celebrazione: segue una delle formule più potenti del rito stesso[115] e precede il Segno di Croce ed i tre grandi esorcismi. I *Salmi* invece sono posti alla fine del rito stesso quasi a dare un colpo di grazia al demone. Quindi entrambe le soluzioni hanno una loro motivazione che pare accettabile.

Il rito antico a questo punto inserisce due orazioni che invocano la presenza e l'aiuto divino, a cui segue la formula del *Præcipio tibi* e poi, come detto, la lettura del *Santo Vangelo*. I brani evangelici riportati dal vecchio rituale sono tutti stati recuperati dal nuovo rito, ed è stato aggiunto il brano delle tentazioni nel deserto di *Matteo* e la cacciata dello spirito immondo nella sinagoga di Cafarnao descritto da *Marco*. Indubbiamente si tratta di due brani coerenti con il rito, soprattutto con il pregio di inserire anche il *Primo Vangelo* nei brani opzionali.

---

[115] Si veda a questo proposito la nota numero 111 a pagina 94.

Nel nuovo rituale si trova a questo punto l'imposizione delle mani accompagnato da un responsorio fra esorcista e presenti che chiede la liberazione dell'ossesso e a cui tutti rispondono dicendo "Signore Pietà". Questa modalità di imposizione delle mani è una delle novità del nuovo rito, se si esclude l'imposizione della stola sul collo e della mano destra sul capo dell'ossesso che si trova tra la terza orazione e il Segno della Croce (n.m. 33), quindi subito dopo lettura del Vangelo.

Di seguito, nel rito antico s'interroga il demonio, si leggono i *Vangeli* e si procede con la terza orazione che invoca l'aiuto di Dio, mentre nel nuovo rito si propone la Professione di fede secondo due possibili modalità: il *Credo* nelle forme liturgiche consuete (*Simbolo degli Apostoli* e *Credo Niceno-Costantinopolitano*) oppure la forma delle promesse battesimali. Quest'ultima è una vera novità del rito, a nostro parere assai brillante. Si perde però quel tesoro prezioso e antichissimo che è il *Simbolo di Sant'Atanasio*.

Al *Credo*, il nuovo rito fa seguire il *Padre Nostro* e quindi il Segno di Croce, utilizzando però fisicamente un crocifisso, ed infine la insufflazione, ovvero un rito antichissimo[116] che nel DEOaD non era esplicitamente formulato.

A questo punto si hanno, in entrambi i riti, le formule esorcistiche, ma, mentre nel rito antico si avevano tre grandi esorcismi, ciascuno composto da una preghiera di supplica a Dio ed una formula imperativa antichissima, nel DESQ si ha una sola formula invocativa o *deprecativa*, che di fatto corrisponde per posizione e genere alla preghiera del rito antico, dato che, in quest'ultimo, è l'unica obbligatoria. La formula imperativa poi è opzionale. Inoltre, sta alla sensibilità dell'esorcista recitare più esorcismi o limitarsi a uno. Nel DEOaD invece viene esplicitamente suggerito di ripetere gli esorcismi fino alla completa liberazione dell'ossesso (n.m. 41). In pratica quello che è il culmine, il centro verso cui tutto dovrebbe protendere, nel DESQ è ridotto ai minimi termini e il suo nucleo più verace è trasformato in una parte opzionale, a discrezione di chi amministra il sacramentale. Questo ci pare decisamente un eccesso, del quale ignoriamo le ragioni, ma che potrebbe spiegare le numerose critiche di inefficacia di questo rito alle quali abbiamo già accennato.

Alle formule esorcistiche segue, nel rito antico, la recita di preghiere, inni, cantici e infine del *Credo*, cui segue il *Simbolo di Sant'Atanasio* e tutti i *Salmi* previsti per aiutare l'ossesso nella sua liberazione. I *Salmi* recitabili sono gli stessi che il nuovo rito rende disponibili nel Capitolo Secondo, ma in quest'ultimo viene omesso il

[116] Si veda la sezione patristica del primo capitolo in proposito.

Salmo 117 mentre il *Salmo* 67 non viene letto integralmente. Anche nel nuovo rito si ha sempre la recita di inni, cantici e preghiere, ma soltanto come rendimento di grazie per l'avvenuta liberazione. A nostro parere si ha così la perdita dell'azione efficace delle preghiere contro i demoni, anche se indubbiamente in questo modo si esalta la loro funzione di rendimento di grazie.

Il DEOaD termina con una preghiera propria specifica per la liberazione dell'ossesso (n.m.46), mentre il DESQ termina con la benedizione dei presenti. Indubbiamente è una scelta ottima quella di terminare con una benedizione degli astanti e del liberato (o dell'ossesso, qualora la liberazione non fosse ancora riuscita), ma non comprendiamo la ragione dell'omissione della preghiera post-liberazione.

2. Analisi del testo del DEOaD

Abbiamo già rilevato che fino al rito del 1913 c'era un sostanziale accordo tra i testi, eccetto per le mere correzioni di stile, le aggiunte di accenti al testo e poco altro. Dal rito del 1925[117] in poi si registrarono delle differenziazioni che però non toccarono tanto il testo quanto le norme e le rubriche ad esso concernenti: furono dovute in massima parte all'introduzione nel 1917 del *Codice di Diritto Canonico* che regolò la vita della Chiesa e quindi anche l'amministrazione delle liturgie. In definitiva, le modifiche che intercorsero nei Rituali preconciliari che abbiamo esaminato e comparato mediante la sinossi furono davvero marginali. Si può affermare con sicurezza che il testo non subì modifiche rilevanti in un lasso di tempo decisamente lungo, che attraversò la modernità, arrivò all'epoca contemporanea ed è tuttora in uso nella postmodernità. L'unica eccezione fu la seguente. Nel testo del 1614 troviamo un passaggio, durante la preghiera "*Deus Conditor*" (n.m.37), dove si indica di fare: "*Quatuor cruces sequentes fiant in pectore dæmoniaci*", mentre dal rito del 1752 in poi si ha: "*Tres Cruces sequentes fiant in pectore dæmoniaci*". È chiaro che si tratta di una differenza di un certo peso, ma Benedetto XIV (che nel 1752 emendò il *Rituale Romanum* del 1614) lo modificò in 'tres' e nessuna revisione del testo ripristinò più il "*quatuor*". È quindi assai probabile che quel "*quatuor*" fosse un semplice refuso[118]. Inoltre il senso di fare tre croci sul petto dell'indemoniato ci è chiaro, mentre sfugge

[117] Che noi abbiamo visionato in una ristampa del 1934, come indicato in nota nel primo capitolo.
[118] M. SODI (Edd.), *Rituale Romanum, op. cit.*, 213.

quale possa essere la valenza di farne quattro, anche se effettivamente nei più antichi rituali il 4 corrispose generalmente alle direzioni dello spazio da esorcizzare. Seguendo ipoteticamente quest'antica tradizione, il rito di Paolo V, nel segnare quattro volte il petto, in altre parole la sede del "cuore" (sede dell'incontro intimo tra l'uomo e Dio nella *mens* giudeo-cristiana antica) era come se volesse simbolicamente apporre il sigillo della croce in tutte le direzioni spaziali a cui il cuore dell'ossesso era esposto per ribadirne l'appartenenza a Cristo. Si demanda ad altro studio la verifica di questa possibile ipotesi.

Sempre tra il rituale del 1614 e quello del 1752 si ha la modifica di altri due passi, questa volta relativi alle formule imperative di esorcismo. Nella prima formula (n.m. 36) si passò dall'espressione "*vires tua perdere*" all'espressione "*vias tua perdere*", mentre nella terza (n.m. 40) si passò dall'espressione "*qui post lavacrum Iordanis*" a "*qui post lavácrum Joánnis*", che arrivarono in questa forma fino al *Rituale* del 1952[119]. Com'è chiaro, si trattò comunque di sfumature marginali; inoltre, situandosi fra la prima edizione del testo e la sua forma emendata e corretta il loro peso si riduce ulteriormente.

Se quest'uniformità fu vigente nel DEOaD fino al 1952, non altrettanto si può dire della teologia sottintesa, espressa nei *Praenotanda*.

D'importanza davvero notevole fu la modifica al primo articolo dei *Prænotanda* (n.m. 3), dove si passò dal "*Sacerdos, seu quivis alius legitimus Ecclesiæ minister,*" usato dal *Rituale Romanum* fino al 1913, al "*Sacerdos, de peculiari et expressa Ordinarii licentia,*" che si troverà dal 1925 in poi. Questa modifica, infatti, restrinse con chiarezza la figura del ministro che doveva e poteva usare il rito degli esorcismi. Tale demarcazione fu ribadita nella rubrica che si trova all'inizio del *Caput* II, ovvero dove inizia il Rito dell'Esorcismo (n.m. 25).

Sempre nella prima rubrica del Rito (n.m.25), riguardo all'imposizione della stola violacea sull'ossesso, scomparve la precisazione "*cujus extrema pars ad obsessi collum circumponatur*". Tale modifica ebbe effetti anche nello svolgimento del rito: infatti, possiamo vedere che al n.m. 33 si passò da "*circumposita parte stolæ ad collum ejus*" a "*imponat extremam partem stolæ collo ejus*".

Al n.m. 41 si ebbe una lieve modifica testuale, da "*quatenus opus fuerit*" si passò a "*quatenus opus sit*", ma è solo una sfumatura testuale. Dal *Rituale Romanum* del 1925 (n.m. 42-43) in poi venne modificata la forma testuale recante l'invito a re-

---

[119] Cf. VAN SLYKE, *The Ancestry and Theology*, *op. cit.*, 81.

citare le preci del *Padre Nostro*, *Ave Maria*, *Credo*, *Magnificat* e *Benedictus*, ma anche in questo caso si trattò di varianti stilistiche che non inficiarono il testo del rituale.

L'ultimo dettaglio da notare concerne l'ordine dei *Caput* che compongono i Rituali, ordine che varia secondo l'edizione. Per ragioni di spazio prendiamo ad esempio il *Rituale* del 1913[120] e quello del 1952[121]. Nel primo rituale abbiamo una struttura in più capitoli, dove il primo Capitolo contiene le norme preliminari e il rito dell'esorcismo, mentre dal secondo al settimo Capitolo troviamo le varie "*Formulæ scribendæ in Libris habendis apud Parochos*"[122]; l'esorcismo di Leone XIII è nella sezione delle Appendici, fra le molte benedizioni in essa contenute. Nel *Rituale Romanum* del 1952 troviamo invece una struttura più semplice, tre Capitoli dedicati rispettivamente alle Norme preliminari, al Rito degli esorcismi e all'Esorcismo di Leone XIII. La parte del "*De Libris habendis apud Parochos*" si trova nella sezione delle Appendici, precisamente la *Pars IV*[123], divisa in sei capitoli a numerazione crescente, corrispondenti alle norme preliminari e alle varie formule per i registri parrocchiali.

3. Confronto tra DEOaD e DESQ

Come abbiamo già evidenziato le differenze tra i due rituali sono sostanziali. Esse riguardano la struttura, i testi, le modalità d'impiego stabilite dalle norme preliminari, le appendici e persino la teologia sottostante ai due Rituali. Come notato, infatti, le formule esorcistiche imperative, che erano il centro stesso del rituale fin dall'antichità, fin da quando erano semplici formule nel nome di Gesù Cristo Signore, nel DESQ appaiono come un elemento marginale, addirittura opzionale (cf. n.m.118).

---

[120] *Rituale Romanum Pauli V. Pontificis Maximi jussu editum et a Benedicto XIV. Et a Pio X. Castigatum et auctum cui accedunt Benedictionum et Instructionum appendices duæ. Editio typica.* Ratisbonæ et Romæ Sumptibus et typis Friderici Pustet S. Sedis Apost. et S. Rit. Congr. Typographi. Neo Eboraci et Cincinnati: Apud fr. Pustet & co. 1913, 307-327, 173*-176*.

[121] *Rituale Romanum Pauli V Pontificis Maximi jussu editum aliorumque pontificum cura recognitum atque ad normam Codicis Juris Canonici accommodatum SSMI D.N. Pii Papæ XII auctoritate ordinatum et auctum Editio Juxta Typicam,* Romæ, Tornaci, Parisiis Typis Societatis S. Joannis Evangelistæ, Desclée & Cie, S. Sedis Apost. et S. Rituum Congreg. Typographi, 1955, 849-886.

[122] RR1913, 328-333. Troviamo questa struttura che vede al *Caput* II le formule per i registri parrochiali fin dal 1872, noi abbiamo verificato su una ristampa del 1880 di tale rituale e su una ristampa del 1898 del RR1884 ed entrambe hanno questa struttura. Essa non figura invece nel RR1752, verificato in una ristampa del 1834 e nemmeno nel RR1925, ristampa 1934, dove esso diventa il titolo successivo al DEOaD ed è diviso in cinque capitoli (pag. 452-459). Nel RR1614 esso è effettivamente sistemato dopo il DEOaD (p.228-232 dell'ed. anastatica), ma ci pare sia un Titolo a sé stante.

[123] RR1952, 38*-46*.

Nel DESQ si accentua molto la possibilità di scelta dell'esorcista fra brani selezionati, ma consultando la vasta bibliografia di Padre Gabriele Amorth si scopre che il vecchio rituale non è poi così rigido e monolitico come potrebbe apparire: al contrario, è soggetto all'esperienza dell'esorcista[124]. A questo proposito, fare un'analisi delle differenze testuali sarebbe poco produttivo, dal momento che dare la possibilità non ne garantisce l'esercizio, come ben sanno i liturgisti riguardo ai Prefazi o alle Preghiere Eucaristiche, mentre anche la norma più rigida può essere facilmente disattesa (come ancora ben sanno i liturgisti). Per quel che è possibile ricavare dai Rituali, rimandiamo alla sinossi del precedente capitolo, che evidenzia i pochi punti di contatto.

Quello che c'interessa indagare invece sono le differenze tra i *Prænotanda*, in quanto queste sono alla base delle numerose polemiche sorte attorno all'efficacia del rito stesso[125]. L'articolo 13 (n.m.69), per esempio, richiede che il presbitero che riceve il ministero esorcistico abbia una preparazione specifica previa alla nomina: ma spesso le nomine avvengono in luoghi in cui tale ministero è assente da secoli[126], per cui o le si ritiene invalide o la previa preparazione non è indispensabile, soluzioni entrambe respinte. Tuttavia questo punto a nostro parere è assolutamente corretto, poiché non ci si può improvvisare esorcisti; inoltre il recente riconoscimento dell'AIE faciliterà questo compito a livello mondiale grazie anche alle riunioni internazionali che regolarmente essa svolge.

---

[124] Basti pensare, come esempio, a quanto detto a proposito della preghiera del "*Præcipio tibi*" (n.m. 30), che Padre Amorth riferisce di posticipare abitualmente dopo le formule imperative per aumentarne l'efficacia, metodologia appresa direttamente dal suo maestro Padre Candido Amantini. Cf. G. AMORTH, *Esorcisti e psichiatri, op. cit.*, 216. Ma può essere d'interesse anche consultare: G. AMORTH, *Un esorcista racconta*, Trebaseleghe (Pd) [22] 2010 (prima edizione 1990); IDEM, *Esorcisti e psichiatri*, Frascati (Rm) [9] 2010 (prima edizione 1996); IDEM, *Memorie di un esorcista. La mia vita in lotta contro Satana*, Cles (Trento) 2010; IDEM, *L'Ultimo esorcista*, Cles (Tn) 2013 (prima edizione 2011); IDEM, *Il Segno dell'Esorcista*, Milano 2013; IDEM, *Il Diavolo. Un'inchiesta contemporanea. I nuovi casi dell'Ultimo esorcista*, Milano 2014. Gli esempi che si possono trovare in questo stralcio della sua vasta bibliografia sono molteplici e sparsi lungo tutta l'estensione dei libri. In questi libri, infatti, Padre Amorth parla spesso di come lui, Padre Candido e altri esorcisti modifichino l'uso del vecchio rituale secondo le necessità, delle loro esperienze sul campo, delle specificità del demone o della situazione pastorale che si trovano dinnanzi. Questo mostra come anche il vecchio rituale permettesse un ampio margine di adattabilità, forse anche maggiore perché non limitata a un capitolo con testi vari da aggiungere a piacimento.

[125] Secondo Padre Amorth le norme del DEOaD omesse dal DESQ sono quelle contenute nei numeri 4-8 (n.m. 6-10), 11 (n.m. 13), 13-20 (n.m. 15-22). Cf. G. AMORTH, «I frutti: Un rituale che non vale niente», 168-171 in A. GEMMA, *Io, Vescovo esorcista, op. cit.*, 170. La nostra analisi del testo ci porta a credere che l'omissione di norme non sia così drastica, si veda la seconda sinossi del precedente capitolo: secondo noi i punti 4-5 (n.m. 6-7) e 11 (n.m. 13) sono stati conservati *ad sensum* almeno parzialmente.

[126] G. AMORTH, «I frutti: Un rituale che non vale niente», 168-171, in A. GEMMA, *Io, Vescovo esorcista, op. cit.*, 168-169.

Il vero nodo gordiano, quello che crea una difficoltà notevole all'uso del nuovo Rituale, è contenuto nei numeri 15 e 16 (n.m.71-72). Nel primo si proibisce l'uso del rito in caso di maleficio, ma, come spiegava Padre Amorth nei suoi scritti, il maleficio, nelle sue molteplici forme, è uno dei fattori principali che causa possessioni[127]. Questo pone un limite enorme all'effettiva possibilità di usare il rito restando aderenti alla lettera della norma. Stessa problematica, se non addirittura peggiore, la crea il numero 16 (n.m.72). In esso si trova, infatti, il divieto di procedere all'esorcismo se non si è "moralmente certi" della effettiva presenza di possessione demoniaca. Come visto però la presenza della possessione è spesso difficile da verificare, anche in base ai criteri elencati nel seguito dell'articolo (peraltro tradizionali), e l'unica certezza si ha solo eseguendo, sul presunto ossesso, un esorcismo preliminare. Ma, secondo questa norma, ciò non può essere fatto se non si ha la certezza morale della presenza diabolica. Si entra così in un circolo vizioso: non si può compiere un esorcismo senza la certezza morale dalla possessione, ma questa la si ha soltanto facendo un esorcismo; quindi, verrebbe da concludere, non è lecito fare esorcismi. Una conclusione due volte stupefacente, se si nota che deriva dai *Praenotanda* di un Rituale per esorcismi. Inoltre, Padre Amorth fa notare che l'articolo numero 16 parla solo di possessione, ovvero della presenza del demone, il che si verifica solamente nelle persone; ma Amorth sottolinea che il demonio può agire anche per mezzo di cose ed animali: in questo caso non c'è mai 'presenza' del demonio, ma soltanto 'influenza'[128]. Dal momento in cui l'articolo numero 16 permette l'esorcismo solo nei casi di 'presenza', argomenta Amorth, il DESQ esclude la possibilità di intervenire sulle cose e sugli

---

[127] G. AMORTH, «I frutti: Un rituale che non vale niente», 168-171 in A. GEMMA, *Io, Vescovo esorcista, op. cit.*, 169: «N. 15 – Qui si parla dei malefici e di come comportarsi. Il maleficio è un male causato a una persona ricorrendo al diavolo. Può essere fatto in tante forme: fattura, legatura, maledizione, malocchio, voodoo, macumba... Il Rituale Romano spiega il comportamento da usarsi in alcuni di questi casi, per esempio se si è dato da mangiare o da bere alla vittima qualcosa di malefico. Qui, *orribile dictu*, ci si limita ad affermare la proibizione assoluta a fare esorcismi. Si ammette, con grande magnanimità, qualche preghiera consolatoria, che può essere fatta anche da un sacerdote non esorcista o da un diacono. E perché non anche da un portinaio o da un netturbino, ossia da un laico? I compilatori ignorano totalmente che i malefici sono di gran lunga la causa più frequente delle possessioni e dei mali malefici: non meno del 90%. È chiaro che non hanno mai fatto e mai assistito a esorcismi, e non ne hanno neppure le più elementari cognizioni. E sono contenti se non si fanno» (corsivi presenti nel testo). Cf. anche la bibliografia contenuta nella nota 124 a pag. 103.

[128] G. AMORTH, «I frutti: Un rituale che non vale niente», 168-171 in A. GEMMA, *Io, Vescovo esorcista, op. cit.*, 169: «N. 16 – In questo numero si afferma solennemente che non si possono fare esorcismi se non c'è la morale certezza della presenza diabolica. Intanto non ci si accorge di essere in diretto contrasto col *Catechismo della Chiesa Cattolica*, che afferma, al n.1673, che l'esorcismo va fatto per liberare dai demoni e per liberare da influenze diaboliche; va fatto sulle persone e sugli oggetti. I compilatori ignorano totalmente che nei casi di influenze diaboliche e nei casi di oggetti maleficiati (case, cose, animali), non c'è mai la presenza diabolica. Ignorano che i casi di influenza diabolica sono assai più numerosi che i casi di vera possessione. Per cui la proclamata proibizione è frutto di ignoranza» (corsivi presenti nel testo).

animali. Secondo il decano degli esorcisti questa 'sfumatura' si pone in diretto contrasto con il CCC, dove al numero 1673 si menziona esplicitamente la 'influenza':

> «L'esorcismo mira a scacciare i demoni o a liberare dall'influenza demoniaca, e ciò mediante l'autorità spirituale che Gesù ha affidato alla sua Chiesa»[129].

Amorth così evidenziava un dato che da questa norma preliminare, apparentemente, è omesso. Effettivamente ci pare che la critica sia ben argomentata e solida.

Padre Amorth, oltre ad annotare quanto detto, contestava anche il fatto che il nuovo Rituale non fosse stato elaborato da addetti ai lavori, ma da esponenti del clero totalmente inesperti in materia di esorcismi. Questa inesperienza, a suo dire, appare dal fatto che ignorano la prevalenza dei casi di 'influenza' diabolica rispetto a quelli di 'presenza', e che quei segni di discernimento da loro inseriti nell'art.16 subito dopo la proibizione, e ripresi dal DEOaD, quasi sempre si manifestano solo durante l'esorcismo e assai raramente in condizioni 'normali' o comunque fuori della celebrazione del sacramentale. Amorth infine fa notare come il rito dell'esorcismo sia assolutamente innocuo in caso di effettiva non presenza demoniaca, trattandosi di preghiere e non di pratiche invasive o riti magici[130]. Per quel che possiamo giudicare, siamo anche noi dello stesso avviso.

---

[129] CCC, n.1673.

[130] G. AMORTH, «I frutti: Un rituale che non vale niente», 168-171 in A. GEMMA, *Io, Vescovo esorcista, op. cit.*, 169: «Ma c'è di più, molto di più in questo n. 16. Si vuole affrontare, con la provata totale incompetenza, il problema del discernimento. "Non si proceda agli esorcismi se non c'è la morale certezza della presenza del demonio." E si passa a parlare dei segni di tale presenza, accennando ai tre segni già riportati, dal Rituale Romano: capire e parlare lingue sconosciute, manifestare cose occulte, avere una forza straordinaria. Ma gli estensori non sanno che questi segni, come quasi tutti gli altri segni, si manifestano quasi esclusivamente durante gli esorcismi e non al di fuori di essi, per cui l'esorcismo ha vero e proprio scopo diagnostico, ossia lo scopo di provocare i segni di un'eventuale presenza malefica. Ma a questo punto ha prevalso un'idea davvero geniale, che è stata accolta da tutti con un sospiro di sollievo: "Prima si fa la diagnosi e poi si fa la cura". Nessuno ha rilevato l'assurdità di paragonare la diagnosi medica con la diagnosi esorcistica. Per la diagnosi medica c'è l'aiuto preliminare di analisi, di lastre, di febbri, di TAC e risonanza magnetica, ecc., mentre per la diagnosi esorcistica c'è solo la preghiera. In più, uno sbaglio di diagnosi medica può portare a operazioni sbagliate, a cure sbagliate, con gravi danni dei pazienti. Gli esorcismi, che sono preghiere, mai possono causare danni. Mai mi sono pentito di aver fatto esorcismi non necessari; mai ne sono seguiti danni, ma solo la soddisfazione di sentirsi dire: "Stia tranquillo che in lei non c'è niente di malefico". Sono tutte affermazioni gravissime e dannosissime, da parte degli inesperti redattori. Ma gli esorcisti, ossia gli esperti che da decine d'anni si trovano quotidianamente a risolvere il problema se in una persona c'è o no una presenza malefica, sono stati tenuti ben lontani, disprezzati e tacciati con perfida ironia da *cosiddetti demonologi*» (corsivi presenti nel testo). Cf. anche S.M. PACI, «... E liberaci dal maligno. Intervista con Padre Gabriele Amorth» in «*30 Giorni*», XIX (2001), n.6; Qui Padre Amorth oltre ad esprimere l'opinione di un rito fatto da non addetti ai lavori sottolinea che è stato elaborato senza tener conto dei suggerimenti di un gruppo di diciotto esorcisti di fama mondiale sotto la sua direzione che analizzano il DESQ punto per punto. cf. G. AMORTH, *Un esorcista racconta, op. cit.*, 45-56. Sulla comparsa dei segni di presenza diabolica durante il rito cf. DESQ, 11-12.

Sempre nelle norme preliminari, stavolta però riguardo il n. 18 (n.m.74) Amorth si domanda a quali esperti debba rivolgersi il Vescovo se non agli esorcisti stessi, sia per i casi difficili che per i casi di persone non cattoliche[131]. A noi viene da pensare che nel vasto panorama teologico cattolico esistono dei teologi generalmente chiamati 'demonologi', ovvero esperti in materia che possono integrare le conoscenze pratiche degli esorcisti attraverso il loro studio di testi antichi, non solo cristiani, relativi a demoni, esorcismi e altri fenomeni a carattere occulto e persino esoterico. Il Vescovo diocesano potrebbe rivolgersi a uno di loro per avere lumi su ciò che ritenga dubbio o poco chiaro. Inoltre nel caso di persone non cattoliche riteniamo buona norma, anche in un'ottica ecumenica di reciproco rispetto, consultare esperti appartenenti al credo religioso della persona presunta posseduta, anche se ci domandiamo perché un non cattolico debba rivolgersi a un esorcista cattolico, specie nel caso di un ateo, e poi manifestare problemi sullo svolgimento del rito. Quindi su questo punto non concordiamo con il compianto e reverendo Padre Amorth.

Un altro dato che ci lascia perplessi è l'assenza dell'interrogatorio al demone durante l'esorcismo. Questo non è presente né nelle norme, né nel rito del DESQ. Abbiamo già riportato l'opinione di eminenti esorcisti che ritengono questo punto un momento fondamentale per arrivare a conseguire la liberazione del posseduto, ricordiamo come Padre Amorth asserisce di spostare, e con lui tutti gli allievi di Padre Amantini, il "*Præcipio tibi...*" dopo le formule di esorcismo per massimizzare gli effetti della preghiera e per avere più spazio per l'interrogatorio. Amorth ritiene che quest'omissione sia la prova definitiva della non competenza in materia esorcistica degli estensori del nuovo rito[132].

Ci pare anche singolare il fatto che, mentre il rito antico cominciava, di fatto, con il *Salmo* 53 (posto subito dopo l'antifona "*Ne reminiscaris, ...*" – cf. n.m.25-27 – e ricompariva anche fra i *Salmi* opzionali da recitare dopo gli esorcismi), nel nuovo rituale il *Salmo* 53 rimane solo come *Salmo* opzionale, e di fatto perde l'importanza che ha avuto nel DEOaD. Sempre in questa fase scompare dal DESQ il *Salmo* 117 dai brani opzionali utilizzabili dall'esorcista. Il motivo per cui un *Salmo* (nel cui testo si celebra la misericordia di Dio, che invita a rifugiarsi e a confidare in Lui, dove si

[131] G. AMORTH, «I frutti: Un rituale che non vale niente», 168-171 in A. GEMMA, *Io, Vescovo esorcista, op. cit.*, 170. È da notare però che è possibile che Padre Amorth si riferisca alla compilazione del rituale stesso piuttosto che in generale, ma vista la stesura del passo, il dubbio che si riferisca al punto 18 *tout court* rimane.

[132] G. AMORTH, «I frutti: Un rituale che non vale niente», 168-171 in A. GEMMA, *Io, Vescovo esorcista, op. cit.*, 170.

gioisce della liberazione dai nemici che egli opera, ecc.), debba essere omesso dalla scelta dei *Salmi* opzionali non ci pare chiaro. Di tutta la salmodia, questo è l'unico omesso integralmente, mentre il *Salmo* 67 viene amputato scegliendo i versetti ritenuti più idonei[133]. Anche la 'declassazione' del *Salmo* 53 pone degli interrogativi, il testo riportato nei Rituali comincia con il terzo versetto[134], sia nel DEOaD che nel DESQ, dove si invoca il nome del Signore per essere salvati. Per chiarezza conviene riportarlo:

> «Dio, per il tuo nome, salvami, per la tua potenza rendimi giustizia».

Già dalla sua semplice lettura, questo versetto, in cui è l'invocazione del nome del Signore a eseguire la liberazione per cui poi si renderà grazie al nono e ultimo versetto, rivela un motivo sufficiente per lasciarlo nella posizione preminente in cui gli antichi liturgisti lo avevano sapientemente collocato. Esso, con tutto il *Salmo* che lo contiene, faceva da vera introduzione al rito. Resta vero che l'invocazione del nome per la liberazione è il nucleo della formula imperativa, formula che nel DESQ ha un rilievo marginale: che sia quindi una scelta precisa dei liturgisti post-conciliari coerente con la struttura del nuovo rito? È una domanda alla quale non sappiamo rispondere. L'unica ipotesi che ci sovviene è relativa alla modifica del messale post conciliare che eliminò la *Præparatio ad Missam* del Messale di San Pio V che cominciava con il "*Ne reminiscaris...*" seguita da una selezione di *Salmi*, quindi il *Padre Nostro* e un responsorio, ecc., ovvero una struttura del tutto similare a quella del DEOaD[135]. Ipotizziamo quindi che i redattori del DESQ abbiano fatto una scelta stilistica di adeguamento. A nostro parere, considerata la natura differente dei due riti – un Sacramento e un sacramentale – ci sembra, anche in questo caso, una scelta abbastanza discutibile.

---

[133] Pratica lecita, ma a nostro parere poco rispettosa della Sacra Scrittura. Capiamo la scelta di omettere il primo versetto quando si tratta delle indicazioni canore e musicali, ma che si stralci così la Parola rivelata durante un rito solenne di questa gravità ci pare una scelta liturgica assai discutibile.

[134] In questo caso l'omissione dei primi due versetti ci pare adeguata, essendo il primo relativo alle indicazioni musicali e il secondo al contesto storico cui il *Salmo* si riferisce, in quanto questi due versetti pur essendo Parola del Signore non hanno lo stile della preghiera e spezzerebbero, a nostro parere, il clima di raccoglimento e concentrazione necessari alla declamazione orante dei versetti seguenti.

[135] La struttura del *Missale Romanum* pre-conciliare e la *Præparatio ad Missam* è consultabile al seguente link: https://www.maranatha.it/MobileEdition/T15-MissaleRomanum1962/testi/01page.htm [12/12/2019]. Essendo questa tematica prettamente accessoria ai nostri fini non abbiamo ritenuto opportuno ricercare copie cartacee originali del Messale in questione né approfondire le differenze che esistono fra il Messale pre-conciliare e quello post-conciliare, in quanto quest'ultima tematica esula completamente dalle questioni trattate nel presente libro e merita una trattazione a sé stante che demandiamo ad altra sede.

4. L'utilizzo del DEOaD oggi

Dobbiamo ricordare a questo punto un elemento abbastanza singolare cui abbiamo già accennato brevemente alla fine del primo capitolo, ma che in questa sede è opportuno approfondire. Ci riferiamo alla notificazione che il card. Jorge Medina Estévez, prefetto per la Congregazione per il Culto Divino, affianca alla pubblicazione del DESQ, nella quale afferma che il nuovo Rituale non sia obbligatorio, ma che sia possibile continuare a utilizzare il vecchio rituale facendone richiesta all'Ordinario diocesano; questi, a sua volta, deve richiedere l'autorizzazione alla Congregazione, la quale "la concede volentieri"[136]. Amorth definisce questo provvedimento una 'barchetta di salvataggio'[137].

L'idea che, contestualmente alla promulgazione di un nuovo Rituale, si conceda di poter continuare comunque a usare il precedente può sconcertare, ma dobbiamo ricordare che l'intero Messale Romano si trova nella stessa condizione: il Messale riformato da Giovanni XXIII, infatti, è tuttora in vigore e fruibile, poiché non è mai stato abolito nonostante esista anche il Messale di Paolo VI, profondamente diverso.

Leggiamo, infatti, nel *motu proprio* "Summorum Pontificum" di Benedetto XVI, promulgato il 7 luglio 2007:

> «Art.1. Il Messale Romano promulgato da Paolo VI è la espressione ordinaria della "lex orandi" ("legge della preghiera") della Chiesa cattolica di rito latino. Tuttavia il Messale Romano promulgato da S. Pio V e nuovamente edito dal B. Giovanni XXIII deve venir considerato come espressione straordinaria della stessa "lex orandi" e deve essere tenuto nel debito onore per il suo uso venerabile e antico. Queste due espressioni della "lex orandi" della Chiesa non porteranno in alcun modo a una divisione nella "lex credendi" ("legge della fede") della Chiesa; sono infatti due usi dell'unico rito romano.
>
> Perciò è lecito celebrare il Sacrificio della Messa secondo l'edizione tipica del Messale Ro-

---

[136] Cf. CONGREGATIO DE CULTU DIVINO ET DISCIPLINA SACRAMENTORUM, *decretum* «Inter sacramentalia», nota 1 (*Notitiae* 35 [1999] 137; EV 17, 1632). S.M. PACI, «... E liberaci dal maligno. Intervista con Padre Gabriele Amorth» in *30 Giorni* 19 (2001), 6.

[137] G. AMORTH, «I frutti: Un rituale che non vale niente», 168-171 in A. GEMMA, *Io, Vescovo esorcista, op. cit.*, 171. Padre Amorth dice a proposito della sopracitata *Nota*: «Una barchetta di salvataggio, di cui siamo molto grati, è stata offerta alla fine dal cardinale Medina quando ha allegato, al nuovo Rituale, una *Notificatio* in cui si afferma che i vescovi possono richiedere alla Congregazione del Culto Divino, per uso dei loro esorcisti, la facoltà di usare ancora il precedente Rituale Romano; e tale facoltà viene concessa volentieri (libenter). È una possibilità molto saggia e che rimedia a una brusca rottura col passato» (corsivi presenti nel testo). Padre Amorth vede nella Nota testé citata una sorta di rimedio alle imprecisioni e limitazioni del nuovo rito che nell'articolo, riportato da Mons. Gemma, elenca con dovizia di particolari. Già dal titolo del paragrafo che qui citiamo, si capisce la posizione di Padre Amorth su questo nuovo testo, la permissione sull'utilizzo del rito 'Piano' nella sua ottica è quindi un vero salvagente per la prassi esorcistica.

mano promulgato dal B. Giovanni XXIII nel 1962 e mai abrogato, come forma straordinaria della Liturgia della Chiesa. Le condizioni per l'uso di questo Messale stabilite dai documenti anteriori "Quattuor abhinc annos" e "Ecclesia Dei", vengono sostituite come segue:
Art. 2. Nelle Messe celebrate senza il popolo, ogni sacerdote cattolico di rito latino, sia secolare sia religioso, può usare o il Messale Romano edito dal beato Papa Giovanni XXIII nel 1962, oppure il Messale Romano promulgato dal Papa Paolo VI nel 1970, e ciò in qualsiasi giorno, eccettuato il Triduo Sacro. Per tale celebrazione secondo l'uno o l'altro Messale il sacerdote non ha bisogno di alcun permesso, né della Sede Apostolica, né del suo Ordinario[138]».

Se è vero che in tutto il *motu proprio* si parla esclusivamente dell'uso del Messale e non del *Rituale Romanum*, va aggiunto che nel 2011 è stata pubblicata una *Istruzione* esplicativa. Questo documento, al numero 35, recita:

«*Pontificale Romanum* e *Rituale Romanum*
35. È permesso l'uso del *Pontificale Romanum* e del *Rituale Romanum*, così come del *Caeremoniale Episcoporum* in vigore nel 1962, a norma del n.28 di questa Istruzione e fermo restando quanto disposto nel n.31 della medesima»[139].

Secondo questo documento, il *motu proprio* va esteso a tutto l'intero *Rituale Romanum*, e questo include il DEOaD che ne è un Titolo. Si può quindi affermare che sotto il pontificato di Benedetto XVI si eliminò addirittura la necessità di richiedere alla Congregazione per la Disciplina dei Sacramenti il permesso per l'uso del Rituale preconciliare rendendo disponibile a ogni esorcista la scelta del rito che più ritiene opportuno fra la versione emendata del DESQ e quella del 1952, la quale è da considerarsi la versione definitiva del rito 'Pìano'.

La questione su quale rituale possa essere utilizzato dagli esorcisti sembrerebbe risolta in modo chiaro ed anche indiscutibile, visto l'elevatissimo livello magisteriale di questa concessione e la serietà del contesto nel quale nasce il *motu proprio* (tentativo di far rientrare lo scisma lefebvriano), in realtà purtroppo le cose non stanno affatto così. Infatti la Commissione Episcopale Toscana ha recentemente pubblicato (2014) un documento sugli esorcismi, che nella seconda parte ripropone un suo documento del 1994, mentre nella prima inserisce nuove norme, fra le quali la scelta del rituale; qui, al punto 1.7, leggiamo:

---

[138] *Motu Proprio*: Benedetto Pp. XVI, *De uso extraordinario antiquae formae ritus romani*, Roma 2007 (EV 24, 1101-1136, 752-769). I corsivi sono presenti nel testo.

[139] PONTIFICIA COMMISSIONE ECCLESIA DEI, *Istruzione sull'applicazione della Lettera Apostolica Motu Proprio data "Summorum Pontificum" di S.S: Benedetto PP. XVI*, Città del Vaticano 2011 (EV 27, 300-354, 224-253); il passo citato è il n. 35 (num. di margine 334, p.241).

«Per la preghiera di esorcismo si dovrà seguire il nuovo rituale "De exorcismis et supplicationibus quibusdam", promulgato con decreto della Congregazione per il Culto Divino e la Disciplina dei Sacramenti il 22 novembre 1998 e approvato nella versione italiana il 25 novembre 2001 (CEI, Rito degli Esorcismi e preghiere per circostanze particolari, LEV 2001 = RE), con particolare attenzione ai nn. 13-19»[140].

Questo testo è normativo per tutti gli esorcisti che operano nelle Diocesi toscane, ma in esso la CET pone un vincolo che Roma non ha posto, anzi, un vincolo contrario a quanto stabilito dalla Congregazione per il Culto Divino e la Disciplina dei Sacramenti nel 1999, tolto nel 2007 dal *motu proprio* di Benedetto XVI e ribadito nel 2011 dalla *Istruzione* della Pontificia Commissione *Ecclesia Dei* sull'applicazione del *motu proprio* "Summorum Pontificum" di BenedettoXVI appena ricordata.

Siamo di fronte ad un provvedimento episcopale che si pone in antitesi ad una Sacra Congregazione Romana, ad un *motu proprio* pontificio e ad una interpretazione autentica di tale *motu proprio*. Essendo però la promessa di obbedienza di ogni singolo prete esorcista nelle mani del suo Ordinario diocesano ed essendo questo documento firmato da tutti i Vescovi toscani, gli esorcisti sono tenuti a rispettare questo provvedimento che però *de facto* limita illecitamente la loro libertà nell'esercizio del ministero a cui sono chiamati. Si genera un conflitto sul piano dogmatico che andrebbe risolto direttamente dalla Santa Sede. Cosa che ci auguriamo avvenga il prima possibile per portare finalmente e nuovamente chiarezza in una situazione così poco chiara.

140 CONFERENZA EPISCOPALE TOSCANA, *Esorcismi e preghiere di guarigione. Indicazioni pastorali e norme dei Vescovi della Toscana -2014- con la Nota Pastorale della Conferenza Episcopale Toscana «A proposito di magia e demonologia» -1994-*, Firenze 2014, 9.

Conclusioni

Da questa nostra analisi storica, liturgica e dogmatica, le prime conclusioni che si evincono sono:

a) Nella fede della Chiesa mai è venuta a mancare la consapevole confidenza nell'azione liberatrice del Cristo;

b) Non è mai venuta meno la fiducia nell'efficacia della preghiera della Chiesa e particolarmente del Rito dell'Esorcismo;

c) La coscienza della presenza vera e reale del demonio e della sua azione sugli uomini.

Questo si evince anche e soprattutto dal fatto che le formule che compongono il DEOaD sono antichissime e testimoniano una vera tradizione esorcistica che ha attraversato i secoli fino ad affermarsi all'interno dell'intera Chiesa cattolica di rito romano in epoca post-tridentina. Questo dato di fatto si ritrova anche nei primi due capi delle norme preliminari del DESQ, nelle quali i tre punti sopra esposti sono espressi con forza. Viene pure sottolineato come il ministero esorcistico sia biblicamente fondato in quanto immediatamente cristologico e non qualcosa di inventato a scopi di controllo demagogico, influenze religiose di altre società o mera superstizione.

Nella nostra analisi abbiamo anche visto come, a dispetto di questa sua origine, il nuovo rituale tenda ad avere norme troppo stringenti per l'utilizzo del rito stesso che potrebbero arrivare a bloccare l'utilizzo stesso se applicate pedissequamente[141].

---

[141] Si veda per esempio ciò che denunciava Padre Amorth a proposito della situazione francese e tedesca in proposito S.M. PACI, «... E liberaci dal maligno. Intervista con Padre Gabriele Amorth» in *30 Giorni*, 19 (2001), 6. http://www.30giorni.it/articoli_id_2564_l1.htm?id=2564 [21/11/2019] Riportiamo testualmente quanto pubblicato: «Non ha nominato la Francia. Lì la situazione è differente? AMORTH: C'è un libro scritto dal più noto esorcista francese, Isidoro Froc, dal titolo: Gli esorcisti, chi sono e cosa fanno. Il volume, tradotto in italiano dall'editrice Piemme, è stato scritto per incarico della Conferenza episcopale francese. In tutto il libro non si dice mai che gli esorcisti, in certi casi, fanno esorcismi. E l'autore ha più volte dichiarato alla televisione francese di non avere mai fatto esorcismi e che mai li farà. Su un centinaio di esorcisti francesi, solo cinque credono al demonio e fanno gli esorcismi, tutti gli altri mandano chi si rivolge a loro dagli psichiatri. E i vescovi sono le prime vittime di questa situazione della Chiesa cattolica, da cui sta scomparendo la credenza nell'esistenza del demonio. Prima che uscisse questo nuovo Rituale, l'episcopato tedesco ha scritto una lettera al cardinale Ratzinger in cui affermava che non occorreva un nuovo Rituale, perché non si dovevano più fare gli esorcismi».

Abbiamo anche rilevato una difficoltà nel sostenere che le cosiddette formule invocative o *deprecative* siano effettivamente formule esorcistiche a pieno titolo e ci crea qualche problema il fatto che la formula imperativa, vero cuore del rito esorcistico, nel DESQ sia una componente opzionale del rito e non il culmine a cui esso tende. Formula questa che non è assolutamente magica, ma si basa sulla potenza del nome di Gesù in accordo con la Tradizione Cristiana e con la comprensione giudaica del caricarsi di un nome. Anche il fatto che di tre formule, da ripetersi fino all'avvenuta liberazione, presenti nel DEOaD, nel DESQ ne rimanga una sola, diversa nel testo e per di più opzionale, ci pare una diminuzione del valore di questo rito.

Tutto questo senza contare che non troviamo una spiegazione oggettiva per cui si siano dovute eliminare, o nel migliore dei casi spezzare e 'rimpastare' – talvolta fuori contesto –, formule antiche e preziose che la Chiesa ha usato quasi da sempre. Questo non lo affermiamo per sterile tradizionalismo o per qualche forma di antiquariato teologico, ma per amore di una Tradizione sicuramente millenaria e forse anche quasi bi-millenaria di testi con cui grandi santi hanno pregato e tante anime sono state liberate dall'oppressione più grave che è quella della possessione demoniaca.

Alla luce di tutto questo, in accordo con la maggior parte degli autori consultati, crediamo che il nuovo rito non risponda pienamente alle esigenze pastorali di questo tempo così fortemente coinvolto, eppure così poco conscio nella *mens* comune sempre più incredula, nella lotta fra bene e male, fra Dio e l'angelo ribelle.

Ci pare, infatti, che il vecchio rito riesca meglio a rispondere alle esigenze di questo delicato ministero e lo faccia con uno stile più confacente alla grande missione affidata dal Cristo alla Chiesa e al *modus operandi* che questa ha sapientemente adoperato nel corso dei secoli. Forse sbagliamo, ma ci pare che in questa direzione vada anche la decisione del Magistero di non rendere vincolante il DESQ ma di mantenere in vigore il Rituale del 1952, privandolo addirittura di quei vincoli che invece ha mantenuto nei confronti del Messale di Giovanni XXIII (almeno fino al *motu proprio* di Papa Benedetto XVI).

APPENDICE I

Correzioni di Padre Gabriele Amorth

Di seguito sono riportate le scansioni delle correzioni che il reverendo Padre Gabriele Amorth (1 maggio 1925 – 16 settembre 2016) fece di suo pugno sul testo della nostra Tesi e che ci furono riconsegnate a mano, pochi giorni prima della sua morte (il 14 settembre 2016), dal Segretario Generale della Società San Paolo don Stefano Stimamiglio, amico intimo del reverendo esorcista.

Figura 1

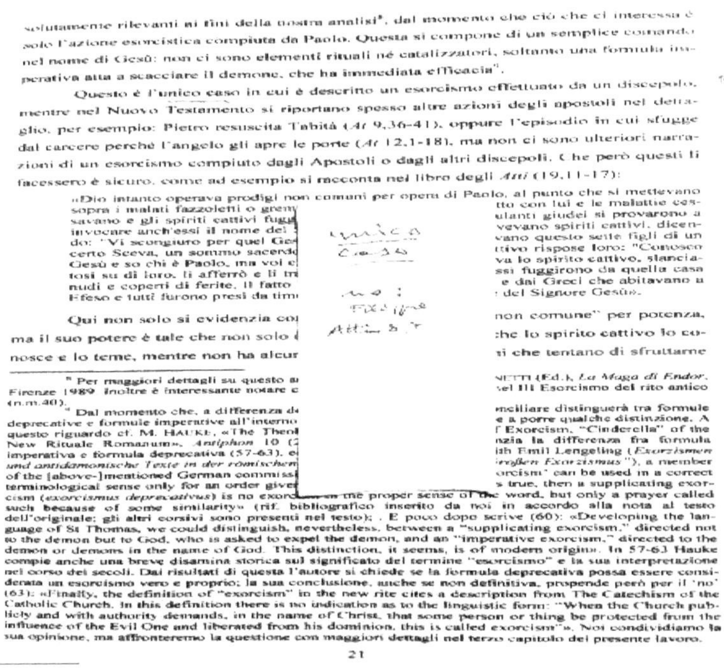

solutamente rilevanti ai fini della nostra analisi[8], dal momento che ciò che ci interessa è solo l'azione esorcistica compiuta da Paolo. Questa si compone di un semplice comando nel nome di Gesù: non ci sono elementi rituali né catalizzatori, soltanto una formula imperativa atta a scacciare il demone, che ha immediata efficacia[9].

Questo è l'unico caso in cui è descritto un esorcismo effettuato da un discepolo, mentre nel Nuovo Testamento si riportano spesso altre azioni degli apostoli nel dettaglio, per esempio: Pietro resuscita Tabità (*At* 9,36-41), oppure l'episodio in cui sfugge dal carcere perché l'angelo gli apre le porte (*At* 12,1-18), ma non ci sono ulteriori narrazioni di un esorcismo compiuto dagli Apostoli o dagli altri discepoli. Che però questi li facessero è sicuro, come ad esempio si racconta nel libro degli *Atti* (19,11-17):

> «Dio intanto operava prodigi non comuni per opera di Paolo, al punto che si mettevano
> sopra i malati fazzoletti o grem[...] [...]tto con lui e le malattie ces-
> savano e gli spiriti cattivi fugg[...] [...]ulanti giudei si provarono a
> invocare anch'essi il nome del [...] [...]vevano spiriti cattivi, dicen-
> do: "Vi scongiuro per quel Ges[...] [...]vano questo sette figli di un
> certo Sceva, un sommo sacerd[...] [...]ttivo rispose loro: "Conosco
> Gesù e so chi è Paolo, ma voi c[...] [...]va lo spirito cattivo, slancia-
> tosi su di loro, li afferrò e li tr[...] [...]ssi fuggirono da quella casa
> nudi e coperti di ferite. Il fatto [...] [...] e dai Greci che abitavano a
> Efeso e tutti furono presi da tim[...] [...] del Signore Gesù».

Qui non solo si evidenzia co[...] [...]non comune" per potenza,
ma il suo potere è tale che non solo [...] [...]che lo spirito cattivo lo co-
nosce e lo teme, mentre non ha alcur[...] [...]i che tentano di sfruttarne

[8] Per maggiori dettagli su questo a[...] [...]NETTI (Ed.), *La Maga di Endor*,
Firenze 1989. Inoltre è interessante notare c[...] [...]nel III Esorcismo del rito antico
(n.m.40).

[9] Dal momento che, a differenza d[...] [...]nciliare distinguerà tra formule
deprecative e formule imperative all'interno [...] [...]e a porre qualche distinzione. A
questo riguardo cf. M. HAUKE, «The Theol[...] [...]f Exorcism, "Cinderella" of the
New Rituale Romanum», *Antiphon* 10 (2[...] [...]nzia la differenza fra formula
imperativa e formula deprecativa (57-63), e[...] [...]ith Emil Lengeling (*Exorzismen
und antidämonische Texte in der römischen*[...] [...]*großen Exorzismus*"), a member
of the [above-]mentioned German commiss[...] [...]orcism" can be used in a correct
terminological sense only for an order give[...] [...]s true, then a supplicating exor-
cism (*exorcismus deprecativus*) is no exorc[...] the proper sense of the word, but only a prayer called
such because of some similarity» (rif. bibliografico inserito da noi in accordo alla nota al testo dell'originale; gli altri corsivi sono presenti nel testo); . E poco dopo scrive (60): «Developing the language of St Thomas, we could distinguish, nevertheless, between a "supplicating exorcism," directed not to the demon but to God, who is asked to expel the demon, and an "imperative exorcism," directed to the demon or demons in the name of God. This distinction, it seems, is of modern origin». In 57-63 Hauke compie anche una breve disamina storica sul significato del termine "esorcismo" e la sua interpretazione nel corso dei secoli. Dai risultati di questa l'autore si chiede se la formula deprecativa possa essere considerata un esorcismo vero e proprio; la sua conclusione, anche se non definitiva, propende però per il 'no' (63): «Finally, the definition of "exorcism" in the new rite cites a description from The Catechism of the Catholic Church. In this definition there is no indication as to the linguistic form: "When the Church publicly and with authority demands, in the name of Christ, that some person or thing be protected from the influence of the Evil One and liberated from his dominion, this is called exorcism"». Noi condividiamo la sua opinione, ma affronteremo la questione con maggiori dettagli nel terzo capitolo del presente lavoro.

21

In questa nota a lato ("no"), Padre Amorth aggiunse un foglietto con una nota esplicativa del suo dissenso. Nel libro abbiamo spiegato che si tratta di una probabile incomprensione del reverendo Padre.

Figura 2

Come abbiamo già evidenziato nel libro, in Atti 8,7 non si descrive come l'Apostolo Filippo compia l'esorcismo, ma solo che lo fa. Noi asserivamo che l'esorcismo compiuto da San Paolo in *Atti* 16 fosse l'unico con dinamiche ben descritte.

Figura 3

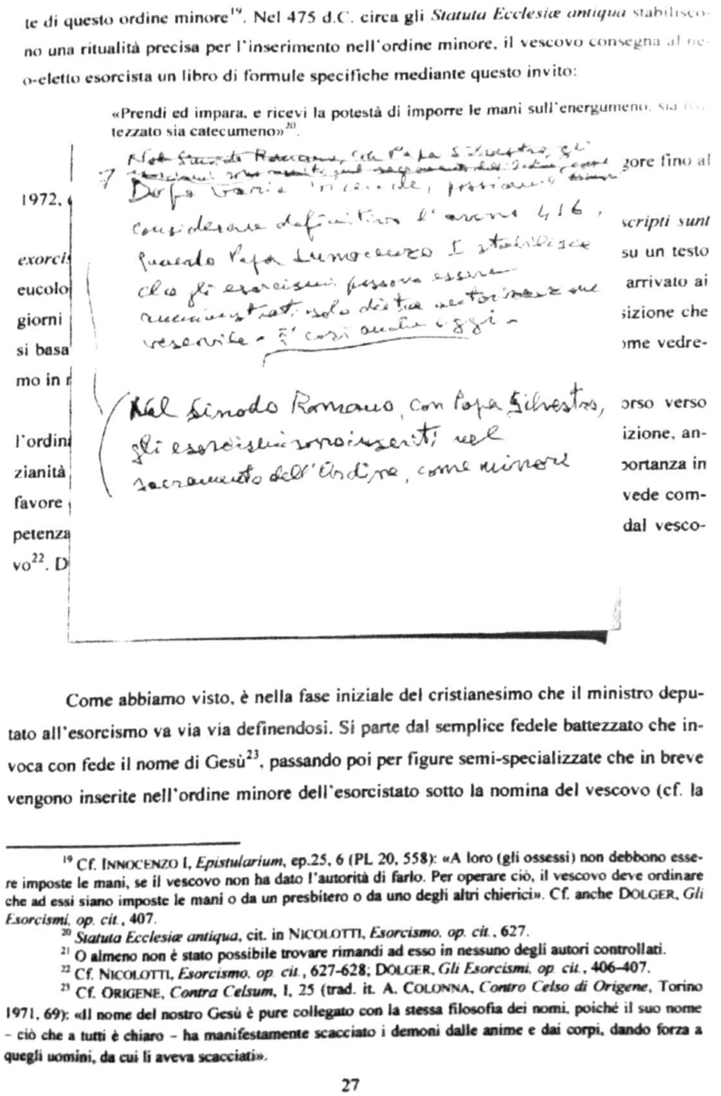

te di questo ordine minore[19]. Nel 475 d.C. circa gli *Statuta Ecclesiæ antiqua* stabiliscono una ritualità precisa per l'inserimento nell'ordine minore, il vescovo consegna al neo-eletto esorcista un libro di formule specifiche mediante questo invito:

> «Prendi ed impara, e ricevi la potestà di imporre le mani sull'energumeno, sia battezzato sia catecumeno»[20].

Dopo vari concili, possiamo considerare definitivo l'anno 416, quando Papa Innocenzo I stabilisce che gli esorcismi possono essere amministrati solo dietro autorizzazione vescovile – È così anche oggi –

Nel Sinodo Romano, con Papa Silvestro, gli esorcisti sono inseriti nel sacramento dell'Ordine, come minore

Come abbiamo visto, è nella fase iniziale del cristianesimo che il ministro deputato all'esorcismo va via via definendosi. Si parte dal semplice fedele battezzato che invoca con fede il nome di Gesù[23], passando poi per figure semi-specializzate che in breve vengono inserite nell'ordine minore dell'esorcistato sotto la nomina del vescovo (cf. la

[19] Cf. INNOCENZO I, *Epistularium*, ep.25, 6 (PL 20, 558): «A loro (gli ossessi) non debbono essere imposte le mani, se il vescovo non ha dato l'autorità di farlo. Per operare ciò, il vescovo deve ordinare che ad essi siano imposte le mani o da un presbitero o da uno degli altri chierici». Cf. anche DOLGER, *Gli Esorcismi*, *op. cit.*, 407.

[20] *Statuta Ecclesiæ antiqua*, cit. in NICOLOTTI, *Esorcismo*, *op. cit.*, 627.

[21] O almeno non è stato possibile trovare rimandi ad esso in nessuno degli autori controllati.

[22] Cf. NICOLOTTI, *Esorcismo*, *op. cit.*, 627-628; DOLGER, *Gli Esorcismi*, *op. cit.*, 406-407.

[23] Cf. ORIGENE, *Contra Celsum*, I, 25 (trad. it. A. COLONNA, *Contro Celso di Origene*, Torino 1971, 69): «Il nome del nostro Gesù è pure collegato con la stessa filosofia dei nomi, poiché il suo nome – ciò che a tutti è chiaro – ha manifestamente scacciato i demoni dalle anime e dai corpi, dando forza a quegli uomini, da cui li aveva scacciati».

27

Uno dei foglietti manoscritti di Padre Amorth a integrazione del nostro scritto.

Figura 4

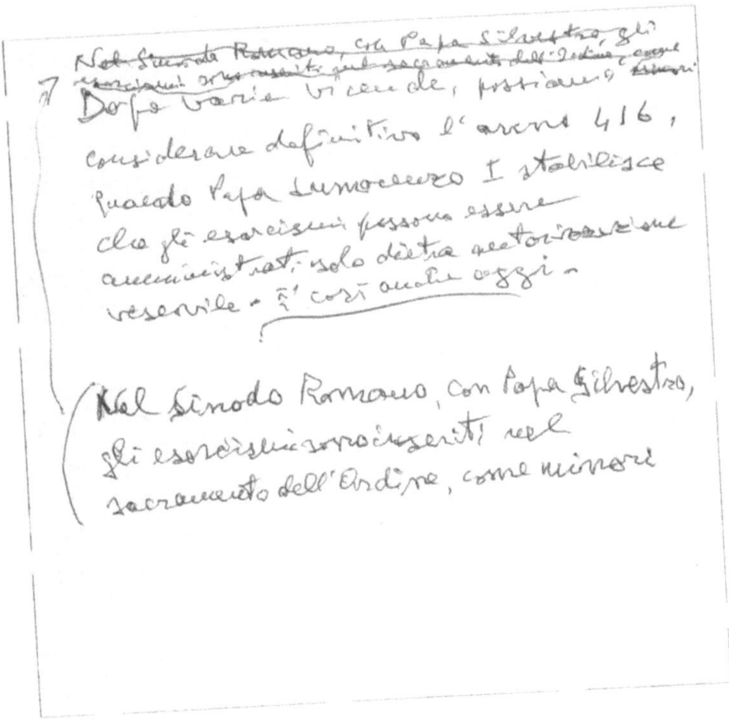

Dopo varie vicende, possiamo considerare definitivo l'anno 416, quando Papa Innocenzo I stabilisce che gli esorcismi possono essere amministrati solo dietro autorizzazione vescovile. È così anche oggi.

Nel Sinodo Romano, con Papa Silvestro, gli esorcistati sono inseriti nel sacramento dell'Ordine, come minori

Note storiche che Padre Amorth inserì nella nostra tesi (si veda Figura 3 nella pagina precedente).

Figura 5

2. 29 settembre 1985: una lettera dell'allora Prefetto della Sacra Congregazione per la Dottrina della Fede, Joseph Ratzinger, indirizzata a tutti i vescovi della Chiesa, illustra il corretto uso delle norme contenute nel nuovo CIC[68];
3. 4 giugno 1990: il cardinale Eduardo Martinez Estévez, Prefetto della Sacra Congregazione del Culto e dei Sacramenti sottopone ai Vescovi un nuovo formulario esorcistico da valutare e commentare entro due anni per redigere la nuova formula definitiva obbligatoria per tutti gli esorcisti;
4. 4 settembre 1991: padre René Chenesseau e padre Gabriele Amorth fondano la *Associazione Internazionale degli Esorcisti* (AIE). L'associazione «si propone come fini specifici: promuovere la prima formazione di base e la successiva formazione permanente degli esorcisti; favorire gli incontri tra gli esorcisti soprattutto a livello nazionale ed internazionale, perché condividano le proprie esperienze e riflettano insieme sul ministero loro conferito; favorire l'inserimento del ministero dell'esorcista nella dimensione comunitaria e nella pastorale ordinaria della chiesa locale; promuovere la retta conoscenza di questo ministero nel popolo di Dio; promuovere studi sull'esorcismo nei suoi aspetti dogmatici, biblici, liturgici, storici, pastorali e spirituali; promuovere una collaborazione con persone esperte in medicina e psichiatria che siano competenti anche nelle realtà spirituali»[69]. Nel 1993 si ha il primo convegno di questa associazione, il secondo arriva nel 1994 e viene stabilita una cadenza biennale per ottemperare alle finalità di aggiornamento e formazione dell'AIE.
5. 13 giugno 2014: un decreto della Congregazione per il Clero riconosce giuridicamente l'AIE applicando il canone 322 del CIC.

Il testo del DESQ, come già evidenziato, ha una genesi lunga e complicata: va ben al di là della semplice estensione materiale di una serie di formule, coinvolge ambiti, persone ed istituzioni diverse, con diverse aspettative e diverse prospettive: per questo occorrono più di dieci anni di lavori per arrivare alla stesura attuale[70]. Si passa attraverso la produzione di un *Rituale ad interim* mai pubblicato e considerato strettamente

[68] CONGREGAZIONE PER LA DOTTRINA DELLA FEDE, *Lettera agli Ordinari riguardante le norme sugli Esorcismi*, Roma 1985 (EV 9, 1663-1667, 1614-1617).

[69] Intervista a padre F. Bamonte su Radio Vaticana del 4 Luglio 2014 http://it.radiovaticana.va/news/2014/07/04/bamonte_riconoscimento_associazione_esorcisti/1102528 [consultata il 14/12/2014].

[70] Cf. HAUKE, *The Theological Battle*, *op. cit.*, 33. Si cita l'intervento del card. Medina Estévez relativo alla pubblicazione del Rito che parla di 10 anni di lavori per la stesura di questo testo. Viene inoltre citata la testimonianza di Nicola Giampietro dove si parla di 15 anni di lavori. Quindi la data di inizio stesura di questo rito è da collocarsi tra il 1984 ed il 1988. Un tempo certamente non indifferente.

38

Padre Amorth non concorda con la breve storia della nascita dell'AIE (basata sull'intervista di Padre Bamonte a Radio Vaticana). Allega a questa nota a lato un foglietto (Si veda la Figura 6 nella pagina successiva).

Figura 6

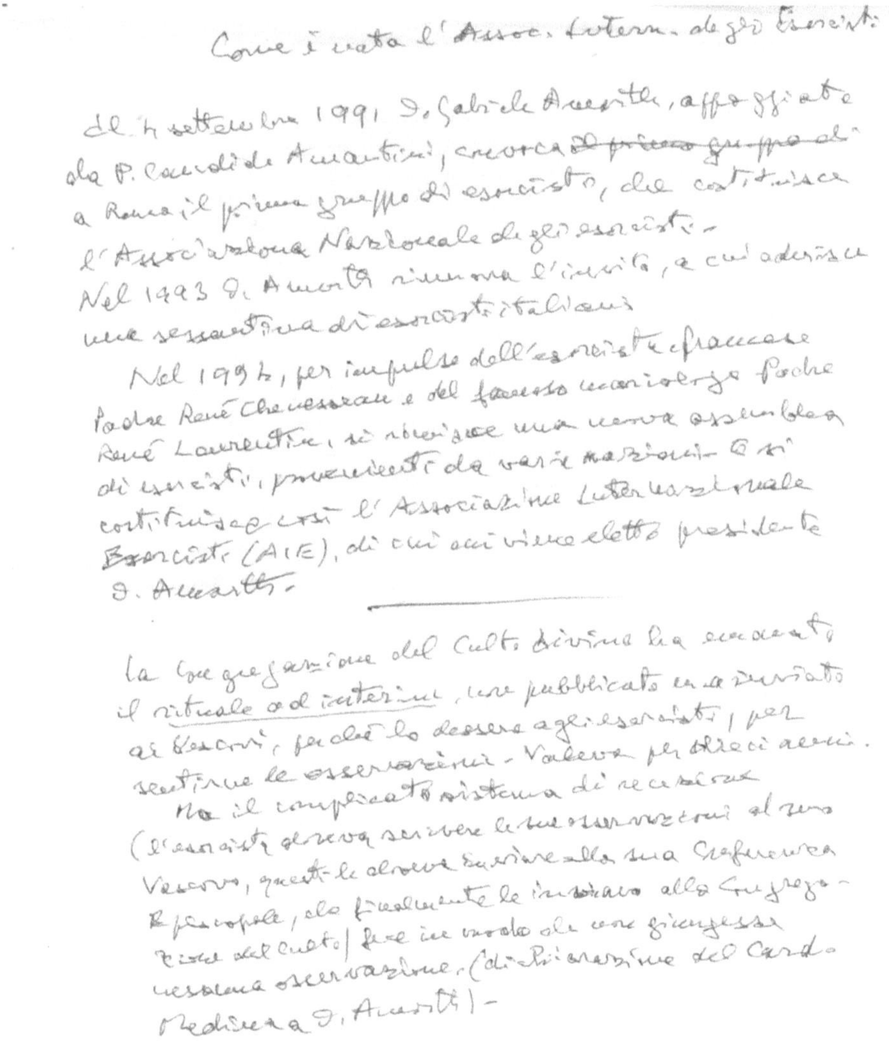
Come è nata l'Assoc. Intern. degli Esorcisti

Il 4 settembre 1991 D. Gabriele Amorth, affiancato da P. Candido Amantini, convoca ~~il primo gruppo di~~ a Roma il primo gruppo di esorcisti, che costituisce l'Associazione Nazionale degli esorcisti. Nel 1993 D. Amorth rinnova l'invito, a cui aderisce una sessantina di esorcisti italiani.

Nel 1994, per impulso dell'esorcista francese Padre René Chenesseau e del famoso mariologo Padre René Laurentin, si riunisce una nuova assemblea di esorcisti, provenienti da varie nazioni e si costituisce così l'Associazione Internazionale Esorcisti (AIE), di cui ne viene eletto presidente D. Amorth.

La Congregazione del Culto divino ha mandato il rituale ad interim, non pubblicato ma riservato ai Vescovi, perché lo dessero agli esorcisti, per sentirne le osservazioni. Valeva per dieci anni.

Ma il complicato sistema di recezione (l'esorcista doveva scrivere le sue osservazioni al suo Vescovo, questi le doveva inviare alla sua Conferenza Episcopale, che finalmente le inviava alla Congregazione del Culto) fece in modo che non giungesse nessuna osservazione. (dichiarazione del Card. Medina a D. Amorth) -

Nota autografa di Padre Gabriele Amorth sulla nascita dell'AIE e, più sotto, spiegazione di quanto fosse macchinosa la procedura per far pervenire le correzioni relative al Rituale ad Interim alla Congregazione dei Riti (Correzioni relative alla pagina successiva visibile in Figura 7).

Figura 7

confidenziale che viene inviato alle varie Conferenze Episcopali e ad alcuni specialisti nel 1990[71], prima di arrivare all'approvazione, che avviene il 1 ottobre 1998 a firma di Giovanni Paolo II. La sua promulgazione viene posticipata fino al 22 novembre, e negli *Acta Apostolicae Sedis* esce solo il 26 gennaio del 1999, quasi quattro mesi dopo l'approvazione.

Il card. Jorge Medina Estévez, prefetto per la Congregazione per il Culto Divino, ha fatto seguire al breve della promulgazione una notificazione nella quale si afferma che il nuovo rito non è obbligatorio, ma che è possibile continuare ad utilizzare il vecchio rituale facendone richiesta all'Ordinario diocesano, il quale a sua volta dovrà richiedere l'autorizzazione alla Congregazione, la quale però "la concederà volentieri"[72]. La prima traduzione italiana viene approvata dall'Episcopato in data 25 novembre 2001 dopo la conferma della Congregazione per il Culto Divino e la Disciplina dei Sacramenti con decreto del 21 settembre 2001 e reso obbligatorio dal 31 marzo 2002[73]. È il *Rito degli esorcismi e altre preghiere per circostanze particolari.*

Il DESQ viene ripubblicato in *editio typica* emendata nel 2004, le correzioni riguardano alcuni punti dei *Prænotanda*, alcuni refusi e piccole altre variazioni considerate non rilevanti[74]. La diffusione è tale che, causa grandissima richiesta, verrà ristampato altre due volte, nel 2005 e nel 2013, ma soltanto in lingua latina. La versione italiana del DESQ non è attualmente in commercio, ma è consultabile *on line*[75].

La Commissione Episcopale Toscana ha pubblicato recentemente (2014) un documento sugli esorcismi[76], che inoltre ripropone un documento del 1994. Lo segnaliamo in quanto è la pubblicazione più recente in materia di esorcismi ed ha l'obbiettivo speci-

[71] Cf. HAUKE, *The Theological Battle*, *op. cit.*, 33, ma anche S.M. PACI, «... E liberaci dal maligno. Intervista con Padre Gabriele Amorth» in *30 Giorni* 19 (2001), 6. Questi testi riferiscono che gli esorcisti fecero richieste di modifica al *Rituale ad Interim*, ma che queste non furono inspiegabilmente considerate dalle due Congregazioni Romane.

[72] Cf. CONGREGATIO DE CULTU DIVINO ET DISCIPLINA SACRAMENTORUM, *De ritu exorcismi* (EV 18, 204, 210-211): «Il sacerdote, al quale è affidato il compito di esorcista, potrà usare (*adhibere valeat*) anche il rito fino ad ora praticato, tratto dal titolo XII del *Rituale Romanum* (ed.1952). Questa Congregazione (...) concederà volentieri la facoltà richiesta (*petita facultatem libenter concedet*)». Cf. anche CONGREGATIO DE CULTU DIVINO ET DISCIPLINA SACRAMENTORUM, *decretum Inter sacramentalia* (*Notitiae* 35 [1999] 137; EV 17, 1632-1633, nota 1, 1226-1229); DESQ, nn.11-12. Per qualche dettaglio in più cf. S.M. PACI, «... E liberaci dal maligno, *op.cit.*, 28-34; G. AMORTH, *Un esorcista racconta*, *op. cit.*, 45-56.

[73] M. BOGETTI, *L'esorcista, gli ossessi e l'esorcismo*, *op. cit.*, 108-109. Cf. M. SODI (Ed.), *Tra maleficio e possessione demoniaca*, *op. cit.*, 6-8.

[74] Questo è il motivo per cui noi abbiamo utilizzato la versione emendata senza soffermarci ad un confronto sistematico fra il DESQ 1999 ed il DESQ 2004. Trattandosi di piccole correzioni interne allo stesso rito e sotto il medesimo pontificato non è sembrato utile dedicare spazio a questo.

[75] http://www.liturgia.maranatha.it/Esorcismi/coverpage.htm [consultato il 14/12/2014].

[76] CONFERENZA EPISCOPALE TOSCANA, *Esorcismi e preghiere di guarigione. Indicazioni pastorali e norme dei Vescovi della Toscana -2014- con la Nota Pastorale della Conferenza Episcopale Toscana «A proposito di magia e demonologia» -1994-*, Firenze 2014.

39

Le correzioni della seconda parte del foglietto si riferiscono a queste sottolineature fatte da Padre Amorth (Si veda la Figura 6 nella pagina precedente).

Figura 8

n. m.	De Exorcismis et Supplicationibus Quibusdam 2013 (1999)	paralleli con i Rituali pre-conciliari
	III DE MINISTRO ET DE CONDICIONIBUS AD EXORCISMUM MAIOREM PERAGENDUM	
69	13. Ministerium obsessos exorcizandi tribuitur peculiari et expressa licentia Ordinarii loci, qui pro norma Episcopus ipse diœcesanus erit. Quæ licentia concedi debet tantummodo sacerdoti pietate, scientia, prudentia hac vitæ integritate prædito atque ad hoc munus specifice præparato. Sacerdos vero, cui munus exorcistæ stabiliter vel ad actum commissum est, hoc opus caritatis confidenter humiliterque exsequatur sub moderatione Ordinarii. In hoc libro, cum indicatur exorcista semper intelligendum est de sacerdote exorcista.	cf. RR1614-RR1952, n.m.3, *ad sensum*
70	14. Exorcista, in casu alicuius dæmoniacæ, quæ dicitur, interventionis, ante omnia necessariam et maximam circumspectionem ac prudentiam adhibeat. *In primis, ne facile credat* quendam *a dæmonio esse obsessum*, qui *aliquo* morbo, *præsertim ex psychicis*, laboret. Itidem prorsus non credat obsessionem adesse, ubi primum quis asserit se peculiari modo a diabolo tentatum, desolatum ac denique vexatum esse; nam propria imaginatione quis potest decipi. Advertat etiam, ne fallatur, artibus ac fraudibus, quibus utitur diabolus ad decipiendum hominem, ad persuadendum obsesso ne se subiciat exorcismo, ipsius infirmatate esse naturalem vel arte medica pendentem. Omni modo exacte inspiciat an revera a dæmone vexatus sit qui talis esse affirmatur.	cf. RR1614-RR1952, n.m.3-5, *ad sensum*; per la parte evidenziata cf n.m.5 *ad litteram*
71	15. Recte distinguat casus impetus diabolici a falsa opinione, qua quidam, etiam fideles, putant se esse obiectum maleficii, malæ sortis vel maledictionis, quæ sint ab aliis allata super ipsos vel eorum propinquos vel bona eorum. Audiutorium spiritale eis non deneget, exorcismus autem ne adhibeat; aliquas vero aptas orationes proferre potest, cum ipsis et pro ipsis, ita ut pacem Dei inveniant. Item adiutorium spiritale non recusandum est credentibus, quos Malignus non tangit (cf. *1Io* 5,18), sed ab eo tentati male se habent, cum fidelitatem Domino Iesu et Evangelio servare volunt. Quod fieri potest quoque a presbytero, qui non sit exorcista, et etiam a diacono, aptis adhibitis precibus et supplicationibus.	X
72	16. Exorcista igitur ad exorcismum celebrandum ne procedat, nisi compererit, morali certitudine fretus, exorcizandum esse revera a dæmone obsessum et eo, si fieri potest, consentiente. Secundum probatam praxim, ut signa *obsidentis dæmonis* habentur: ignoto sermone *pluribus verbis* loqui *vel loquentem* intellegere; *distantia et occulta patefacere; vires supra ætatis seu* condicionis *naturam ostendere*. Quæ signa indicium quoddam præbere possunt. Cum autem signa huiusmodi non necessario reputanda sint ex parte diaboli provenientia, attendere etiam oportet ad alia, præsertim ordinis moralis et spiritalis, quæ alio modo interventum diabolicum manifestant, ut, v.g., aversionem vehementem a Deo, sanctissimo nomine Iesu, Beata Virgine Maria et sanctis, ecclesia, verbo Dei, rebus, ritibus, præsertim sacramentalibus, et imaginibus sacris. Et tandem aliquando omnium signorum relatio ad fidem et certamen spiritale in vita christiana sedulo perpendenda est, cum Malignus in primis inimicus sit Dei et omnium, quæ fideles cum salvifica actione Dei coniungunt.	X cf. RR1614-RR1952, n.m.3, *ad litteram*
73	17. De necessitate adhibendi ritum exorcismi, exorcista prudenter iudicabit post diligentem inquisitionem, secreto confessionis semper servato, consultis, quantum fieri potest, expertis in rebus spiritalibus et, quatenus opus sit, in scientia medicinæ et psychiatriæ, qui sensum habeant rerum spiritalium.	cf. RR1614-RR1952, n.m.6 *ad sensum*
74	18. In casibus afficientibus non catholicos et in ceteris difficilioribus rebus ad Episcopum diœcesanum deferantur, qui prudenter votum aliquorum expertorum expetere potest, antequam decisio circa exorcismum sumatur.	

60

La prima "X" indica un refuso nella trascrizione del *DESQ*, la seconda invece corregge il riferimento al n.m che è il 5° e non il 3°, ovvero si tratta di un refuso essendo quel passo il 3° punto dei *prænotanda* del DEOaD, ma il 5° secondo la nostra sinossi. La sottolineatura invece, crediamo sia stata messa perché nel DESQ quella frase è connessa a una nota (la n.33 di p.12) che rimanda alla *Epistola Sollicitudini* di Benedetto XIV del 1° ottobre 1745 n.43[142] e indichi pertanto una sorta di continuità col DEOaD almeno *ad sensum*.

---

[142] Cf. DESQ 12. Cf. http://www.chiesaecomunicazione.com/doc/lettera_sollicitudini-nostrae_1745.php [7/12/2019] in questa epistola leggiamo «[...] an revera obsessus sit a Daemone is, qui talis esse affirmatur [...]». Ritroviamo quindi *ad sensum* il significato esposto nella lettera di Benedetto XIV di cui viene mantenuta in minima parte anche la forma.

APPENDICE II

Traduzioni dei rituali di ALESSIO BARTOLINI

1. Nota del Traduttore

La presente traduzione del Titolo XII del Rituale Romano del 1952 è al solo scopo conoscitivo.
Ovviamente non si tratta di una traduzione né per l'uso liturgico, né per quello devozionale (essendo la materia trattata, riservata ai soli presbiteri autorizzati dal proprio Ordinario a celebrare il sacramentale dell'esorcismo).

Si è inteso offrire una traduzione che non fosse troppo accademica e che nel linguaggio potesse essere più vicina allo stile verbale di un testo pubblicato negli anni '50 del secolo scorso.

Alcuni termini potranno apparire desueti mentre per alcuni lemmi si sono date alcune precisazioni in nota insieme a proposte di *lectiones alteræ*, in altri casi si è preferito mantenere il termine originale già presente nel testo latino e presente anche nelle *editiones typicæ* degli odierni libri liturgici ufficiali.

Essendo come già detto una traduzione al solo scopo conoscitivo, il testo è stato tradotto e redatto mantenendo la forma originale come proposto dal rituale.

...non pro meis meritis sed ad majorem Dei gloriam.

Don Alessio Bartolini

2. Traduzione del Rito degli Esorcismi[143]

RITUALE ROMANUM - 1952 - Pio XII (ROMÆ, Tornaci, Parisiis Typis Societatis S. Joannis Evangelistæ DESCLÉE & CIE)

TITOLO XII

SULL'ESORCIZZARE GLI OSSESSI DAL DEMONIO

CAPO I
NORME DA OSSERVARE
RIGUARDO GLI ESORCIZZANDI DAL DEMONIO

1. Il Sacerdote, il quale, per una peculiare ed espressa licenza dell'Ordinario, si appresta a esorcizzare coloro che sono vessati da un demonio, deve essere dotato di quella prudenza e di integrità di vita nella stessa misura della sua devozione e, non da sé stesso, ma fiducioso nella forza divina, lontano dalla cupidigia per tutte le cose umane, al punto che il (suo) servizio sia svolto con carità, costantemente ed umilmente. Oltre a questo è opportuno che sia di età matura e molto stimato non solo in virtù del suo ufficio, ma anche per la serietà dei costumi.

2. Pertanto, allo scopo di svolgere rettamente il suo compito, si impegni a conoscere molte altre istruzioni, da autori provati o dalla pratica, che possono essere a lui utili, i quali per brevità tralasciamo in questa sede; e queste poche cose necessarie le osserverà ancor più diligentemente.

3. Prima di tutto, non creda facilmente che uno sia posseduto dal demonio, ma abbia presenti quei segni[144], attraverso i quali gli ossessi sono distinti, da coloro che soffrono per una qualunque altra malattia, specialmente tra quelle psichiche. I segni, invero, che uno è posseduto dal demonio possono essere: parlare una lingua sconosciuta con molte parole[145], oppure capire se uno la parla[146]; svelare cose lontane[147] od occulte; dimostrare forze superiori all'età o alla condizione naturale[148]; e altri di questo genere, i quali, più ricorrono insieme, maggiori sono gli indizi.

---

[143] Per l'impaginazione delle traduzioni contenute in questa sezione abbiamo scelto di non usare la medesima formattazione del testo utilizzata nel resto del libro a causa della differente natura del testo riportato al fine di garantirne una migliore fruibilità da parte del Lettore.
[144] Si potrebbe tradurre con "indizi" visto che nella cultura moderna la parola segno sta perdendo molta della sua potenza e del suo significato.
[145] Oggi si direbbe: con proprietà di linguaggio.
[146] Una lingua sconosciuta (sottinteso).
[147] Cose lontane nel tempo, di un passato che l'interessato non può oggettivamente conoscere.
[148] Un'altra traduzione, meno letterale ma altrettanto plausibile, potrebbe essere: allo stato di salute.

4. Al fine di conoscere di più queste cose, dopo uno o un altro esorcismo[149] interroghi l'ossesso, su cosa abbia sentito nell'animo o nel corpo, per sapere anche, a quali parole i diavoli siano stati maggiormente turbati, allo scopo, in seguito, di introdurle nel discorso e ripeterle.

5. Si renda conto di quali arti e inganni siano utilizzati dai demoni per ingannare l'esorcista: sono soliti infatti rispondere molto ingannevolmente, e si manifestano difficilmente, per fare in modo che l'esorcista lungamente affaticato desista; o l'infermo[150] non sembri vessato dal demonio.

6. Talvolta dopo essersi resi manifesti[151], si nascondono, e lasciano il corpo come se fosse libero da ogni fastidio, come se l'infermo fosse totalmente liberato: ma l'esorcista non deve smettere finché non vede chiari segni di liberazione.

7. Alcune volte i demoni, pongono in essere tutti gli ostacoli che possono affinché l'infermo non si sottoponga agli esorcismi o tentano di convincere che la malattia sia per cause naturali; talora, durante l'esorcismo, fanno sì che l'infermo dorma e gli mostrano una qualche visione, nascondendo sé stessi, di modo che l'infermo sembri essere liberato.

8. . Alcuni dichiarano di aver ricevuto un maleficio, dichiarano da chi è stato fatto e in che modo debba essere distrutto. Ma si stia attenti che per questo, non ci si rivolga a maghi o a indovini o ad altri, anziché ricorrere ai ministri della Chiesa; che non si ricorra a nessuna forma di superstizione o ad altri mezzi illeciti.

9. Talvolta il demonio permette che l'infermo riposi e riceva la santissima eucaristia, perché sembri che se ne sia andato. Inoltre sono innumerevoli gli artifici e le frodi del demonio per ingannare l'uomo; per non cadere in fallo l'esorcista deve essere molto prudente.

10. Perciò l'esorcista, memore di quanto ha detto il Signore, che, certo genere di demoni non si scaccia se non con la preghiera e il digiuno (Mt 17,20), si sforzi di fare uso di questi due potentissimi rimedi per impetrare l'aiuto divino ed espellere i demoni, secondo l'esempio dei santi padri, in quanto gli è possibile, o personalmente o incaricandone altri.

11. Un posseduto particolarmente violento[152] venga esorcizzato in chiesa, se si può fare comodamente, o sia portato in altro locale religioso e conveniente, lontano dalla folla. Ma se il posseduto è ammalato, o per altro giusto motivo, si può compiere l'esorcismo anche in casa.

---

[149] Il sacerdote
[150] Oggi qualche autore tradurrebbe con "paziente".
[151] I demoni
[152] Rende meglio dell'italiano *Energumeno* termine oggi poco usato.

12. Venga avvisato il posseduto, se è fisicamente e mentalmente in grado di farlo, affinché preghi Dio a suo vantaggio, di digiunare, di accostarsi frequentemente alla confessione e alla comunione a suo sostegno, secondo il giudizio del sacerdote. E mentre viene esorcizzato, che stia raccolto, che si rivolga a Dio con ferma fede per chiedergli la salute con tutta umiltà. E mentre viene maggiormente tormentato, sopporti con pazienza, senza mai dubitare dell'aiuto di Dio.

13. Abbia il Crocifisso in mano o vi stia al cospetto. Anche le reliquie dei santi, quando si possono avere; tenute con sicurezza e avvolte convenientemente, possono essere poste con riverenza sul petto o sul capo del posseduto. Ma si stia attenti che gli oggetti sacri non vengano trattati in modo indegno o possano subire danno dal demonio. Non si ponga la santissima eucaristia sul capo del posseduto o su altra parte del suo corpo, per il pericolo di irriverenza.

14. L'esorcista non si perda in molte parole, né in domande superflue o di curiosità, soprattutto riguardo a fatti futuri o nascosti che non si addicono al suo ufficio. Ma imponga allo spirito immondo di tacere e di rispondere solo alle sue domande; e neppure gli creda se il demonio finge di essere l'anima di un qualche santo, o di un defunto o di un angelo buono.

15. Le domande necessarie da farsi sono, ad esempio, quelle sul numero e sui nomi degli spiriti presenti, sul tempo in cui sono entrati, sulla causa della possessione, e altre simili. Quanto alle altre sciocchezze del demonio, le risate, le inezie, l'esorcista le freni o non gli dia considerazione; e ammonisca i presenti, che debbono essere pochi, di non farvi caso e di non rivolgere domande al posseduto; ma piuttosto di pregare Dio per lui, con umiltà e insistenza.

16. Gli esorcismi vanno fatti o proferiti comandando con autorità, con grande fede, umiltà e fervore; e quando ci si accorge che lo spirito è più tormentato, allora si insista e lo si incalzi con più forza. Qualora ci si accorga che il posseduto soffre in qualche parte del corpo, o è colpito, o compare in qualche parte un bubbone, vi si faccia il segno della croce e si asperga con acqua benedetta, che si deve sempre tenere pronta.

17. L'esorcista osservi anche a quali parole i demoni tremano di più, e le ripeta più volte; e quando giunge al comando, lo ripeta spesso, aumentando sempre la punizione. Se poi nota un progresso, continui per due, tre, quattro ore, e più che può, fino a conseguire il successo.

18. L'esorcista stia molto in guardia dal somministrare o consigliare una qualsiasi medicina, ma lasci ai medici questo compito.

19. Esorcizzando una donna, sia sempre presente qualche persona fidata, che tenga stretta la posseduta mentre viene scossa dal demonio; se è possibile, queste persone siano della famiglia della posseduta. Inoltre l'esorcista, stia attento e memore del dovuto rispetto, si guardi bene dal fare o dire qualsiasi cosa che possa essere per lui o per gli altri occasioni di cattivi pensieri.

20. Durante l'esorcismo, usi di preferenza le parole della sacra Scrittura, anziché quelle proprie o di altri. E imponga al demonio di dire se è entrato in quel corpo in seguito a magia, o a segni malefici, o a cose oggetto di maleficio che il posseduto può aver ingerito; in questo caso le vomiti, se invece ci si è serviti di cose esterne alla persona, dica dove sono e, dopo averle trovate, si brucino. Si ammonisca il posseduto di rivelare all'esorcista le tentazioni a cui è soggetto.

21. Se poi il posseduto venisse liberato, lo si ammonisca con cura di guardarsi dal peccato per non offrine al demonio l'occasione di ritornare; in questo caso la sua condizione potrebbe diventare peggiore di quella di prima della liberazione.

CAPO II

RITO
PER ESORCIZZARE GLI OSSESSI DAL DEMONIO

Il Sacerdote delegato dall'Ordinario[153], debitamente confessato, o che almeno nel suo cuore detesti i suoi peccati, celebrato, se comodamente può essere fatto, il Santissimo Sacrificio della Messa, ed implorato l'aiuto divino con pie invocazioni, rivestito della cotta e della stola di colore violaceo, ed avendo davanti a se l'ossesso legato, qualora vi sia pericolo[154], lui, rafforzi[155] sé e i presenti col segno della croce, e li asperga con l'acqua benedetta e dopo essersi messi in ginocchio, mentre gli altri rispondono, dica le litanie ordinarie (pag. 228)[156] fino alle preghiere esclusive. Poi dica:

Ant. Non ricordarti o Signore, dei nostri peccati e di quelli dei nostri genitori, e non vendicarti dei nostri peccati.

Padre Nostro in segreto fino a

V. E non ci indurre in tentazione.
R. Ma liberaci dal male.

---

[153] Del luogo.
[154] Se riferito all'ossesso si può tradurre anche "qualora sia pericoloso".
[155] Si può rendere anche con *protegga*
[156] Il riferimento è al RR 1952 nell'edizione che abbiamo usato, già indicata in nota nel primo capitolo, questo vale per tutte le successive ricorrenze.

Salmo 53 (omissis)

V. Salva il tuo servo (la tua serva).
R. La quale spera in te, Dio mio.

V. Sii per lui, O Signore, una torre di fortezza.
R. Di fronte al nemico.

V. Il nemico non prevalga su di lui (lei).
R. Ed il figlio dell'iniquità non abbia modo di nuocergli (le).

V. Manda o Signore a lui (lei) un aiuto dal tuo Santuario.
R. E da Sion difendilo (la).

V. Signore ascolta la mia preghiera.
R. E il mio grido giunga fino a te.

V. Il Signore sia con voi.

R. E con il tuo spirito.

Preghiamo. Orazione

O Dio, a cui è proprio essere misericordioso e sempre perdonare: accogli la nostra supplica; affinché tu assolva con clemenza per la tua pietà e misericordia questo tuo servo che, (questa tua serva) la catena dei peccati tiene legato.

Signore Padre Santo Dio Onnipotente ed Eterno, Padre del nostro Signore Gesù Cristo, che destinasti al fuoco della geenna quel principe caduto e ribelle, e che inviasti in questo mondo il tuo figlio Unigenito, per sopraffare quel leone ruggente[157]: con sollecitudine affrettati e abbi cura, di liberare dalla rovina e dal demone meridiano[158], l'uomo che hai creato a tua immagine e somiglianza. Manda o Signore la tua minaccia, nei confronti della bestia che devasta la tua vigna. Dà al tuo servo, la fiducia per combattere tenacemente contro il nefasto drago, affinché non disprezzi coloro che spe-

[157] Cfr. 1 Pt 5,8
[158] Citazione dai padri della Chiesa in particolare da Evagrio Pontico. Il demone *meridiano* è il demone dell'Accidia.

rano in te e non dica come il Faraone, che disse: non conosco Dio e non lascio partire Israele. Lo spinga la tua destra potente ad andarsene dal tuo servo N. (dalla tua serva) , affinché non pensi di poter tenere schiavo più a lungo, colui che Tu ti sei degnato di creare a tua immagine e che, nel tuo Figlio, hai redento: Tu che vivi e regni nell'unità dello Spirito Santo per tutti i secoli dei secoli. Amen.

2. Poi comanda al demonio in questo modo:
Comando a te, chiunque tu sia, spirito immondo, e a tutti i tuoi compagni che possedete questo servo di Dio (questa serva di Dio): per i misteri dell' incarnazione, passione, resurrezione e ascensione del Signore nostro Gesù Cristo, per il dono dello Spirito Santo, e per l'avvento dello stesso Signore nostro per il giudizio, di dirmi il tuo nome, e con qualche segno il giorno e l'ora della tua uscita: e di obbedire precisamente in tutto a me ministro di Dio, per quanto indegno: e non nuocere in nessun modo a questa creatura di Dio, o ai presenti o ai loro beni.

3. Poi siano letti sull'ossesso questi Vangeli o almeno uno.

Lettura del Santo Vangelo secondo Giovanni.
Dicendo questo segna sé stesso e l'ossesso sulla fronte, sulla bocca e sul petto.

In principio era il verbo, etc. come sopra (pag. 464)

Oppure:

Lettura del Santo Vangelo secondo Marco
Mc. 16, 15-18

Oppure:

Lettura del Santo Vangelo secondo Luca
Lc. 10, 17-20

Oppure:

Lettura del Santo Vangelo secondo Luca
Lc. 11, 14-22

V. Signore ascolta la mia preghiera.
R. E il mio grido giunga fino a te.

V. Il Signore sia con voi.

R. E con il tuo spirito

Preghiamo Orazione

O Signore Onnipotente, Verbo di Dio Padre, Cristo Gesù, Dio e Signore di tutte le creature: Tu che hai dato ai tuoi apostoli il potere di camminare sui serpenti e gli scorpioni: che tra gli altri tuoi meravigliosi precetti ti sei degnato di dire: fuggite demoni: che per un cenno della tua forza satana come un fulmine è caduto dal cielo: con timore e tremore, supplice, invoco il tuo santo Nome, affinché a me indegno tuo servo, concesso il perdono di tutti i miei peccati, ti degni di donare una costante fede e autorità, affinché munito della potenza del tuo braccio santo, con fedeltà e sicurezza possa combattere questo crudele demonio: per te, o Gesù Cristo, Signore e Dio nostro, che verrai a giudicare i vivi e i morti, ed il mondo con il fuoco.
R. Amen.

4. Poi protegga se stesso e l'ossesso con il segno della croce, imponga la parte finale della stola sul suo collo, e, posta sul suo capo[159] la mano destra, con risolutezza e con grande fede dica ciò che segue:
V. Ecco la croce del Signore, fuggite, potenze nemiche.
R. Ha vinto il leone della tribù di Giuda, la radice di David.

V. Signore ascolta la mia preghiera.
R. E il mio grido giunga fino a te.

V. Il Signore sia con voi.

R. E con il tuo spirito

Preghiamo Orazione
Dio e Padre del Signore nostro Gesù Cristo, invoco il tuo nome santo, e, supplice, invoco la tua clemenza: affinché contro questo, spirito tutto immondo, che opprime questa tua creatura, ti degni di dare a me il tuo aiuto. Per lo stesso Signore...
R. Amen.

Esorcismo
Esorcizzo te, immondissimo spirito, ogni attacco del nemico, ogni legione, nel nome del Signore nostro Gesù ✠ Cristo a sradicarti e fuggire da questa creatura di Dio.

---

[159] Dell'ossesso (n.d.r.)

✠ Te lo comanda, colui che dall'alto dei cieli comandò di sommergerti negli inferi della terra. Egli stesso ti comanda, colui che comandò ai venti del mare e alle tempeste. Ascolta dunque e temi satana, nemico della fede, avversario del genere umano, portatore di morte, tu che porti via la vita con violenza, tu che eviti la giustizia, radice dei mali, istigatore[160] ai vizi, seduttore degli uomini, traditore delle genti, incitatore all'invidia, origine dell'avarizia, causa della discordia, tu che risvegli i dolori: perché stai saldo e resisti, quando sai che, Cristo Signore distrugge le tue vie? Temi Lui, che fu immolato in Isacco, purificato in Giuseppe, ucciso nell'Agnello, crocifisso nell'uomo, e poi fu trionfatore sull'inferno.
Le seguenti croci siano fatte sulla fronte dell'ossesso.
Vattene dunque nel nome del Pa✠dre, e del Fí ✠ glio e dello Spírito ✠ Santo: lascia il posto allo Spirito Santo, per questo segno della Santa ✠ Croce di Gesù Cristo nostro Signore: Il quale con il Padre e lo stesso Spirito Santo, vive e regna, Dio, per tutti i secoli dei secoli.
R. Amen.

V. Signore ascolta la mia preghiera.
R. E il mio grido giunga fino a te.

V. Il Signore sia con voi.

R. E con il tuo spirito

Dio creatore e difesa del genere umano, che hai creato l'uomo a tua immagine: volgi il tuo sguardo su questo tuo servo N., il quale (questa tua serva N., la quale) è assalito con perfidia dallo spirito immondo, che l'antico avversario, antico nemico della terra, circonda di paura e terrore, e incanta con lo stupore i sensi della mente umana, li confonde con terrore, e li agita con l'angoscia e la paura. Caccia via, o Signore, la forza del diavolo, e togli le sue fallaci insidie: fugga lontano il tentatore empio: il tuo servo (la tua serva), sia munito del segno del tuo nome✠ (in fronte) e sia difeso (a) nell'anima e nel corpo. (I tre segni di croce seguenti siano fatti sul petto dell'indemoniato). Tu custodisci ✠ciò che è interno al suo petto. Tu ✠ mantieni stabili le sue viscere. Tu ✠ conferma il suo cuore. Nell'anima svaniscano le tentazioni della potenza avversa. Da, o Signore, la grazia per questa invocazione del tuo santissimo nome, affinché qui colui che finora faceva paura, fugga impaurito, e si allontani vinto, e questo tuo servo (questa tua serva) confermato nel cuore e integro nella mente possa offrire a te il giusto servizio. Per il nostro Signore.
R. Amen.

Esorcismo

---

[160] Anche *incitatore*

Esorcizzo te, serpente antico, per il giudice dei vivi e dei morti, per il tuo creatore, per il creatore del mondo, per colui che, ha il potere di mandarti nella geenna, affinché te ne vada presto da questo servo di Dio (da questa serva di Dio) che è si è rifugiato nel grembo della Chiesa, con timore, e con te il tuo esercito di furore. Ti esorcizzo nuovamente ✠ (in fronte), non con la mia debolezza, ma con la forza dello Spirito Santo, affinché tu esca da questo servo di Dio N. (da questa serva di Dio N., la quale), il quale, Dio onnipotente ha fatto a sua immagine. Cedi dunque, cedi non a me, ma a un ministro di Cristo. È la sua potenza infatti che ti respinge, di colui che con la sua Croce ti ha soggiogato. Ti fa tremare il suo braccio, il quale, sciolti i lacci dell'inferno condusse le anime alla luce. Sia per te terrore il corpo dell'uomo ✠ (sul petto), sia per te timore l'immagine di Dio ✠ (sulla fronte). Non resistere e non indugiare ad andartene da questo uomo, perché piacque a Cristo abitare nell'uomo. E non pensare che sia da disprezzare, poiché conosci che io sono ancora un grande peccatore. Te lo comanda Dio✠. Te lo comanda la maestà di Cristo ✠. Te lo comanda Dio Padre ✠, te lo comanda Dio Figlio ✠, te lo comanda Dio Spirito Santo ✠. Te lo comanda il sacramento della croce ✠. Te lo comanda la fede dei santi Apostoli Pietro e Paolo, e degli altri santi ✠. Te lo comanda il sangue dei Martiri ✠. Te lo comanda la continenza dei confessori ✠. Te lo comanda la pia intercessione di tutti i Santi e le Sante ✠. Te lo comanda la forza dei misteri della fede cristiana ✠. Esci dunque, trasgressore. Esci, o seduttore, pieno di ogni male e malvagità, nemico della virtù, persecutore degli innocenti. Lascia il posto, o maledetto, lascia il posto, empio, lascia il posto a Cristo, nel quale non trovasti nulla delle tue opere: lui che ti mise a nudo lui che distrusse il tuo regno, lui che, sconfitto, ti legò, e fece a pezzi le tue armi: lui che ti gettò fuori nelle tenebre, dove per te e per i tuoi ministri era preparata la fine. Ma perché resisti così ferocemente? Perché ti rifiuti temerariamente? Sei colpevole davanti a Dio onnipotente, di cui hai violato le leggi. Sei colpevole nei confronti del suo figlio Gesù Cristo nostro Signore, che hai osato tentare e hai avuto l'ardire di crocifiggere. Sei colpevole nei confronti del genere umano, a cui, con le tue tentazioni hai somministrato un veleno mortale.

Ti esorcizzo dunque, drago iniquo, nel nome dell'Agnello ✠ immacolato, che ha camminato sull'aspide e il basilisco, che ha schiacciato il leone e il drago, affinché ti allontani da quest'uomo ✠ (faccia un segno di croce sulla fronte), ti allontani dalla Chiesa di Dio ✠ (faccia un segno di croce sui presenti): trema e fuggi, essendo stato invocato quello stesso nome del Signore al quale gli inferi tremano: a cui le forze dei cieli, le potenze e le dominazioni sono soggette: quello che i Cherubini e i Serafini lodano con voce incessante dicendo: Santo, santo, santo il Signore Dio Sábaoth[161]. Te lo comanda il Verbo ✠ fatto carne. Te lo comanda colui che è nato✠ dalla Vergine. Te lo comanda Gesù ✠ il Nazareno, che, avendo tu disprezzato i suoi discepoli, cacciato e prostrato, ti ordinò di uscire dall'uomo: alla cui presenza, avendoti scacciato dall'uomo, non potevi nemmeno arrogarti il diritto di entrare in un gregge di porci. Vattene via dunque adesso, scacciato in suo nome ✠ dall'uomo, che egli stesso ha plasmato. È duro per te voler resistere ✠. È duro per te resistere a questo pungolo ✠. Perché quanto più tardi esci, tanto più cresce per te il supplizio, perché

[161] Il Messale Romano traduce "Dio dell'Universo" m non è una traduzione letterale, alcuni traducono con "Signore degli eserciti". Si preferisce lasciare il termine originale.

non odi gli uomini, ma lui che domina sui vivi e sui morti: lui che verrà a giudicare i vivi e i morti ed il mondo con il fuoco. R. Amen.
V. Signore ascolta la mia preghiera.
R. E il mio grido giunga fino a te.
V. Il Signore sia con voi.

R. E con il tuo spirito

Preghiamo Orazione

Dio del cielo, Dio della terra, Dio degli Angeli, Dio degli Arcangeli, Dio dei Profeti, Dio degli Apostoli, Dio dei Martiri, Dio delle Vergini, Dio, che hai potere di dare la vita dopo la morte, il riposo dopo la fatica: poiché non c'è un altro Dio eccetto te, che può essere vero, se non tu, o Creatore del cielo e della terra, che sei vero re, ed il cui regno non avrà fine; umilmente supplico la tua maestà, affinché ti degni di liberare questo tuo servo (questa tua serva) dagli spiriti immondi.
Per Cristo nostro Signore.
R. Amen.

Esorcismo
Esorcizzo dunque te, o spirito tutto immondo, ed ogni fantasma, ogni incursione di satana, nel nome di Gesù Cristo ✠il Nazareno, il quale dopo il battesimo di Giovanni fu condotto nel deserto, e ti sconfisse nelle tue sedi: affinché tu cessi di attaccare colui che Egli formò a onore della sua gloria dal fango della terra: e nell'uomo miserabile tu tema non tanto l'umana fragilità quanto l'immagine di Dio onnipotente.
Cedi dunque a Dio ✠, che sommerse nell'abisso, come il faraone e il suo esercito, per mano di Mosè suo servo, te e la tua malvagità. Cedi a Dio✠, che tramite il suo fedelissimo servo David, con cantici spirituali, ti fece fuggire dal re Saul. Cedi a Dio ✠, che ti condannò, nella figura del traditore Giuda Iscariota. Egli infatti ti toccò ✠ con divine frustate, e al suo cospetto, con le tue legioni tremante e urlante dicesti: Che c'è fra noi e te, Gesù, Figlio del Dio Altissimo? Sei venuto qui prima del tempo a rovinarci? Egli stesso ti tormenta con fiamme perenni, lui che alla fine dei tempi dirà agli empi: Andate lontano da me maledetti, nel fuoco eterno, che è preparato per il diavolo e i suoi angeli. Per te infatti, o empio, e agli angeli tuoi vi saranno vermi che non moriranno mai. Per te e per i tuoi angeli sarà preparato un fuoco inestinguibile: perché tu sei il primo dei maledetti assassini, tu autore di incesti, tu capo dei sacrileghi, tu maestro di azioni malvagie, tu dottore degli eretici, tu autore di tutte le oscenità. Esci dunque ✠, o empio, esci ✠, o scellerato, esci con tutti i tuoi inganni: poiché Dio vuole che l'uomo sia tempio suo. Ma perché ti attardi qui così a lungo? Da onore a Dio Padre ✠ onnipotente, davanti a cui si piega ogni ginocchio. Lascia il posto a Gesù ✠ Cristo, il quale per l'uomo ha effuso il suo sangue sacratissimo. Lascia il posto allo Spirito ✠ Santo, il quale per mezzo del beato apostolo suo Pietro ti smascherò in Simon mago; che condannò la tua frode in Ananía e Saffira; che ti colpì nel re Erode il quale non diede onore a Dio; che nel mago Elimas per

mezzo del suo apostolo Paolo ti mandò in rovina in preda alla tenebra della cecità, e per lo stesso[162] con un fermo comando ti ordinò di uscire da Pitonessa. Vattene dunque adesso ✠, vattene ✠, seduttore. La tua sede è il deserto. L'abitazione per te è il serpente: strisciare ed essere umiliato. Ormai non c'è da rimandare nel tempo. Ecco infatti il Signore dominatore si avvicina rapidamente, ed il fuoco arde davanti a lui, lo precede e brucerà intorno i sui nemici. Se infatti potrai ingannare l'uomo, non potrai prenderti gioco di Dio. Egli ai cui occhi nulla è nascosto ti caccia via. Egli alla cui forza sono soggette tutte le cose, ti espelle. Ti scaccia colui che per te e per i tuoi angeli ha preparato la geenna eterna; dalla cui bocca uscirà una spada a doppio taglio: Colui che verrà a giudicare i vivi ed i morti ed il mondo con il fuoco.
R. Amen.

5. Le cose dette sopra, nella misura necessaria, possono essere ripetute, finché il posseduto sia del tutto liberato.

6. Gioverà più e più volte ripetere con frequenza sul posseduto il Padre Nostro, l'Ave Maria e il Credo, e dire devotamente ciò che è indicato di seguito.
Cantico Magníficat, come sopra (pag. 635); in fine Glória al Padre.
Cantico Benedíctus, come sopra (pag. 634); in fine Glória al Padre.

Simbolo Atanasiano

Chiunque voglia salvarsi, *deve anzitutto possedere la fede cattolica:
Colui che non la conserva integra ed inviolata *perirà senza dubbio in eterno.
La fede cattolica è questa: *che veneriamo un unico Dio nella Trinità e la Trinità nell'unità.
Senza confondere le persone, *e senza separare la sostanza.
Una è infatti la persona del Padre, altra quella del Figlio, *ed altra quella dello Spirito Santo.
Ma Padre, Figlio e Spirito Santo sono una sola divinità, *con uguale gloria e coeterna maestà.
Quale è il Padre, tale è il Figlio, *tale lo Spirito Santo.
Increato il Padre, increato il Figlio, *increato lo Spirito Santo.
Immenso il Padre, immenso il Figlio, *immenso lo Spirito Santo.
Eterno il Padre, eterno il Figlio, *eterno lo Spirito Santo
E tuttavia non vi sono tre eterni, *ma un solo eterno.
Come pure non vi sono tre increati, né tre immensi, *ma un solo increato e un solo immenso.
Similmente è onnipotente il Padre, onnipotente il Figlio, *onnipotente lo Spirito Santo.
E tuttavia non vi sono tre onnipotenti, *ma un solo onnipotente.
Il Padre è Dio, il Figlio è Dio, *lo Spirito Santo è Dio.
E tuttavia non vi sono tre dei, *ma un solo Dio.
Signore è il Padre, Signore è il Figlio, *Signore è lo Spirito Santo.

[162] Paolo

E tuttavia non vi sono tre Signori, *ma un solo Signore.
Poiché come la verità cristiana ci obbliga a confessare che ciascuna persona è singolarmente Dio e Signore: *
così la religione cattolica ci proibisce di parlare di tre Dei o Signori.
Il Padre non è stato fatto da alcuno: *né creato, né generato.
Il Figlio è dal solo Padre: *non fatto, né creato, ma generato.
Lo Spirito Santo è dal Padre e dal Figlio: *non fatto, né creato, né generato, ma da essi procedente.
Vi è dunque un solo Padre, non tre Padri: un solo Figlio, non tre Figli: *un solo Spirito Santo, non tre Spiriti Santi.
E in questa Trinità non v'è nulla che sia prima o dopo, nulla di maggiore o minore: *ma tutte e tre le persone sono l'una all'altra coeterne e coeguali.
Cosicché in tutto, come già detto prima, *va venerata l'unità nella Trinità e la Trinità nell'unità.
Chi dunque vuole salvarsi, *pensi in tal modo della Trinità.
Ma per l'eterna salvezza è necessario, *credere fedelmente anche all'Incarnazione del Signore nostro Gesù Cristo.
La retta fede vuole, infatti, che crediamo e confessiamo, *che il Signore nostro Gesù Cristo, Figlio di Dio, è Dio e uomo.
È Dio, perché generato dalla sostanza del Padre fin dall'eternità: *è uomo, perché nato nel tempo dalla sostanza della madre.
Perfetto Dio, perfetto uomo: *sussistente dall'anima razionale e dalla carne umana.
Uguale al Padre secondo la divinità:*inferiore al Padre secondo l'umanità.
E tuttavia, benché sia Dio e uomo, *non è duplice ma è un solo Cristo.
Uno solo, non per conversione della divinità in carne, *ma per assunzione dell'umanità in Dio.
Totalmente uno, non per confusione di sostanze, * ma per l'unità della persona.
Come infatti anima razionale e carne sono un solo uomo, *così Dio e uomo sono un solo Cristo.
Che patì per la nostra salvezza: discese agli inferi: *il terzo giorno è risuscitato dai morti.
È salito al cielo, siede alla destra di Dio Padre onnipotente: *e di nuovo verrà a giudicare i vivi e i morti.
Alla sua venuta tutti gli uomini dovranno risorgere con i loro corpi: *e dovranno rendere conto delle proprie azioni.
Coloro che avranno fatto il bene andranno alla vita eterna: *coloro, invece, che avranno fatto il male, nel fuoco eterno.
Questa è la fede cattolica, *e non potrà essere salvo se non colui che l'abbraccerà fedelmente e fermamente.
Goria al Padre.

Salmo 90 Tu che abiti al riparo dell'Altissimo, come sopra (pag. 251).
*Il testo Desclée riporta qui il Salmo 67 (Antiqua Versio, ut infra 38**); per intero seguito dal Gloria Patri.*

Salmo 69 Piaccia a te, o Signore, di liberarmi, come sopra (pag. 233); Salmo 53 Dio in nome, come sopra (pag. 854); Salmo 117 Rendete Grazie al Signore, come sopra (pag. 279).

*Il testo Desclée riporta qui il Salmo 34 (Antiqua Versio, ut infra 21**); per intero seguito dal Gloria Patri. Quindi il Salmo 30 (Antiqua Versio, ut infra 18**), Salmo 21 (Antiqua Versio, ut infra 10**), Salmo 3(Antiqua Versio, ut infra 2**), Salmo 10 (Antiqua Versio, ut infra 6**) e il Salmo 12 (Antiqua Versio, ut infra 7**), tutti per intero e seguiti dal Gloria Patri.*

PREGHIERA DOPO LA LIBERAZIONE

Ti preghiamo, Dio Onnipotente, affinché lo spirito di iniquità non abbia più potere su questo tuo servo N. (questa tua serva N.), ma perché fugga e non ritorni: entri in lui (in lei), o Signore per tuo comando, la bontà e la pace del Signore nostro Gesù Cristo, per mezzo del quale siamo redenti, e non temiamo nessun male, perché il Signore è con noi: Lui che vive e regna con te, Dio, nell'unità dello Spirito Santo, per tutti i secoli dei secoli.
R. Amen.

CAPO III
ESORCISMO CONTRO SATANA E GLI ANGELI RIBELLI

Il seguente esorcismo può essere recitato dai Vescovi e inoltre da quei sacerdoti, che abbiano questa autorità dal proprio ordinario.

Nel nome del Padre e del Figlio e dello Spirito Santo. Amen.

Preghiera a San Michele Arcangelo

Gloriosissimo Principe, delle celesti milizie, Arcangelo S. Michele, difendici nella battaglia contro le potenze delle tenebre e la loro spirituale malizia.

Vieni in aiuto di noi, che fummo creati da Dio e riscattati con il sangue di Cristo Gesù, suo Figlio, dalla tirannia del demonio.

Tu sei venerato dalla Chiesa quale suo custode e patrono e a te il Signore ha affidato le anime che un giorno occuperanno le sedi celesti.

Prega, dunque, il Dio della Pace a tenere schiacciato satana sotto i nostri piedi, affinché esso non abbia la forza né di fare schiavi di sé gli uomini né di recare danni alla Chiesa.

Presenta all'Altissimo, con le tue, le nostre preghiere perché discendano su di noi le sue divine misericordie.

Incatena satana e ricaccialo negli abissi donde non possa più sedurre le anime.

Amen.

Esorcismo
In nome di Gesù Cristo, nostro Dio e Signore, e con l'intercessione dell'Immacolata Vergine Maria, Madre di Dio, di S. Michele Arcangelo, dei Beati Apostoli Pietro e Paolo e di tutti i Santi, fiduciosi per l'autorità del nostro ministero, combattiamo sicuri la battaglia per reprimere gli attacchi e gli inganni del demonio.

Salmo 67
Sorga il Signore e siano dispersi i suoi nemici* fuggano dal cospetto di lui coloro che lo odiano.

Svaniscano come svanisce il fumo* come si fonde la cera al fuoco, così periscano i peccatori dinanzi alla faccia di Dio.

V. Ecco la croce del Signore, fuggite, potenze nemiche.
R. Ha vinto il leone della tribù di Giuda, la radice di David.

V. Sia su di noi la tua misericordia, Signore.
R. Poiché in te abbiamo sperato.

Ti esorcizziamo, spirito tutto immondo, e tutte le potenze sataniche, tutti gli attacchi del nemico infernale, tutte le legioni, tutte le congregazione e le sette diaboliche, in nome ed in virtù di nostro Signore Gesù✠ Cristo, di sradicarti e fuggire dalla Chiesa di Dio, dalle anime create ad immagine di Dio e redente dal prezioso sangue dell'Agnello ✠. Non osare oltre, perfido serpente, a ingannare il genere umano, a perseguitare la Chiesa di Dio, e scuotere e agitare come frumento gli eletti di Dio ✠. Te lo ordina il Dio altissimo ✠, a cui nella tua grande superbia hai presunzione di assomigliare; che vuole che tutti gli uomini siano resi liberi, e giungano alla conoscenza della verità. Te lo ordina Dio Padre ✠; Te lo ordina Dio Figlio ✠; Te lo ordina Dio Spirito Santo ✠. Te lo ordina Cristo, Verbo eterno di Dio, fatto carne✠, che per la salvezza del genere nostro, perduta per la tua invidia, umiliò sé stesso e si fece obbediente fino alla morte; che edificò la sua Chiesa sulla pietra stabile e disse che contro di essa le porte degli inferi non avrebbero mai prevalso, e che con essa sarebbe rimasto tutti i giorni fino alla fine del tempo. Te lo ordina il sacramento della croce ✠, e la potenza di tutti i misteri della fede cristiana ✠. Te lo ordina l'eccelsa Madre di Dio la Vergine Maria ✠, la quale nella sua umiltà, fin dal primo istante della sua Immacolata Concezione schiacciò il tuo superbissimo capo. Te lo ordina la fede dei santi Apostoli Pietro e Paolo e degli altri santi Apostoli✠. Te lo ordina il sangue dei Martiri e la pia intercessione di tutti i Santi e le Sante ✠.

Dunque, o drago maledetto e ogni diabolica legione, ti esorcizziamo per Dio ✠ vivo, per Dio ✠ vero, per Dio ✠ santo, per Dio, il quale ha così tanto amato il mondo, da dare il suo Figlio Unigenito, affinché chi crede in lui non muoia ma abbia la vita eterna: smetti di ingannare le creature umane, e di offrire loro il veleno della perdizione: smetti di nuocere alla Chiesa e di mettere lacci alla sua libertà. Vattene, satana, inventore e maestro di tutti gli inganni, nemico dell'umana salvezza. Lascia il posto a Cristo, in cui non trovasti niente delle tue opere; Lascia il posto alla Chiesa una, santa, cattolica, e Apostolica, che Cristo stesso si è acquistato con il suo sangue. Umiliati sotto la potente mano di Dio; trema e fuggi, essendo stato da noi invocato il santo e terribile nome di Gesù, al quale gli inferi tremano, a cui le forze dei cieli, le potenze e le dominazioni sono soggette: quello che i Cherubini e i Serafini lodano con voce incessante dicendo: Santo, santo, santo il Signore Dio Sábaoth.

V. Signore ascolta la mia preghiera.
R. E il mio grido giunga fino a te.

V. Il Signore sia con voi.

R. E con il tuo spirito.

Preghiamo Orazione

O Dio del Cielo, Dio della terra, Dio degli angeli, Dio degli Arcangeli, Dio dei Patriarchi, Dio dei Profeti, Dio degli Apostoli, Dio dei Martiri, Dio dei Confessori, Dio delle Vergini, Dio che ha il potere di donare la vita dopo la morte e il riposo dopo la fatica, giacché non vi è altro Dio al di fuori di te né vi può essere se non tu, Creatore di tutte le cose visibili e invisibili il cui regno non avrà fine, umilmente supplichiamo la tua maestà affinché tu voglia liberarci da ogni potestà, laccio, inganno e malvagità degli spiriti infernali e degnarti di custodirci sempre incolumi.
Per Cristo nostro Signore.
Amen.

Dalle insidie del diavolo, liberaci o Signore.

Affinché tu renda la tua Chiesa sicura per servirti nella libertà, ti preghiamo ascoltaci

Affinché ti degni di umiliare i nemici della Santa Chiesa, Ti preghiamo ascoltaci.

E si asperga il luogo con l'acqua benedetta.

3. Traduzione delle varianti testuali[163]

PRAENOTANDA:	PREMESSE:	PREMESSE:
1614-1913: 1. Sacerdos, *seu quivis alius legitimus Ecclesiæ minister*, vexatos a dæmone exorcizaturus, ea qua par est pietate, prudentia, ac vitæ integritate præditus esse debet: qui non sua, sed divina fretus virtute, ab omni rerum humanarum cupiditate alienus, tam pium opus ex caritate constanter et humiliter exsequatur. Hunc præterea maturæ ætatis esse decet, et non solum officio, sed etiam morum gravitate reverendum	1614-1913: 1. Il sacerdote, *o un qualsiasi altro legittimo ministro della Chiesa*, che si appresta ad esorcizzare una persona vessata da un demone, deve essere dotato di quella prudenza e di integrità di vita nella stessa misura della sua devozione e, non da sé stesso, ma fiducioso nella forza divina, lontano dalla cupidigia per tutte le cose umane, al punto che il (suo) servizio sia svolto con carità, costantemente ed umilmente. Oltre a questo è opportuno che sia di età matura e molto stimato non solo in virtù del suo ufficio, ma anche per la serietà dei costumi.	1952: 1. Il Sacerdote, il quale, per una peculiare ed espressa licenza dell'Ordinario, si appresta ad esorcizzare una persona vessata da un demone, deve essere dotato di quella prudenza e di integrità di vita nella stessa misura della sua devozione e, non da sé stesso, ma fiducioso nella forza divina, lontano dalla cupidigia per tutte le cose umane, al punto che il (suo) servizio sia svolto con carità, costantemente ed umilmente. Oltre a questo è opportuno che sia di età matura e molto stimato non solo in virtù del suo ufficio, ma anche per la serietà dei costumi.
1614-1925: 3. In primis, ne facile credat, aliquem *a dæmone* obsessum esse; sed nota habeat ea signa, quibus obsessus dignoscitur ab iis, *qui vel atra bile, vel morbo aliquo* laborant. Signa autem obsidentis dæmonis *sunt*: ignota lingua loqui pluribus verbis, vel loquentem intelligere: distantia, et occulta patefacere: vires supra ætatis, seu conditionis naturam ostendere; et id genus alia, quæ cum plurima concurrunt, majora sunt indicia.	1614-1925: 3. Prima di tutto, non creda facilmente che uno sia posseduto da un demone; ma abbia presenti quei segni attraverso i quali gli ossessi sono distinti, da coloro che soffrono *per umore nero (*Lett. *bile nera*. Può essere reso anche con pazzia.) *o altra malattia*. I segni che c'è una possessione del demonio *sono*: parlare una lingua sconosciuta con molte parole, oppure capire se uno la parla; svelare cose lontane od occulte; dimostrare forze superiori all'età o alla condizione naturale; e altri di questo genere, i quali, più ricorrono insieme, maggiori sono gli indizi	1952: 3. Prima di tutto, non creda facilmente che uno sia posseduto dal demonio, ma abbia presenti quei segni attraverso i quali gli ossessi sono distinti, da coloro che soffrono per una qualunque altra malattia, specialmente tra quelle psichiche. I segni, invero, che uno è posseduto dal demonio possono essere: parlare una lingua sconosciuta con molte parole, oppure capire se uno la parla; svelare cose lontane od occulte; dimostrare forze superiori all'età o alla condizione naturale; e altri di questo genere, i quali, più ricorrono insieme, maggiori sono gli indizi.
1614-1913: 11. In ecclesiam, si commode fieri potest, vel in alium religiosum et honestum locum seorsum a multitudine perductus energumenus exorcizetur; *sed si fuerit ægrotus, vel persona nobilis*, vel alia honesta de causa, in domo privata exorcizari poterit.	1614-1913: 11. Un posseduto particolarmente violento venga esorcizzato in chiesa, se si può fare comodamente, o sia portato in altro locale religioso e conveniente, lontano dalla folla. *Ma se il posseduto fosse malato, o fosse una persona della nobiltà*, o per altro giusto motivo, si può compiere l'esorcismo anche in casa.	1952: 11. Un posseduto particolarmente violento venga esorcizzato in chiesa, se si può fare comodamente, o sia portato in altro locale religioso e conveniente, lontano dalla folla. Ma se il posseduto è ammalato, o per altro giusto motivo, si può compiere l'esorcismo anche in casa.

[163] Per le traduzioni contenute in questa sezione abbiamo scelto di utilizzare delle tabelle in cui è possibile confrontare, la versione antica, la sua traduzione in italiano e, infine, le modifiche apportate nel *Rituale Romanum* del 1952 (in traduzione).

RITUS	RITO	RITO
1614-1913: Sacerdos, *sive alius Exorcista*, rite confessus, aut saltem corde peccata sua detestans, peracto, si commode fieri potest, SS. Missæ sacrificio, divinoque auxilio piis precibus implorato, superpelliceo et stola violacea, *cujus extrema pars ad obsessi collum circumponatur*, indutus, et coram se habens obsessum ligatum, si fuerit periculum, eum, se, et astantes communiat signo crucis, et aspergat aqua benedicta, et genibus flexis, aliis respondentibus, dicat Litanias ordinarias usque ad Preces exclusive. In fine Antiphona:	1614-1913: Il Sacerdote, *oppure un altro Esorcista*, debitamente confessato, o che almeno nel suo cuore detesti i suoi peccati, celebrato, se comodamente può essere fatto, il Santissimo Sacrificio della Messa, ed implorato l'aiuto divino con pie invocazioni, rivestito della cotta e della stola di colore violaceo *della quale l'estremità sia avvolta al collo dell'ossesso*, ed avendo davanti a se l'ossesso legato, qualora vi sia pericolo, lui, rafforzi sé e i presenti col segno della croce, e li asperga con l'acqua benedetta e dopo essersi messi in ginocchio, mentre gli altri rispondono, dica le litanie ordinarie fino alle preghiere esclusive. alla fine l'Antifona:	1952: Il Sacerdote delegato dall'Ordinario, debitamente confessato, o che almeno nel suo cuore detesti i suoi peccati, celebrato, se comodamente può essere fatto, il Santissimo Sacrificio della Messa, ed implorato l'aiuto divino con pie invocazioni, rivestito della cotta e della stola di colore violaceo, ed avendo davanti a se l'ossesso legato, qualora vi sia pericolo, lui, rafforzi sé e i presenti col segno della croce, e li asperga con l'acqua benedetta e dopo essersi messi in ginocchio, mentre gli altri rispondono, dica le litanie ordinarie fino alle preghiere esclusive. Poi dica:

1614-1913:	1614-1913:	1952 :
24. Deinde *muniens* se et obsessum signo crucis, *circumposita parte stolæ ad collum ejus*, et, dextera manu sua capiti eius imposita, constanter et magna cum fide dicat ea quæ sequuntur:	24. Poi *proteggendo* se stesso e l'ossesso con il segno della croce, *avvolto un lembo della stola al collo di lui*, e, posta sul suo capo la mano destra, con risolutezza e con grande fede dica ciò che segue:	4. Poi protegga se stesso e l'ossesso con il segno della croce, imponga la parte finale della stola sul suo collo, e, posta sul suo capo la mano destra, con risolutezza e con grande fede dica ciò che segue:

1614-1913:	1614-1913:	1925-1952:
25. Prædicta omnia, quatenus opus fuerit repeti possunt, donec obsessus sit omnino liberatus.	25. Le cose dette sopra, nella misura *in cui abbia fatto effetto*, possono essere ripetute, finché il posseduto sia del tutto liberato.	5. Le cose dette sopra, nella misura necessaria, possono essere ripetute, finché il posseduto sia del tutto liberato.
1614-1913: 26. *Iuvabit præterea plurimum, haec, quæ infra notantur*, super obsessum devote dicere, sæpeque repetere Pater Noster, Ave Maria, Credo. Canticum Magnificat. ut supra (pag.155) in fine Gloria Patri. Canticum Benedictus. ut supra (pag.198) in fine Gloria Patri[164].	1614-1913 : 26. *Gioverà, ulteriormente, dire devotamente, quanto annotato*, sull'ossesso e ripeterlo spesso il Padre Nostro, l'Ave Maria e il Credo. Cantico Magníficat, come sopra (pag. 635); in fine Glória al Padre. Cantico Benedíctus, come sopra (pag. 634); in fine Glória al Padre.	1925-1952: 6. Gioverà più e più volte ripetere con frequenza sul posseduto il Padre Nostro, l'Ave Maria e il Credo, e dire devotamente ciò che è indicato di seguito. Cantico Magníficat, come sopra (pag. 635); in fine Glória al Padre. Cantico Benedíctus, come sopra (pag. 634); in fine Glória al Padre.

[164] Si riprende qui la sola versione del 1913 essendo le variazioni relative alla mera impaginazione del Rito.

RITUALI dal 1614 al 1925 :

PSALMODIA	SALMODIA
iuxta Vulgatam	*Secondo la Vulgata*
psalmi 90, 67, 69, 53, 117, 34, 30, 21, 3, 10, 12 (*secundum hanc sequentiam*)	*salmi* 90, 67, 69, 53, 117, 34, 30, 21, 3, 10, 12 (*secondo questa sequenza*)

NEL *RITUALE ROMANUM* DEL 1952 CAMBIA LA VERSIONE LATINA DEI SALMI.

Rituale Romanum 1913[165]:

CAPUT II	CAPO II
FORMULÆ SCRIBENDÆ IN LIBRIS HABENDIS APUD PAROCHOS UT INFRA NOTATUR	FORMULE DA SCRIVERE NEI LIBRI CHE DEBBO AVERSI PRESSO IL PARROCO COME ANNOTATO
Liber Baptizatorum habeatur in Ecclesiis, in quibus confertur Baptisma. Liber Confirmatorum habeatur in Ecclesiis, in quibus confertur Chrisma. Liber Matrimoniorum. Liber status animarum. Hi tres habeantur a Liber Defunctorum habeatur etiam quolibet Parocho in omnibus Ecclesiis, in quibus defuncti sepeliuntur. Advertat in primis Parochus, ut in libris tam Baptizatorum, et Confirmatorum, quam Matrimoniorum, et Defunctorum exprimat semper non solum nomen personarum, quæ ibi nominatur, sed etiam familiam.	Il libro dei Battezzati si abbia in quelle Chiese in cui viene conferito il Battesimo. Il libro dei Confermati si abbia in quelle Chiese in cui viene conferito il Crisma. Libro dei Matrimoni. Libro dello Stato delle Anime. Questi tre si abbiano. Il Libro dei defunti si abbia, da qualunque parroco in tutte le chiese, in cui si seppelliscono i defunti. Il parroco, per prima cosa faccia attenzione, affinché sia nel libro dei Battezzati, che nel libro dei Confermati, quanto nel libro dei Matrimoni, dei Defunti, si stabilisca non solo il nome delle persone che sono qui nominate, ma anche la famiglia.
Sequuntur modula "Forma describendi Baptizatos", "Forma describendi Confirmatos", "Forma describendi Conjugatos", "Forma describendi Statum Animarum", "Forma describendi Defunctos".	*Seguono i moduli "Forma per annotare i Battezzati", "Forma per annotare i Confermati", "Forma per annotare i coniugi", "Forma per annotare lo Stato delle Anime", "Forma per annotare i Defunti".*

Rituale Romanum 1913[166]:

Exorcismus in satanam et angelos apostaticos *iussu Leonis XIII editus.*	Esorcismo contro Satana e gli angeli ribelli, *edito per ordine di Leone XIII*

[165] Queste variazioni si trovano solo nel *RR* 1913.
[166] Questa variazione si trova solo nel *RR* 1913.

POSTFAZIONE

di ALBERTO ARA

Non è facile trovare lavori dedicati ai Rituali della Liturgia Cattolica. Ancor meno a Rituali molto particolari come quelli di Esorcismo. Uno studio sulla loro evoluzione storica è perciò un'autentica rarità. Ma il rilievo di questo lavoro è soprattutto nell'oggetto della ricerca, e consiste in aspetti tutt'altro che secondari, per comprendere il senso autentico della Liturgia ed anche per capire perché l'Esorcismo non sia un sacramento. Si tratta però di aspetti non sempre evidenti o intuitivi. È bene perciò esporli ed esaminarli brevemente.

Innanzitutto, il fatto che i Rituali cambino prova che l'Esorcismo non ha nulla a che vedere con la magia. Per chi ci crede, infatti, la formula magica trae il suo (preteso) potere da se stessa: se la si cambia, volutamente o meno non importa, non si raggiunge l'effetto desiderato. Ora, se il Rituale fosse una collazione di formule magiche, cambiarlo vorrebbe dire non ottenere ciò per cui esiste. Ma i Rituali mutano, e non di poco, come questo lavoro dimostra, quindi non li si può considerare al pari di formule magiche.

Ancora. Nell'atto magico, il non ottenere l'effetto voluto è spiegato supponendo un qualche difetto di esecuzione nell'azione rituale o nella recita della formula. Ciò non è possibile nell'Esorcismo, appunto perché non consiste di formule magiche, quindi il Rituale contiene *per sua stessa natura* la possibilità che l'effetto non sia ottenuto. Se l'effetto può non essere ottenuto nonostante la perfezione formale, allora chi officia l'Esorcismo non ha il potere di raggiungere lo scopo, come invece pretende il mago. Ciò significa che la richiesta di liberazione avanzata dal posseduto è appoggiata, ratificata dall'Esorcista ma non compiuta da lui.

Ancora. Se l'Esorcista si limita ad appoggiare la richiesta di liberazione fatta dal posseduto, allora è ovvio che tale appoggio non possa restare immutato. Al passare del tempo infatti i modi di pensare, di valutare, di esprimersi cambiano, e di conseguenza devono cambiare anche gli strumenti con i quali si ratificano.

Ultima osservazione, ma forse la più importante, è che questo cambiamento dei Rituali, essendo radicato nella mutabilità culturale, non ha minimamente a che fare con la libertà di chi ha il potere di dare, posticipare o negare la liberazione, appunto perché il Rituale non è una collazione di formule magiche.

A questo punto non è difficile capire perché l'Esorcismo non è un sacramento. Questo infatti raggiunge sempre il suo effetto, ossia il conferimento della grazia, anche quando il ministro che lo conferisce è indegno, anche quando compie errori non voluti nella celebrazione, persino quando questa grazia risulta poi infruttuosa per la cattiva disposizione di chi la riceve. Per queste ragioni nei sacramenti vi è un certo automatismo nel conferimento della grazia (tecnicamente si chiama 'validità *ex opere operato*'), anche se radicalmente diverso da quello dell'atto magico.

Invece l'effetto dell'Esorcismo, la liberazione, non è assolutamente automatico. Il primo elemento necessario è che il posseduto abbia la volontà sincera e salda di essere liberato. Come nel sacramento della Riconciliazione sono essenziali un vero pentimento e la sincera volontà di non peccare ancora, senza i quali non vi è remissione, anche se il ministro pronuncia la formula assolutoria, così non è possibile essere liberati se il posseduto è in qualche misura affascinato, legato a quel che vive. È la conseguenza più importante del fatto che l'Esorcismo, e la Liturgia in generale, non è atto magico.

Il secondo elemento necessario, stavolta da lato dell'Esorcista, è la coscienza di essere un mero appoggio, un aiuto, un sostegno al posseduto e non, come purtroppo fin troppo spesso si dice e si crede, uno strumento se non addirittura un tramite per la liberazione. Chi libera è solo e soltanto Dio, con i tempi ed i modi che preferisce. La Chiesa, riassunta nell'Esorcista, si pone al fianco di colui che soffre la possessione, si unisce a lui nel chiedere la liberazione, ma niente di più.

In questo quadro, il cambiamento dei Rituali di Esorcismo ha significato diverso da quello dei Rituali sacramentali. Questi infatti hanno di mira soprattutto l'agevolare la fruttuosità della grazia conferita: ad esempio, si usa la lingua locale perché il fedele sia in grado di capire quel che accade, si compiono certi gesti e non altri perché in quella cultura è così che si esprime ciò che la Liturgia intende comunicare, e così via. Tuttavia esiste anche un livello più profondo, l'espressione del cammino che lo Spirito ha fatto fare alla sua Chiesa. Per questa ragione, ad esempio, è del tutto lecito continuare ad usare il latino, perché è solo una lingua, ma non celebrare i sacramenti con Rituali del sec.XVI: non perché quelli fossero inadeguati ma perché oggi la Chiesa non è più quella di allora[167]. *Franciscus papa docet.*

Nel Rituale dell'Esorcismo i cambiamenti non possono avere gli stessi obiettivi, perché il posseduto già vuole essere liberato, conosce il significato di ciò che l'Esorcista compie, sa che la sua liberazione è solo dono di Dio. Qui i cambiamenti sono un aiuto offerto a chi ne avesse bisogno per migliorare il suo assenso interiore, ma non vincolano l'Esorcista il quale, dal canto suo, deve anch'egli tutelare se stesso. Per questa ragione il nuovo Rituale non ha abolito i precedenti, come invece si legge espressamente nella promulgazione di ogni nuovo Rituale sacramentario, e l'Esorcista è libero di servirsi del latino come della lingua del luogo, o di adattare il Rituale in misura assai ampia.

Studiare questi cambiamenti è perciò importante per comprendere bene il nostro rapporto con Dio, che cresce e cambia nel tempo come tutti i veri e profondi rapporti di amore. Polemizzare sull'opportunità di questa o quella novità non ha poi ragion d'essere appunto in virtù della libertà concessa all'Esorcista di servirsi dello strumento che più ritiene adatto, a sé come al posseduto.

Studiare questi cambiamenti è però importante anche perché, al giorno d'oggi e soprattutto in Occidente, si è perso il senso profondo dell'essere cristiani. Quando il cristianesimo, per molte e varie ragioni, diventa un elemento culturale, la differenza tra fede (adesione interiore) e religione (manifestazione esteriore) si annacqua e finisce con lo scomparire. Soprattutto svanisce la connotazione più intima della fede, che è quello di una lotta. Paolo lo scrive molte volte, ma un passo è il più chiaro di tutti (Ef 6,12):

«La nostra battaglia non è contro creature fatte di sangue e di carne, ma contro i Principati e le Potestà, contro i dominatori di questo mondo di tenebra, contro gli spiriti del male che abitano nelle regioni celesti».

Questi 'spiriti del male' sono i demoni, che suggeriscono agli uomini l'amore per il denaro, per il potere, per la notorietà e per il piacere. Contro questi 'spiriti', solo in seconda battuta contro quegli altri 'amori', mai contro gli uomini, si svolge la lotta del cristiano. In questa lotta consiste il continuo assenso di fede, e non vi è chi non veda come l'amore per il piacere o la notorietà si presentino oggi in modi del tut-

[167] Qualcuno farà notare che alcune Associazioni invece lo fanno. È vero. Ma solo in virtù di una speciale concessione, eccezionale, come dispensazione caritatevole. Se l'Associazione non ha ricevuto espressa autorizzazione, tutto questo non vale e si è di fronte solo ad un reato, e molto grave.

to ignoti solo trent'anni fa, e lo stesso vale per il potere ed il denaro. Se lo Spirito non aiutasse la Chiesa a capire come si traveste il suo nemico, questi la divorerebbe facilmente. Una volta scoperto il nuovo travestimento, la Chiesa deve adeguare le sue forme di lotta, ed il cambiamento dei Rituali è uno di questi mutamenti. Come potrebbe perciò restare immutato proprio quello che più direttamente di tutti è rivolto contro il nemico, anzi contro la sua manifestazione più 'sincera' (se mai si può riferire questo aggettivo a chi è mentitore sin dall'inizio), vale a dire la possessione? Perché è lì che il nemico rivela la sua identità e le sue mire, e perciò è lì che la Chiesa deve essere più attenta che mai a seguire i suggerimenti dello Spirito e svelare i travestimenti del nemico...

Ma il discorso così si fa lungo e complesso: conviene fermarci qui.

Alberto Ara

BIBLIOGRAFIA

1. FONTI

1.1. edizioni della Scrittura e sussidi

Bibbia di Gerusalemme Trento 2011[2] (prima edizione 2009).

A. FILIPPI (Ed.), *Le chiavi della Bibbia. Vocabolario della Bibbia di Gerusalemme. Nuova traduzione CEI*, Vicenza 2013[3] (prima edizione 1996).

G. PASSELECQ (Edd.), *Concordanza pastorale della Bibbia. Indice analitico e analogico delle voci e dei temi di interesse pastorale presenti nella Bibbia italiana disposti in ordine alfabetico. Nuova Edizione*, Varese 2012[12] (prima edizione 1979).

1.2. fonti patristiche

CIPRIANO, *Ad Demetrianum* CCsl 3A, ed. a cura di M. Simonetti, Turnhout 1976.

——, *A Demetriano*, in A. CERRETINI (Ed.), *Trattati*, CTP 175, Roma 2004, 83-107.

GIOVANNI CRISOSTOMO, *Ad Stagirium a daemone vexatum*, PG 47, 423-494.

——, *A Stagirio tormentato da un demone*, introduzione, traduzione e note a cura di L. Coco, CTP 163, Roma 2002.

GIUSTINO, *Apologia secunda*, in A. WARTELLE, *Saint Justin. Apologies. Introduction, texte critique, traduction, commentaire et index*, Paris 1987.

——, *Dialogus cum Triphone iudaeo*, ed. a cura di P. BOBICHON, *Justin Martyr Dialogue avec Tryphon. Édition critique, traduction, commentaire*, I, Fribourg 2003.

——, *Dialogo con Trifone*, introduzione, traduzione e note di G. Visonà, Milano 1988.

INNOCENZO I, *Epistularium*, PL 20, 463-639.

LATTANZIO, *Divinae institutiones*, PL 6, 111-822; per la parte edita, SCh 204, 205, 326, 335, 337, 377, 509, ed. a cura di P. Monat, M. Perrin, C. Ingremeau, Paris 1973, 1986, 1987, 1992, 2007.

ORIGENE, *Contra Celsum*, SC 132, 136, 247, 150, 227, ed. M. Borret, Paris 1967-1976.

——, *Contro Celso*, introduzione, traduzione e note a cura di A. Colonna, Torino 1971.

PAOLINO DI MILANO, *Vita Ambrosii*, PL 14, 29-50.

SULPICIO SEVERO, *Gallus*, SC 510 ed. a cura di J. Fontaine, Paris 2006.

——, *Lettere e dialoghi*, introduzione e note a cura di D. Fiocco, Roma 2007.

Q.S.F. TERTULLIANO, *Apologeticum*, CCsl 1, ed. a cura di E. Dekkers, Turnhout 1954.

——, *De carne Christi*, CCsl 2, ed. a cura di E. Kroynmann, Turnhout 1954.

——, *Apologia del Cristianesimo*, introduzione e note di C. Moreschini, traduzione di L. Rusca, Milano 1984.

——, *La Carne di Cristo*, introduzione e note di C. Micaelli, Milano 1984. *Vitae Patrum*, PL 73 e 74.

1.3. fonti liturgiche

A. CASTELLANI, *Liber Sacerdotalis*, Venetiis 1523.

Liber Sacramentorum Augustodunensis, CCsl 159B, ed. O. Heiming, Turnhout 1984.

Liber Sacramentorum Engolismensis, CCsl 159C, ed. P. Saint-Roch, Turnhout 1987.

Liber Sacramentorum Gellonensis. Textus, CCsl 159, ed. A. Dumas, Turnhout 1981.

Liber Sacramentorum Gellonensis. Introductio, tabulae et indices, CCsl 159A, ed. A. Dumas, Turnhout 1981.

E. LODI, *Enchiridion Euchologicum fontium liturgicorum*, Roma 1979.

Rituale Romanum Editio Princeps (1614) Edizione anastatica, ed. a cura di M. Sodi, Città del Vaticano 2004.

Rituale Romanum Pauli V. Pontif. Maximi jussu editum atque a felicis recordationis Benedicto XIV. Auctum et Castigatum In quo, quæ parochis ad administrationem Sacramentorum, Benedictiones, et Conjurationes necessaria censentur, accurate sunt posita. Bassani suis typis Remondini Edidit, 1834.

Rituale Romanum Pauli V. Pontificis Maximi jussu editum et a Benedicto XIV. Auctum et castigatum cui novissima accedit Benedictionum et Instructionum Appendix. Editio prima stereotypa romana quartum taurini impressa, Augustæ Taurinorum ex Typogr. Pontificia et Archiepiscopali, Eq. Petri Marietti, 1880.

Rituale Romanum Pauli V. Pontificis Maximi jussu editum et a Benedicto XIV. Auctum et castigatum cui novissima accedit Benedictionum et Instructionum Appendix. Editio sexta post typica, Ratisbonæ, Neo Eboraci et Cincinnati, sumptibus, Chartis et typis Friderici Pustet. S. Sedis Apost. et Sacr. Rituum Congregationis Typographi, 1898.

Rituale Romanum Pauli V. Pontificis Maximi jussu editum et a Benedicto XIV. Et a Pio X. Castigatum et auctum cui accedunt Benedictionum et Instructionum appendices duæ. Editio typica. Ratisbonæ et Romæ sumptibus et typis Friderici Pustet S. Sedis Apost. et S. Rit. Congr. Typographi. Neo Eboraci et Cincinnati: Apud fr. Pustet & Co., 1913.

Rituale Romanum Pauli V Pontificis Maximi jussu editum aliorumque pontificum cura recognitum atque auctoritate Sanctissimi D.N. Pii Papæ XI ad normam Codicis Juris Canonici accommodatum Editio Juxta Typicam, Romæ – Tornaci – Parisiis Typis Societatis S. Joannis Evangelistæ, Desclée & Socii, S. Sedis Apost. et S. Rituum Congreg. Typographi, 1934.

Rituale Romanum Pauli V Pontificis Maximi jussu editum aliorumque pontificum cura recognitum atque ad normam Codicis Juris Canonici accommodatum SSMI D.N. Pii Papæ XII auctoritate ordinatum et auctum Editio Juxta Typicam, Romæ, Tornaci, Parisiis Typis Societatis S. Joannis Evangelistæ, Desclée & Cie, S. Sedis Apost. et S. Rituum Congreg. Typographi, 1955.

Rituale Romanum ex Decreto Sacrosancti Œcumenici Concilii Vaticani II instauratum auctoritate Ioannis Pauli Pp. II promulgatum De Exorcismi et Supplicationibus Quibusdam Editio Typica, Typis Vaticanis, 2013.

1.4. fonti magisteriali

BENEDETTO XVI, m.p. "Summorum Pontificum" del 7 luglio 2007 (EV 24, 1101-1136, 752-769).

Codice di Diritto Canonico, Testo ufficiale latino, traduzione italiana, fonti, interpretazioni autentiche, Milano 2011.

CONFERENZA EPISCOPALE TOSCANA, *Esorcismi e preghiere di guarigione. Indicazioni pastorali e norme dei Vescovi della Toscana -2014- con la Nota Pastorale della Conferenza Episcopale Toscana «A proposito di magia e demonologia» -1994-*, Firenze 2014.

CONGREGAZIONE PER LA DOTTRINA DELLA FEDE, *Lettera agli Ordinari riguardante le norme sugli Esorcismi*, Roma 1985, (EV 9, 1663-1667, 1614-1617).

——, *Catechismo della Chiesa Cattolica*, Città del Vaticano 1992.

CONGREGATIO DE CULTU DIVINO ET DISCIPLINA SACRAMENTORUM, Decretum *Inter sacramentalia*, (*Notitiae* 35 [1999] 137; EV 17, 1632-1633, nota 1, 1226-1229).

CONGREGATIO DE CULTU DIVINO ET DISCIPLINA SACRAMENTORUM, *De ritu exorcismi* (EV 18, 204, 210-211).

CONGREGATIONIS SACRORUM RITUUM, *Decreta authentica*, Romae 1898-1901.

PONTIFICIA COMMISSIONE ECCLESIA DEI, *Istruzione sull'applicazione della Lettera Apostolica Motu Proprio data "Summorum Pontificum" di S.S: Benedetto PP. XVI*, Città del Vaticano 2011 (EV 27, 300-354, 224-253).

2. LETTERATURA SECONDARIA

2.1. studi critici/contributi pastorali

G. AMORTH, *Un esorcista racconta*, Trebaseleghe (Pd) 2010^{22} (prima edizione 1990).

——, *Esorcisti e psichiatri*, Frascati (Rm) 2010^{9} (prima edizione 1996).

——, *Memorie di un esorcista. La mia vita in lotta contro Satana*, Cles (Trento) 2010.

——, *L'Ultimo esorcista. La mia battaglia contro Satana*, Cles (Tn) 2013 (prima edizione 2011).

——, *Il Segno dell'Esorcista*, Milano 2013.

——, *Il Diavolo. Un'inchiesta contemporanea. I nuovi casi dell'Ultimo esorcista*, Milano 2014.

F. BAMONTE, *I danni dello spiritismo. L'azione occulta del Maligno nelle presunte comunicazioni con l'Aldilà*, Milano 2003.

B. BERNARDI, «Le religioni africane», in G. FILORAMO (Ed.), Storia delle religioni V. Religioni dell'America precolombiana e dei popoli indigeni, Roma-Bari 1997, 133-141.

M. BOGETTI, *L'esorcista, gli ossessi e l'esorcismo nel canone 1172 del Codice di Diritto Canonico. Fonti e Legislazione vigente*, Torino 2011.

B. CHICHLO, s.v. *Sciamanismo*, in P. POUPARD (Ed.), *Grande dizionario delle Religioni*, Casale Monferrato (Al) 2000, 1936-1938.

I. DÖLGER, «Gli Esorcismi», in M. RIGHETTI (Ed.), *Manuale di Storia Liturgica*, IV, Milano 1953, 405-412.

I. FROC (ed.), *Esorcisti e mistero del male. Vere e false possessioni diaboliche, malefici, sortilegi, complessi e paure*, Cinisello Balsamo (Mi) 2000.

A. GEMMA, *Io, vescovo esorcista*, Milano 2014 (prima edizione 2002).

M. HAUKE, «The Theological Battle over the Rite of Exorcism, "Cinderella" of the New Rituale Romanum» in *Antiphon* 10.1, 2006, 32-69.

W. KASPER (Ed.), *Diavolo-demoni-possessione. Sulla realtà del male*, Brescia 1983.

D. MONTI (Edd.), *L'abisso del sé. Satanismo e sette sataniche*, Milano 2011.

A. NICOLOTTI, *Esorcismo cristiano e possessione diabolica tra II e III secolo*, Turnhout 2011.

D. PECHENINO, «La tragedia dei tempi nostri e l'opera di satana», in La Settimana del Clero n.12 del 23 marzo 1947, 1.

——, «La tragedia dei tempi nostri e l'opera di satana (continuazione)», in *La Settimana del Clero* del 30 marzo 1947, 1-2.

——, «La tragedia dei tempi nostri e l'opera di satana», in La Settimana del Clero n.26 del 29 Giugno 1947, 2.

I.P., «Notae practicae de precibus post missam imperatis», *Ephemerides liturgicae* 69 (1955), 54-60.

M. SODI (Ed.), *Tra maleficio e possessione demoniaca. Teologia e pastorale dell'esorcismo*, Padova 2003.

P. SORCI, «Gesti e atteggiamenti nel Rito degli Esorcismi», in M. SODI (Ed.), *Tra maleficio e possessione demoniaca. Teologia e pastorale dell'esorcismo*, Padova 2003, 243-273.

R. SALVUCCI, *Cosa fare con questi diavoli? Indicazioni pastorali di un esorcista*, Milano 2002.

M. SIMONETTI (Ed.), *La Maga di Endor*, Firenze 1989.

A.M. TRIACCA, «Esorcismo», in D. SARTORE (Ed.), *Liturgia*, Cinisello Balsamo (Mi) 2001, 711-735.

D. G. VAN SLYKE, «The Ancestry and Theology of the Rite of Major Exorcism (1999/2004)» in *Antiphon* 10.1, 2006, 70-116.

A. VERDIGLIONE, *Il Martello delle streghe. La sessualità femminile nel 'transfert' degli inquisitori*, Milano ^{2}2006 (prima edizione 1985).

2.2. Fonti online

1. Intervista a padre F. Bamonte su Radio Vaticana del 4 Luglio 2014 http://it.radiovaticana.va/news/2014/07/04/bamonte_riconoscimento_associazione_eesorcist/1102528 [21/11/2019].
2. Rituale degli Esorcismi in Italiano http://www.liturgia.maranatha.it/Esorcismi/coverpage.htm [21/11/2019].

3. L. A. MURATORI, *Liturgia romana vetus*, Venetiis 1748 http://books.google.it/books?id=Dks_AAAAcAAJ&printsec=frontcover&dq=related:HARVARD32044081859985#v=onepage&q&f=false [21/11/2019].
4. S.M. PACI, «... E liberaci dal maligno. Intervista con Padre Gabriele Amorth», in *30 Giorni*, N.6 2001 http://www.30giorni.it/articoli_id_2564_l1.htm?id=2564 [21/11/2019].
5. Comunicato Sala Stampa Vaticana del 29/9/2018 https://press.vatican.va/content/salastampa/it/bollettino/pubblico/2018/09/29/0707/01504.html [23/11/2019].
6. Benedetto XIV, Lettera «Sollicitudini Nostræ», 1° ottobre 1745 http://www.chiesaecomunicazione.com/doc/lettera_sollicitudini-nostrae_1745.php [7/12/2019]
7. Missale Romanum ex Decreto SS. Concilii Tridentini Restitutum Auctoritate S. Pii Pp. V promulgatum B. Joannis XXIII Cura Recognitum. Secondo il Motu Proprio "Summorum Pontificum" si S.S. Benedetto XVI e successiva istruzione applicativa "Universæ Ecclesiæ" aggiornato al 5-2-2012 https://www.maranatha.it/MobileEdition/T15-MissaleRomanum1962/testi/01page.htm [12/12/2019]

3. LETTERATURA AGGIUNTIVA

S. BABOLIN, *L'esorcismo. Ministero della Consolazione*, Padova, 2018 (prima edizione 2014).

F. BAMONTE, *Gli angeli ribelli. Il mistero del male nell'esperienza di un esorcista*, Cinisello Balsamo (Mi) 2008.

P. CARLIN, *De cura obsessis. Riconoscere i casi di possessione diabolica, intervenire e accompagnare le persone con problemi spirituali*, Cinisello Balsamo (Mi) 2017.

A. CINI TASSINARIO, *Il Diavolo secondo l'insegnamento recente della Chiesa*, in *Studia Antoniana 28*, Roma 1984.

P. DONDELINGER-MANDY, *Le Rituel de Exorcismes dans le Rituale Romanum de 1614* in *Le Maison-Dieux 183/184*, Paris 1990, 99-121.

M. LANZA, *È tempo di svegliarvi dal sonno. Vita mistica e demonologia nella pastorale dell'Esorcismo. Prefazione del Vescovo Beniamino Depalma. Con un'intervista a Gabriele Amorth*, Bologna 2017.

——, *L'<ospite> indesiderato. Atti del Primo Convegno Esorcisti campano. Prefazione del Card. Crescenzio Sepe*, Bologna 2017.

A. MANIGLIA, *Sull'uscio di casa. P. Candido Amantini CP. L'esorcista di Roma*, Todi 2016.

F. YOUNG, *Possessione. Esorcismo ed Esorcisti nella storia della Chiesa cattolica*, Roma 2018.

MIX
Papier aus verantwortungsvollen Quellen
Paper from responsible sources
FSC® C105338

Printed by Books on Demand GmbH, Norderstedt / Germany